積極不干預

這本書是黃兆輝博士精湛傑出的著作，他耗費多年時間研究洋儒的政治經濟哲學。本書對中國研究、港澳政治經濟發展及大中華的歷史發展都有莫大裨益。洋儒在中西文化交流中，佔了一個舉足輕重的歷史地位；故此，黃博士這本書乃是研究大中華的朋友必讀之重要著作。黃博士治學嚴謹，實是學術界的模範榜樣。

—— 盧兆興

香港大學專業進修學院常務副院長（文學及科學）

前香港教育大學協理副校長（學術質素保證）兼社會科學系教授

本書精彩之處在於，作者以嶄新的歷史研究角度，嘗試揭露近百多年來一些駐港的英國殖民地官員的精神面貌及管治哲學，他們的價值觀揉合了中國儒家士大夫及西方公義理智的文化精髓。作者對「積極不干預」作出新的解讀，剖析當時的港督和高級官員的特質——「洋儒／中國通」，如何在積極自由和消極自由之間尋求平衡，在當時資源緊絀的情況下，如何造就了一個善治的奇跡。

—— 陳卓華

"The Myth of Hong Kong's *Laissez-faire* Economic Governance: 1960s and 1970s" 作者

澳門理工學院公共行政課程副教授

邊城思想者系列

積極不干預

港英政府的中國通

黃兆輝　著

中文大學出版社

■ 邊城思想者系列

《積極不干預：港英政府的中國通》
黃兆輝 著

© 香港中文大學 2018

國際統一書號 (ISBN)：978-988-237-067-8

出版：中文大學出版社
　　　香港 新界 沙田 · 香港中文大學
　　　傳真：+852 2603 7355
　　　電郵：cup@cuhk.edu.hk
　　　網址：www.chineseupress.com

■ BORDERTOWN THINKER SERIES

*Positive Non-intervention: The Old China Hands
in the British Hong Kong Government* (in Chinese)
By Wong Shiu-fai

© The Chinese University of Hong Kong 2018
All Rights Reserved.

ISBN: 978-988-237-067-8

Published by The Chinese University Press
　　　　　The Chinese University of Hong Kong
　　　　　Sha Tin, N.T., Hong Kong
　　　　　Fax: +852 2603 7355
　　　　　Email: cup@cuhk.edu.hk
　　　　　Website: www.chineseupress.com

Printed in Hong Kong

代 序

　　「積極不干預主義」一詞由1980年港英年代的財政司夏鼎基爵士(Sir Philip Haddon-Cave)所創。六十年代郭伯偉爵士(Sir John Cowperthwaite)長期擔任香港財政司(1961–1971)，他可說是二戰後香港經濟發展的主要奠基人之一。郭伯偉的經濟哲學思想與十八世紀盛行的英國「經濟自由主義」(economic liberalism)創導者阿當‧斯密(Adam Smith)和約翰‧彌爾(John S. Mill)一脈相傳，這學派主張「自由放任」(*laissez-faire*)，因此在郭氏主政香港財經事務的年代，港英政府對香港的經濟事務基本上是採取自由放任的態度，認為應完全由市場來決定經濟的發展和走向。香港經濟確在五十與六十年代取得了飛躍式的發展，西方傳媒和經濟評論界亦把香港的「經濟奇跡」歸功於經濟自由主義的推行，把香港稱之為「約翰‧彌爾之地」("J. S. Mill's Land")。到了夏鼎基接掌香港財政司(1971–1981)，香港的經濟比五十、六十年代遠為複雜，夏氏認為香港政府對經濟的順利運行有一定的特殊責任，但他認為經濟仍應以市場為主導(「大市場」)，政府只有在市場失靈或企業不願做但又不得不做的情況下才介入經濟(即「小政府」或「最小干預」政策)，這便是他主張

的「積極不干預」("positive non-intervention")政策。夏氏所說的「積極」其實是一個形容詞，即「積極性不干預」。後來很多人(包括若干學者和媒體評論人士)把這詞語誤解為「積極地不干預」，「積極」二字從形容詞變成了副詞，把「積極不干預」等同「自由放任」，因而引起了很多的誤解，以為政府甚麼事都不做。到了彭勵治爵士(Sir John Bremridge)出任財政司時(1981–1986)，他甚至說，「自由放任」對香港而言是一個「恥辱性的詞語」。到了麥高樂(Hamish Macleod)擔任財政司(1991–1995)，他宣佈放棄使用「積極不干預」一詞，主要是此詞語引起對香港經濟哲學思想的長期誤解。儘管如此，「積極不干預」還是持續在討論時出現。

早在1980年代中，筆者首次在報上發表文章討論「積極不干預主義」(文章題為〈正確認識積極不干預主義〉，《明報》，1986年4月17日)，隨後又陸續在《明報》、《華僑日報》及《星島日報》等報章發表了多篇討論相關問題的文章，而「積極不干預主義」一詞在香港亦逐漸廣為人知。2007年，香港《經濟導報》創刊六十周年，筆者應邀在該雜誌六十周年紀念的特刊發表一篇對「積極不干預主義」總結性的文章(題為〈「積極不干預主義」：一個持久被誤解的經濟哲學〉，《經濟導報六十周年紀念特刊》[1947–2007]，頁153–155)，對有關課題作了一次總結性的討論。

過去，學界討論「積極不干預」主要集中在經濟學層面，對於其他學科層面如政治、社會、哲學、文化等方面則較少涉及。最近筆者很高興得悉，澳門理工學院公共行政系的黃兆輝博士對有關課題下了很大的工夫，他借助大量的一手資料，全面探討諸多洋儒和中國通對積極不干預的理解，並進行了深入的剖析，寫成了這本題為《積極不干預：港英政府的中國通》的專書。這本專著學術含量

高，有原創性。這是筆者第一次讀到經濟學以外的學科對「積極不干預」所作的全面的闡釋，可説是一本相當難得的著作。全書文筆流暢，適合不同類別的人士（包括專家學者、大學生和研究生）閱讀或參考。黃博士的專著出版在即，徵序於我，謹綴數語，是為序。

饒美蛟　謹識

前香港中文大學管理學系講座教授

前嶺南大學副校長，現為榮休講座教授

2017年6月5日

自 序

　　自從1997年主權回歸中國之後，香港以「港人治港」的姿態出現，但管治效果每況愈下，所以惹起了不少國內外大學、出版社和智庫機構的關注，吸引了許多人開始研究香港問題，也出版了不少有關論文和書籍。[1] 可是，這些論文和書籍至今仍未能解釋清楚，與特區政府相比，港英政府治理效果較佳的深層原因，或洋人官員較受市民愛戴的客觀因素。多年來解釋香港輝煌日子的「獅子山下精神」、「積極不干預」、「小政府大市場」等概念，若不是無法再次複製，就是太過籠統抽象，令人不明所以，無從具體實施，概念流於「信不信由你」的狀況，對提升特區政府的管治水平毫無幫助，甚至反過來把前人的心血付諸流水，這實在可惜。因此我們有需要搞清楚，港英政府究竟是按甚麼準則來施政的？有甚麼比較高明的

---

[1] 葉健民在〈香港研究已死，真的嗎？〉一文中指出：「過去十年間（2005-2014）以香港為題的社會科學、歷史、法律、教育和地理的博士論文共有282篇。再看20年前的情況，在1985年至1994年期間，同一範疇的博士論文卻只有23篇。再看學術成果，簡單看看專門出版有關香港專著的香港大學出版社多年來的目錄，同樣發現上述領域的出版刊物數目，1985年至1994年間便只有32本，而2005年至2014年間卻有181本。」引述來自《端傳媒》，2015年12月14日。

招數，可以更有效解決社會矛盾？背後是否有一套完整的管治理念或體系，是港英官員從不說出口的為官之道？這是一片鮮人為知的領域，當中存在許多未解的謎團。現有專著若不是說港英官員如何能幹，便是認為港英政府有何精明，因為資料多從訪問退休高官而來，他們自然不會說自己壞話，也因為數據多來自對港英政府的滿意度調查，政策受惠者當然一面倒讚口不絕，結果令觀點浮於口述歷史層面，或屬於大眾一般意見。這些研究成果不是不好，也不是不夠真實，奈何缺乏結構性和連結性的前因後果，看不到事實背後的真相，令人沒法窺探港英官員的處事理念，不能找出港英政府的管治招數。所以筆者在本書深度分析大量歷史中的實例，希望找出當年港英政府的施政邏輯和行政倫理。

過去近二十年間，香港的政治生態迅速改變，特區政府對前朝事物嗤之以鼻，例如冷落歷史檔案館，令資料規模小得可憐，令筆者費盡心機，也找不到港英政府決策過程的記錄，惟有被迫遠赴英國的國家檔案館，當千辛萬苦到達倫敦 Richmond 火車站，疲累等候直達檔案館的 R68 巴士的時候，慨嘆發生在香港本土的舊事，竟然要坐十多個小時飛機、火車和巴士，才能找到原件。這就好像中國的超級國寶文物，卻要在大英博物館才可以看到。[2] 不過，大英博物館的許多中國文物，除了是在晚清時代從中國搶走之外，頗多是從文物販子買回來的。而且文物吸引了大量遊客，為英國賺取可觀的入場費，英國當然不願把它們退還給中國。相反，英國國家檔案館的香港歷史資料，卻是對外國人開放的，只是特區政府一直不

---

[2]　作者當時到英國國家檔案館，並不全是為了本書而搜集資料，也為了另外一個項目。

去索取或購買（其實很多都是免費的），直至近年才從英國弄來一小批香港歷史檔案，從 2015 年 4 月 30 日起供公眾閱讀。故此，希望特區政府從此急起直追，不要像以往般冷待香港的歷史資料，因為沒有把以往的決策過程仔細記錄好，特區政府便無法對治理方法去蕪存菁，不能把寶貴的管治文化遺產傳承，香港便難以繼往開來。

事實上，開埠百多年來，香港經歷過無數的挫折與風浪，港英官員累積了豐富的人生經驗和生活智慧，學懂了許多有用的規劃方法和管治招數，令嚴重的社會問題也可迎刃而解，屢次遇上重大的危機卻能化險為夷，開埠後在顛簸的路途上，香港社會不斷成長，並迅速成為世界有名的國際金融貿易中心，許多學者稱之為「香港奇跡」。[3] 可是，人們對「香港奇跡」一向充滿誤解，因為剖析以前香港的成功之道，當中最關鍵的，當然是港英官員究竟如何決策和執行任務。但一般人總會假設港督或輔政司署（或後來的布政司署）非常有才幹，懂得把問題思索清楚，按部就班認真處理就是，甚至誤會決策者來自英國的最高領導班子，或是通過「軍情五處」(MI5)保安審查的華人高官，他們都是跟從英國的一套方式辦事。如果你也這樣理所當然地假設，那你永遠不會明白港英時代的成功之道，因為才幹是後果而不是原因，而且港英政府從來都自成一格，更經常與英國上司意見不合。

要清楚了解這些方面，我們要把英國和香港分為兩個政治實體，因為英國當局發覺港英政府不一定服從祖家的指令，所以不時

---

[3] 鄭德良著：《香港奇跡：經濟成就的文化動力》（香港：商務印書館，1993）；劉潤和、高添強著：《香港走過的道路》（香港：三聯書店，2012）；王于漸著：《香港奇跡已經幻滅？》（香港：中華書局，2013）。

諷刺香港是個「共和國」(republic)。因此，我們須要知道：誰在英國對香港最有話事權？誰是港英政府的決策者？後者為何不聽前者的吩咐？不聽的通常是甚麼方面？他們的政治立場和個人價值觀是甚麼？從何而來？是這些主觀因素，還是客觀的社會問題或環境現實所致？主觀原因的話，他們有甚麼政治意識形態和個人道德觀念？例如保守主義、自由主義還是其他政治哲學？義務論、後果論還是德行論的道德觀念？不同的政治意識形態和個人道德觀念，令他們分別用甚麼態度對待社會的各個階層？客觀原因的話，即是說就算他們的政治意識形態和個人道德觀念一致，也可能會因為英國上司身在倫敦，而未能像港英官員般緊貼中國社會脈搏和了解市民訴求，反過來也可能會因為港英政府遠離祖家，所以沒有政黨選票和國家利益的負擔。無論如何，在前線的殖民地官員面對甚麼客觀環境，令他們萌生與祖家上司不同的想法？有何辦法抗令？又或者有否採取中間路線？例如陽奉陰違？又或合作互補，既依靠自己力量又不放棄與英國當局合作？總而言之，究竟締造殖民香港長期繁榮穩定的竅門是甚麼？筆者按照上述的一連串問題，在大量的實例中尋找端倪，發覺大部分的答案都十分相似。

對於上述問題，熟悉中國近代歷史的人都知道，以前港英高層就有一群被稱為「中國通」的英籍洋人，他們對中國文化和中國人的性格十分了解，數目在英國的外交部和殖民地部最多，又以會說中文的駐華領事官員和港英政府官學生最有代表性。他們不但能擔任英國政府的中國事務顧問，為上司詮釋華人的風俗習慣之外，也擅長分析中國的社會形勢，從微觀民生到宏觀大局，都能作出比較正確的判斷，所以在十九世紀中後期開始漸露頭角，進入二十世紀後也越來越多中國通被委任為殖民地首長，例如1902年因有調兵

遣將經驗、又懂中國官話而被委任成為威海衛專員的駱克(James Stewart Lockhart)，1912年因在辛亥革命後能盡快摸清中國底蘊而被委任為港督的梅含理(Francis Henry May)，1925年因最能凝聚華人來解決省港大罷工而被委任為港督的金文泰(Cecil Clementi)，1947年因有重建斐濟經驗有助香港戰後復蘇、又善與華人打交道而被委任為港督的葛量洪(Alexander Herder Grantham)；當然，還有不能不提1971年基辛格秘密訪問北京、中美開始建交後，英國迅速委任對華外交經驗豐富的麥理浩(Crawford Murray MacLehose)出任香港總督。由於中國通的數量之多和官職之高，在十九世紀後期已經開始支配港英政府的決策，所以他們的政治意識形態和個人價值觀念是否與他們的英國上司相似就顯得非常重要，他們是否比英國當局更緊貼華人社會脈搏和了解本地訴求就變得非常關鍵，例如葛量洪和柏立基就時常提出與英國上司不同的意見，甚至被埋怨沒有顧及英國政黨選票或國家利益。

　　中國通時常與上司的意見不合，箇中道理其實不難明白。英國委任中國通做港督和高官，雖然是為了英方利益，但滿腹經綸的中國通卻非池中物，他們且有遠大抱負，在大是大非的問題上，往往在英國利益和遠大抱負之間，有出人意表的抉擇。香港浸會大學歷史系學者布琮任指出：「並非所有歐美專才也能與中國的官僚習性與政治生態全面揉合；未能磨合者或會選擇淡出政壇，甚至憤然離職……他們能否在另一種『帝國體制』下生存，大多取決於他們採取哪一種肆應態度。」[4]而中國通官員能長期生存在中國與英國之

---

[4]　布琮任著：〈清季西方顧問在華的肆應 —— 以馬士(H. B. Morse)在李鴻章幕府的生涯為例〉，《中正歷史學刊》(2008年12月)，頁23–48。

間，他們的做人處事態度，正是令他們能成功以社會的整體利益為前提，在中英兩國之間找到最適當的平衡。頷首低眉、謙卑恭順、不慍不怒、泰然自若，這些表情和態度是最好用來形容昔日的一群中國通，他們既有不爭輕重、尊卑貴賤的中國士人理想，也有勇敢向前、保護弱小的英國騎士精神。但遺憾的是，在這方面的專著至今仍一片空白，未能把這種管治態度說清楚。

隨著1938年廣州失守淪陷，洋人傳教士不能再北上學習中國傳統文化，港府也沒法再派洋人官學生到廣州學習中文，令中國通後繼無人，他們獨特的管治之術無以為繼。為了保留中國通的精神文化遺產，筆者從史實中搜集了大量個案，以便深入調查分析，找出當年中國通對社會的貢獻，利用管治的有關理論作為框架，把中國通出人意表的抉擇分類，最後歸納成為一套「中國通模式」，藉此填補香港管治歷史研究的空隙，探索中國通對未來管治改革的意義。令筆者意外的是，根據史實歸納出的「中國通模式」，竟然可以重新解讀「積極不干預主義」，令這個對解釋「香港奇跡」最有代表性的抽象名詞，終於可以與香港歷史和有關理論銜接。根據本書對大量案例的分析，「積極不干預主義」其實不是「非中國通」夏鼎基所謂的「權衡輕重，仔細考慮」是否干預，而是另有所指；稱得上是主義，因為它是一個經過長時間發酵和續養、有完整體系的思想和信念。故此，本書帶大家穿越時空，回到創造香港歷史的洋儒與（二十世紀中後期不再以洋儒自居的）中國通時代，分析他們的政治意識形態和個人道德觀念，便會明白「積極不干預主義」的來龍去脈，揭開這個長期被人誤解的信念背後的意思。

在撰寫本書期間，電視新聞傳來杜葉錫恩(1913–2015)的死訊，對失去這位對香港社會有極大貢獻的中國通，作者感到非常可

惜。杜葉錫恩與其他西方來華的傳教士一樣，苦學中文融入社區幫
助窮困的華人，因為自小在工運大本營紐卡素的貧民窟長大，所以
杜葉錫恩的真正信仰是「社會公義」（social justice），就如她在1982
年出版的自傳，書名叫做 Crusade for Justice，意指為了維護公義的社
會運動。因為身在建制之外，所以杜葉錫恩沒有顧忌經常批評政
府，但有兩方面值得我們格外關注：第一，她批評的不是港英政府
的效率和嚴明，而是抱怨英國政府對弱勢社群的保護不足；第二，
同是中國通的港英官員沒有要杜葉錫恩收聲，反而對她非常重視，
每次收到她的投訴信件都積極處理。這兩方面也粗略表明兩點：第
一，在建制外的中國通杜葉錫恩與在政府內的中國通官員，大家都
抱擁相同的理念，就是維護社會公義；第二，不過杜葉錫恩這位中
國通是在建制外的死硬傳統左派，一生守護「社會主義」的理想，
而在建制內中國通的內心世界就複雜得多了。就如十九世紀在中國
海關工作了幾十年的洋儒（為了方便與士大夫打交道，在二十世紀
初滿清政府滅亡前，頗多中國通都自稱甚至打扮為洋儒）赫德，就
用「騎馬理論」來形容自己的為官之道：為官須要像騎馬般保持平
衡，甚至像冠軍騎士般擁有高超的技術。但無論如何，正所謂「食
君之祿，擔君之憂」，在建制內的洋儒和中國通雖然也決意彰顯公
義，但往往須要在英國利益和維護社會公義之間作出明智的選擇，
這正是本書要研究清楚的核心地方。

　　不過，「公義」（justice）一詞至今仍沒有精確和統一的定義，例
如希臘哲學家柏拉圖視「公義」為社會和諧，教徒認為它是上帝的
道德規範，近代思想家例如羅爾斯指出「公義」即是公平。因此，
社會不同階層對同一事件是否「公義」的看法經常發生分歧，例如
時任香港政務司司長林鄭月娥在2014年2月14日於立法會會議上

致辭，她重申特區政府會致力維護「行公義」這個核心價值，[5] 可是今天越來越多反政府的社會運動，都是高舉維護「公義」的旗幟而行動起來，證明香港社會對林司長口中的「公義」有不同的看法。自古以來，由於「公義」沒有統一標準，所以社會通常出現矛盾，令許多人希望搞清楚「公義」的真正意思。由哈佛大學教授桑德爾 (Michael Sandel) 主講的 Justice 開放式課程的第一講，就以應否殺害一人而挽救其他五人性命，還是不殺害任何人但讓五個人死在自己眼前為題，推論哪個選擇才算是「公義」。結果不同學生有不同答案，助教沙利文 (Kathleen Sullivan) 看到桑德爾就「像一個指揮家般分別指揮號角及銅管樂器的演奏」，[6] 盡力把不同意見磨合，找出比較和諧的聲音。與桑德爾一樣，早期的洋儒也以西方傳統觀點看「公義」，但隨著天主教的分裂和啟蒙思想的百花齊放，洋儒對「公義」失去了焦點，沒法成為一位出色的「公義」指揮家。當不知如何是好之際，洋儒驀然從漢學中找出答案，因為他們發覺「公義」只是一個形容詞，與「美麗」、「幸福」甚至「好吃」一樣，無須執著於找出一個公認的定義，所謂見仁見智，「仁者見之謂之仁，智者見之謂之智」，[7] 於是不再糾纏於判斷事情是否「公義」，改為鍛煉心志做好自己，以西方的科學精神，進行「公義」的實驗。箇中道理並

---

[5]　林鄭月娥致辭的全文見《香港政府新聞網》，進入網站日期：2015 年 12 月 15 日，http://www.news.goV.hk/tc/record/html/2014/02/20140214_232823.shtml。

[6]　〈哈佛開放式課程〉，《正義：一場思辨之旅》，進入網站日期：2016 年 1 月 30 日，http://www.myoops.org/main.php?act=course&id=2258。

[7]　《周易‧系辭上》，進入網站日期：2016 年 1 月 30 日，https://zh.wikisource.org/zh-hant/%E5%91%A8%E6%98%93/%E7%B9%AB%E8%BE%AD%E4%B8%8A。

不是一兩段文字可以說清楚，故此筆者希望利用本書對大量例子的分析，說明以往洋儒和中國通官員如何「行公義」之餘，又能被普羅大眾接受和稱許，與學術上的「公義」（或「正義」）概念比較一下，看看有何相似或矛盾之處，希望從中得到更有意義的理解，令「公義」得到更有效的實踐。

　　這次是筆者自 2006 年起，研究管治理論的第九冊書籍。因為探索越要深入，立論越要精宏，研究工作一本比一本艱深，對新書寫作乏勁之際，幸好香港城市大學的舊同事來電，告知筆者 2014 年 11 月出版的《港產紳士：治港百年的半山區上文化》有一群高級知識分子讀者，並邀約見面分享香港舊事，赴會後發現諸位高人都是對香港舊社會十分認識的資深前輩（但個別年紀可能不比我大），筆者有機會向她/他們學習。在此要多謝當中的江先生，若不是他在 2015 年 1 月把筆者拙作大力推薦給朋友，筆者也不會邀請香港浸會大學電影學院課程主任陳家樂博士，一起與江先生從 2 月初開始討論了五個月，會議中由江先生出題然後筆者即場作答，研究如何把港英政府的管治方式分類整理，本書的第十四、十五章的管治招數和政策範疇案例，正是在這段日子裏由筆者撰寫出來的；期間也邀請了香港廣播署前署長和香港電台前台長黃華麒先生、朱培慶先生、邵盧善先生，公務員事務局前局長王永平先生等前輩先後出席聚會，聽聽筆者介紹港英政府各種管治招數的整理資料，各位嘉賓也先後提出了很多有用的意見，實在令筆者茅塞頓開，在此衷心感謝。經過一年多的寫作之後，筆者希望本書的出版，能令江先生和陳博士覺得有參考價值，並作為有關項目的基礎資料，也希望本書在學術上有所貢獻，特別是令關心香港管治問題的朋友們覺得有用。當然，本書的所有錯漏均由筆者負責，與上述前輩和朋友無關。

　　筆者也在此感謝關信基教授在 2015 年 11 月 20 日接受我的約見，多謝他為我們一群師生以「公義」為題演講，說明何故要以「公義」為原則來制訂公共政策。我非常佩服關教授不斷為港人追求「公義」的熱誠，雖然 2011 年推出的《最低工資條例》已實施多年，但香港的樓價卻同時翻了一倍，通貨膨脹不消一刻間就把最低工資的效果化解於無形，證明「公義」應該被放入更多政策的考慮範圍內，起碼包括衣食住行，而不僅是扶貧政策。得到關教授的啟發，令我撰寫本書的時候，更加留意港英政府的扶貧方法，搞清楚以前中國通官員是如何維護「公義」的，結果發覺他們果然是利用各類不同的政策來相輔相成，成效相當顯著，例如麥理浩時代的堅尼系數是向下降低的，與過往二十多年不斷攀升到 2016 年住戶每月收入的堅尼系數 0.539 相比，當年麥理浩的施政實在是個了不起的成就，但原因並不只是麥理浩的公共房屋政策，而是他的許多其他政策都能彰顯「公義」，才能產生一個互補效果，不然就不會連個人每月收入的堅尼系數，也從 1976 年的 0.411 減少到 1981 年的 0.398。[8] 由此可見，社會「公義」不是一招兩式就可以成功，扶貧也不只是貧窮線的數字遊戲，而是一項複雜的「人心工程」；詳細的道理，請容我在本書的有關章節再說。

　　我要多謝好幾位學者對本書的內容給了不少意見，首先當然是饒美蛟榮休講座教授，他是研究「積極不干預主義」的先鋒，早在上世紀八十年代已經發表過不少評論「積極不干預主義」的文章。更難得的是，他為本書寫了序言，說明了我們需要繼續研究「積極

8　　數字來自政府統計處及王于漸著：〈1980 年前後的教育機會〉，《信報財經新聞》，2015 年 4 月 1 日。

不干預主義」的價值。還記得見面當天，饒教授不忘我校的學術認證工作，筆者不禁被他追求學術高度的態度所感染。

還有澳門理工學院的幾位同事，特別是早在 1998 年寫論文用大量事例否定夏鼎基對「積極不干預主義」的解釋的陳卓華副教授，他們對筆者從事香港研究的不斷支持和在封底寫了推薦語，特別是公共行政高等學校前主任、現任澳門特區政府行政法務司顧問婁勝華教授，每年為筆者的新書看稿，給予過很多寶貴的意見。隨著婁教授學而優則仕，2015 年 9 月到澳門特區政府當官，筆者在此順道祝賀他仕途暢順。

也多謝前香港教育大學社會科學系主任兼協理副校長盧兆興教授，除了為本書封底寫了推薦語外，也邀請筆者客席主編 *Asian Education and Development Studies* 的一期特刊，讓筆者邀請外國學者把本書的一些理論，放在香港以外的地方論證，也藉此批判本書的有關觀點，令筆者收穫甚豐，實在不勝感激。

最後，還要多謝從台灣到我校擔任訪問講師的中國文化大學董致麟博士閱讀本書初稿，筆者對他提出的不少意見和建議感到萬二分感激。當然，如果此書的理論論述和資料搜集有任何不足或錯漏之處，皆由筆者一人負責，但如蒙讀者見諒，筆者必定銘感五中。

第 1 章
傳統觀點不符港英經驗

　　1841年開埠後，香港只是一個資源欠奉的小島漁村，但在三十年後的1870年代，已迅速變身成為一座高度文明的國際城市，繁忙的維多利亞港塞滿大量的遠洋貨船，經濟非常蓬勃。雖然期間延綿不斷發生天災人禍及社會矛盾，例如太平天國戰亂導致大量難民來港，毒麵包案又令英國僑民集體中毒，鼠疫等傳染病困擾全港幾十年，大罷工、木屋區大火、暴動等等，但是港英政府仍能排除萬難，把災禍及矛盾一一化解，然後建立有意識、有自我秩序的華洋混雜社會。1880年代孫中山在香港求學，看到中區街道清潔，交通井然有序，治安狀況良好，不禁由心佩服；與中國的混亂無序相比，孫中山看到港英官員處事認真，與中國買官弄權有天淵之別，所以認定香港成功之道，是有賴港英官員的清廉（"among the government officials, corruption was the exception and purity the rule"）。[1] 自此一百年間，雖然國內政局長期不穩，難民南下絡繹不斷，中國

---

[1]　詳情見孫中山1923年在香港大學演講的內容，可進入網站觀之，請參見 https://www.cuhk.edu.hk/rct/pdf/e_outputs/b2930/v29&30P042.pdf。

的人禍及社會矛盾重覆挑戰香港的穩定繁榮，但港府高層仍一如以往不慌不忙應付，在挫折和逆境中一次又一次漂亮翻身。1979年港督麥理浩（Crawford Murray MacLehose，1971–1982在任）訪問北京，向領導人鄧小平提出新界土地契約問題。深感中國的改革應借鏡香港經驗，鄧小平於是提出「一國兩制，港人治港，高度自治，五十年不變」，這個既可收回主權、又可維持香港長期繁榮穩定的方針，並說要在中國「多造幾個香港」，[2] 認定港英時代的非凡成就，是中國非常值得學習的榜樣。而香港經驗最令人津津樂道的管治方式，就是「積極不干預主義」（positive non-interventionism）。[3]

可是，要複製香港並不容易，重塑「積極不干預主義」殊不簡單，人們多以經濟學、管理學或政治學來演繹港英政府的成功經驗，但總是沒法合理解釋很多互相矛盾的地方，例如把「積極不干預主義」解讀為市場經濟的話，[4] 當年港督葛量洪（Alexander Grantham，1947–1957在任）在1954年就不會四出奔走，到美國16

---

[2]　詳情見香港亞洲電視2004年的大型紀錄片《小平與香港》第十集〈多造幾個香港〉。

[3]　1980年12月，夏鼎基向香港工業總會會眾如是說：「『積極不干預主義』是指：當政府遇到要求作出干預的建議時，不會純粹因為其性質而慣性認為建議不正確。剛好相反，一般而言，政府會因應當前和將來可能會出現的形勢，權衡輕重，仔細考慮支持和反對採取干預行動的理據──在經濟的任何環節以及在需求或供應方面。然後，政府才作出積極的決定，研判利害所在。」（"I do qualify the term 'non-interventionism' with the adjective 'positive.' . . . What it means is this: That the Government, when faced with an interventionist proposal, does not simply respond that such a proposal must, by definition, be incorrect. . . . The Government weighs up carefully the arguments for and against an act of intervention . . . and . . . comes to a positive decision as to where the balance of advantages lies."）

[4]　例如B. K. P. Leung (1996)就把香港上世紀六十至七十年代的經濟成就歸功於港英政府的positive non-interventionalism政策。

個城市為廠家打開出口渠道；港督戴麟趾（David Trench，1964–1971 在任）在 1967 年也不會成立「香港生產力促進局」，用公共資源扶助香港的工業發展；港督麥理浩在 1974 年亦不會授權「出口信貸保險局」，來擔保香港出口商的中長期貸款，1975 年更不會成立「工業投資促進委員會」，來加大力度扶助香港工業。這些工業政策證明港英政府長年向製造業傾斜，目的就是好讓國內來港的企業家設廠和把工業產品出口。有些人還嫌港英政府不夠出錢出力，於是港督麥理浩在 1977 年成立工業邨，把土地便宜租出能製造就業的廠家，又為全港約 400 萬人口中的 180 萬市民興建公共房屋，把勞動人口安置在工廠區的旁邊居住。儘管有些人說「積極不干預主義」是指市場運作暢順時政府不應干預，市場失效時政府才可插手，但事實告訴我們，港英政府的干預並不是一時三刻的工作，傾斜的工業政策，其內容涵蓋便宜的交通和房屋、聯繫匯率制度、金融利率協議、金融機構三級制、國際貿易戰略、控制食品價格等對經濟的干預都是長期性的。[5] 有些人甚至說，從宏觀的角度看，港英政府不干預比干預多。可是，回顧香港開埠後百多年的歷史，港英政府在絕大部分時間裏都在干預經濟活動，直至 1970 年代的中後期，才出現一個比較完整的自由經濟政策，但政府並沒有停止干預。總而言之，港英政府對經濟的干預數不勝數，[6] 干預並不一定因市場失

[5] J. R. Schiffer, "State Policy and Economic Growth: A Note on the Hong Kong Model," *International Journal of Urban and Regional Research*, 15.2 (1991): 180–196.

[6] 詳情可見 Lau Chi-kuen (1997) 和 C. W. Chan (1998) 的文章。浸會大學經濟系主任鄧樹雄教授也曾在 2006 年 9 月 21 日在明報刊登〈積極不干預主義回顧與發展 —— 夏鼎基「干預」的五大條件〉一文，憶述前財政司夏鼎基在1982 年曾撰文補充政府干預經濟的原因：除了市場失效外，還有經濟情況

效，干預的時間也非常長，一般人看不出的原因，只是港英官員干
預得比較高明而已，「積極不干預主義」這個可圈可點的形容詞，正
是不被你察覺有政府干預的掩護手段。因前言的篇幅所限，在此不
再多說，本書稍後章節有更多例子。

　　用管理學的角度看港英時代的成就也站不住腳，因為管理的
首要任務，就是把效率最大化，尤其是當代的「新公共管理」（new
public management）理論，除了私人市場外，也主張為公共產品和
服務引入競爭機制，把公務員隊伍徹底精簡，瓦解政府調控社會的
制度，把原本由公務員提供的公共產品和服務民營化、外判化、合
同化、績效化等等，把政府的工作從「既掌舵又划船」，改由市場無
形之手「掌舵」，民間私人企業「划船」。[7] 但事實上，當年港英政府
最注重的並不是效率，公共產品和服務甚至是私人市場往往由政府
「掌舵」，但政府的手不一定有形，反而許多時候都是無形的，所以
政府「掌了舵」市民也不知道，例如銀行業、航空業、影視業等都
有港英政府的無形之手在背後，詳情在本書第十四、十五章的案例
篇會有更詳細的交代，這就是港英管治的獨特之處。更特別的是，
雖然當年也有個別行業由民間「划船」，把公共產品和服務民營化、
外判化、合同化、績效化，但絕對不是為了引入競爭，把公共事業
委託商人專營，也不是官商勾結來以權謀私，而是為了策略性解決
某些社會問題。例如港督葛量洪把食米的入口生意交給指定的29

　　　令公眾利益受損、某些個人行動有害經濟、經濟隨環境轉變要須要調整。
　　　進入網站日期：2015年8月26日，http://www.inmediahk.net/node/
　　　152926。

[7]　黃兆輝採用了大量醫療管理例子來批判「新公共管理」理論的不足之處。黃
　　　兆輝著：《強政勵治與醫療事故》（香港：上書局，2010）。

家米商，只是為了確保食米供應和價格穩定。[8] 又例如葛量洪把清水灣地皮平價賣給邵逸夫，只是為了推動以娛樂為主要路線的影視娛樂事業，以防止當時興起的民族主義思想滲入大眾傳播媒體。[9] 還有港督柏立基（Robert Black，1958–1964 在任）的例子，他禁止其他企業進入一些行業，布政司白嘉時（Claude Bramall Burgess）為柏立基的工業政策解話：「將某一工業維持在現有狀況，並禁止其他企業進入這個行業……新的企業因此便要開拓不同的工業。」[10] 這些非管理學的管治方式在港英時代俯拾皆是，稍後在本書的其他章節再談。

以政治學解釋以前香港的成就的漏洞更多。第一，儘管西方所有的發達國家都奉行民主政制，但香港的政治制度卻長期沒有民主，所以民主並非殖民時期香港的成功之道。第二，現代經濟學者大多認為政治應為市場服務，但在港英時代卻不時反轉過來，市場只是為政治或市民服務，從醫療、教育、房屋、影視甚至金融等市場，無一不為政治或市民服務。第三，社會學家大都認為政治組織就是為了協調社會的正常運作，可是港英時代並沒有太多的政治組織，唯一可算是的革新會（Reform Club of Hong Kong），但其成員只能參選市政局及區議會選舉，港英政府的立法局並不開放給他們參

---

[8] 葛量洪拒絕了其他 140 家商戶的申請加，只是恐怕戰後的食米市場全面開放的話，可能出現大量入口商向產米區搶購入貨，導致米價上漲，由於食米是主要食糧，香港又不斷有大量難民湧入，他們的購買力有限，所以供應必須保持穩定，零售價格也要保持低廉，不能把米業託付給信譽低、財力弱、沒有經驗的公司。鄭宏泰、黃紹倫著：《香港米業史》（香港：三聯書店，2005），頁 160–164。

[9] 資料來自〈盤點邵逸夫 88 年影視路：創電視帝國 105 歲卸任〉，《新京報》，2014 年 1 月 8 日。

[10] 黃湛利著：《論港澳政商關係》（澳門：澳門學者同盟，2007），頁 59。

選，也拒絕讓市政局進行全民投票。第四，從法學的角度看，政治是立法和執行法紀，法治精神就是香港成功之道。可是，香港法律的鼻祖英國在二十世紀初國力就開始走下坡，澳洲、新西蘭等與香港一樣奉行英式法律的地方更長年經濟不振，可見一個地方能繁榮穩定不一定是靠法治，法治是用來維護社會秩序、保障人民權利、為民伸張正義等等，但因為是靜態工具，一段時間後便會落後於社會和科技的步伐，所以實際上並不能促進社會進步及繁榮；要牽引社會前進，其實還有其他更重要的因素，法律只是這些因素所使用的工具而已。

第2章
本書的研究問題、時段和命題

　　與經濟學、管理學和政治學的觀點不同，本書另闢蹊徑，認為
我們要從一個嶄新的視角，重新解釋過往香港的成功。因為香港有
一些非經濟、非管理和非政治的因素，是其他城市所沒有的，所以
就算許多城市不斷模仿港英政府的一舉一動，但形似神不似，總是
沒法打造另一個香港，例如菲律賓和印尼就以香港的廉政公署作為
藍本，企圖打造一個清廉的政府，但表面上的模仿並不奏效。印尼
總統維多多 (Joko Widodo) 不禁承認，若要印尼政府官員不再腐敗，
便要改變他們的思維。[1] 沒錯，思維就是港英政府致勝之道，試想
想：官員思想純品，便不需要廉政公署；官員想像豐富，便不會時
常被要求創新；官員思考敏捷，便不會被市民埋怨缺乏效率；官員
思索廣闊，便不會制訂不夠長遠和全面的政策。所以，成事還是累

---

[1]　菲律賓和印尼曾以香港廉政公署為藍本，決意打造一個清廉的政府，但發
　　覺並不容易；印尼總統多多承認，若要政府官員不再腐敗，便要改變他
　　們的思維方式。參考資料來自 Mark Mobius 著：〈新總統值得期待 新印尼
　　值得投資〉，《新浪專欄》，2014 年 12 月 3 日，登入網站日期：2015 年 8 月
　　8 日，http://finance.sina.com.cn/zl/usstock/20141203/173520988011.
　　shtml。

事？一切都是受思想、想像、思考、思索等思維所影響，累事是因為管治者沒有思維，行為都是欲望的反應，於是做出貪心、弄權、短視、自私等對社會有害的行為，但若果決策者在治理的過程中，有思想純品的道德觀念、有想像豐富的啟蒙意識、有思考敏捷的心智反應、有思索廣闊的人文情懷，便不斷謙虛檢討得失反思己過，撫心自問有否做好本分。因為官員腐敗其實是人心所致，所以治標不如治本，與其建立廉政公署監督操守，何不由才德兼備的人做官，維多多也因此有感而發，關鍵就是官員的思維，也正是港英政府當年成就不凡的基本原因。

你可能以為，當年英國政府高層與今天的維多多英雄所見略同，懂得聘請有思維的人做官便是了。可是讓我告訴你，港府一群最優秀官員的思維，並不是英國政府一手促成的。香港開埠初期的二十年用人不當，港府高層沒有了不起的思維，更談不上發展香港的能力，反而腐敗不堪，滿腦子以權謀私的計算，例如從香港第一任行政長官義律（Charles Elliot，1841 年 1–8 月在任）時代開始的五朝元老副總督威廉堅（William Caine）和總登記官高和爾（Daniel Richard Caldwell），都帶頭貪贓枉法，[2] 還有警察隊長梅理（Charles May）在警局旁邊開設妓院，[3] 由於位高權重，民眾不斷舉報也沒有

---

[2] 還有開普殖民地（Cape Colony）總理羅德斯（Cecil Rhodes，1890–1896 在任），他不信守承諾，做事只為私利，嘴巴擁護自由黨和平教化的殖民地路線，讓格萊斯頓（William Gladstone）支持他在開普敦繼續出任總理，卻不擇手段將黑人驅離家園，讓自己的公司能大量開採礦井，迅速成為南非巨富，為了鑽石和黃金利益，1895 年派遣六百名武裝人員突襲約翰內斯堡（即臭名昭著的 Jameson Raid）。

[3] G. B. Endacott, *A Biographical Sketch-Book of Early Hong Kong* (Singapore: D. Moore for Eastern Universities Press, 1962).

用，反被威廉堅及高和爾報復，令民間怨聲載道，敢怒不敢言。直
至1859年，威廉堅與高和爾的惡行終於驚動了英國國會，英政府
派出年僅35歲的羅士敏（Hercules Robinson，1859–1865在任）成為
新任港督，準備撤換威廉堅與高和爾。可是總登記官一職需要深諳
中文，除了高和爾外，似乎沒有其他官員懂得中國方言。雖然在教
育委員會裏有一名叫理雅各（James Legge）的45歲洋人通曉中文，但
當時他的正職是傳教士，而且正在埋頭苦幹翻譯《論語》、《大學》、
《中庸》、《孟子》等中國經書，根本沒有時間或興趣當官。

　　其實早在1844–1846年為英政府翻譯的傳教士馬儒翰（John
Robert Morrison）、郭士立（又名吉士笠，Karl Friedrich August
Gützlaff）和羅伯聃（Robert Thom）相繼去世後，港府已找不到人當
翻譯官，幸好時任港督戴維斯（John Davis，1844–1848在任）會說中
文，還有一位在澳門出生、會說中文的英國人費倫（Samuel Turner
Fearon），不過因為工作太繁重，在1845年生病到英國休養後，便
一直沒有回來了。[4] 自此，港府會說中文的官員，就只有高和爾一
人，但在1847年他要求加薪不果更辭職不幹。好幾年沒有懂中文
的英國人坐鎮香港，單靠華人做翻譯令英國政府感到非常不安，惟
有在1852年把已經60歲的英國駐廣州總領事寶靈（John Bowring，
1854–1859在任港督）調來香港出任商務總監。因為是語言天才，
三年前即1849年來華出任英國駐廣州領事不久，寶靈就學會了粵
語，不過1856年10月發生「亞羅號」事件，英法聯軍炮擊廣州，第
二次鴉片戰爭爆發，中國被迫割讓九龍半島，令香港的華人數目大

---

[4]　關詩珮著：〈翻譯與殖民管治：香港登記署的成立及首任總登記官費倫〉，
　　《中國文化研究所學報》，第54期（2012年1月）。

增，政府極需要會説中文的洋人，負責登記華人資料及監控華人活動，但1857年港府的中文秘書威妥瑪（Thomas Francis Wade）須要跟隨英國全權代表伊利近（James Bruce, 8th Earl of Elgin）北上談判，寶靈惟有請求高和爾返回政府做總登記官。可是，「桐油埕始終裝載桐油」，沒有傳教士的學養和宗教道德，由高和爾獨攬內政大權很快便出事，他以權謀私的行為，令英國政府不得不檢討如何聘請有品德的人做翻譯官。

1. 自行訓練有品德的洋儒做官

羅士敏到港後馬上向理雅各求教，[5]但理雅各認為繼續找傳教士做翻譯官只是權宜之計，所以勸諭羅士敏應自行訓練翻譯人才。理雅各根據自己在古典大學（即延續紳士教育的ancient universities[6]）讀書和翻譯中國經典的經驗，[7]提議如果要保證學員的學養和品德的話，就要從英國的古典大學招聘畢業生來港，然後把他們送到中國一段時間；除了學習中文之外，也要研讀儒學經典成為洋儒，因為一來年輕人學習外語容易上手，二來古典大學畢業生有英國紳士人

---

[5]　雖然當時施美夫會督（George Smith）是香港教育局的主席，但是實際的工作則由理雅各處理，直至1864年教育局主席一職正式由理雅各擔任。

[6]　古典大學一共有七所，包括英格蘭的牛津（Oxford，1096建校）、劍橋（Cambridge，1209建校）、蘇格蘭的聖安德魯斯（St. Andrews，1413建校）、格拉斯哥（Glasgow，1451建校）、亞伯丁（Aberdeen，1495建校）、愛丁堡（Edinburgh，1482建校）和都柏林的三一學院（Trinity，1592建校）。

[7]　理雅各在蘇格蘭的鴨巴甸國王學院（King's College, Aberdeen，即今天的鴨巴甸大學）讀書。1861年開始在香港出版《中國經典》，包括第一卷《論語》、《大學》與《中庸》和第二卷《孟子》，1865年的第三卷《書經》與《竹書紀年》，1871年的第四卷《詩經》，1872年的第五卷《春秋》與《左傳》。

格，決不會像威廉堅或高和爾般以權謀私，三來熟讀中國聖賢書便明白士大夫文化，方便與中國官員溝通。羅士敏對理雅各的建議正中下懷，因為英國財政大臣格萊斯頓（William Gladstone）希望改革公務員隊伍在殖民地先行，辦法是在香港成立管理型技術官僚（managerial technocracy），[8] 而古典大學學生多來自不鼓勵挑戰教會和權威的公學，這種性格十分符合格萊斯頓的設想，於是羅士敏把理雅各的提議轉化成為「官學生計劃」，在香港建立執行型的官僚隊伍，官學生須在前線的翻譯官做起，對上司絕對服從，但要對政治中立，成為執行政策的政府機器。

雖然理雅各提出訓練洋儒為英國培養雙語翻譯官員，可是羅士敏卻把他們改造成為管理型的技術官僚，來迎合格萊斯頓建立政治中立公務員的構想，於是官學生沒被賦予決策權力，也不是晉升港督的階梯（要在五十年後才終於打破這個規矩）；羅士敏的做法，明顯與本書洋儒是卓越不凡管治者的論點倒行逆施。究竟令香港百年盛世的洋儒管治思維，是何時及如何產生的？具體內容是甚麼？要回答這三個問題，那就要在開埠前的1830–1840年代說起，當時有一小撮飽讀中國詩書的洋人傳教士來華，因緣巧合擔任了官職，他們分別是英國駐華商務總監的漢務參贊（Chinese Secretary）馬禮遜（Robert Morrison）、港府首任撫華道（Chinese Secretary）馬儒翰（John Robert Morrison）、另一位撫華道郭士立（Karl Friedrich August Gützlaff）、香港教育局主席理雅各等人，他們均是被歐洲的基督新教教會派來中國，努力學習中文的緣故，當然是為了傳教之用，但

---

[8]　管理型技術官僚隊伍是1854年國會議員羅富國和查維爾的報告（The Northcote and Trevelyan Report）所提出來的。

為了生計成為翻譯員，協助英國政府向清廷交涉，[9]要求開放港口進行鴉片貿易或為英國爭取其他外交利益。雖然他們有濟世為懷的理想，不支持英國政府包庇鴉片商人，[10]但在殘酷的現實底下，[11]這數名洋儒作出妥協，不過後來權衡輕重，很快便離開了政府，繼續他們的傳教，翻譯聖經、詞典或中國經書等工作。

1840年代末及1850年代初，美國和澳洲先後出現淘金熱，中國大量勞工湧到香港乘坐遠洋船到海外當苦力，令洋行的船務和貿易活躍起來，香港的樞紐地位得以提升，華人數目開始增長，加上1850年代末中國爆發內亂，「太平天國」肆虐廣東，驅使大量華商南下香港避難，還有1860年的《北京條約》，中國割讓九龍半島給英國，這些事件都令香港人口倍增，登記官的工作越趨吃力，令港府不得不正視缺乏翻譯員的問題。正如上文所述，港英政府沒法外聘翻譯員，惟有自行訓練，參考洋儒傳教士的建議，1860年代初推

---

[9] 例如傳教士馬禮遜（Robert Morrison）向倫敦傳道會寫信，解釋他為傳道會及多個慈善團體在海外傳教超過25年，但至今東印度公司和教會都未有給他退休金。詳情見Lydia He Liu (2006: 256): "Apparently, Marrison's decision to accept Napier's offer was prompted by his family's financial needs. In his letter to the treasurer of the London Missionary Society on November 9, 1832, Morrison had complained over twenty five years—the one-half of my life—I have labouring abroad for the Missionary Society and other benevolent institutions, the Bible, Tract, School, and Prayer-Book Societies. I feel old age creeping upon me. The East India Company has declined to assign me a pension, such as they give to surgeons and chaplains; probably thinking that other societies afford me to pecuniary aid for my personal concerns. It would not be unreasonable that those I have served so long, should unite, and provide me a retiring pension."

[10] 1874年理雅各參與新創辦的「反鴉片貿易會」（Society for the Suppression of the Opium Trade）就足以證明他對英商販賣鴉片的不滿。

[11] 例如傳教士郭士立（Charles Gützlaff）雖然是鴉片商翻譯，但也要被迫參與鴉片銷售工作。

出「官學生計劃」，招聘有紳士文化的年輕洋人學習中國漢學，[12] 結果產生了另一類型的洋儒。與傳教士洋儒不一樣，雖然大家都有中英混合文化的學養，但官學生不是為了傳教和翻譯聖經，而是為了執行政府政策和解決社會問題，所以對中英文化有不同的領略和體會。西方騎士有勇，中國士人有謀，官學生對這兩方面都有深入了解，自然成為了他們為官的基本模式。由於在古典大學讀的多是古典文學，來到中國又學習儒學經典，所以他們的人文情懷豐富，喜歡與社會互動，時常反思自己的行為和態度，又不斷自省和調整政府扮演的角色。官學生的表現出色，所以備受港英政府（甚至滿清政府）的重用，人數也日漸增多，他們開始有自己的一套做事方式，習慣在各種矛盾中尋找出路，許多時候為了做好實事，甚至不顧英國上司的反對，產生不一樣的管治思維，經過香港百年來多災多難的考驗，結果鍛煉出一種獨特的管治模式。香港昔日的經濟成就和社會進步，全賴洋儒（和白話文運動後逐漸改稱為中國通）治港，這就是本書下文要印證的主要觀點。

2. 洋儒用西方思想理解「以德治國」

「中國通模式」之所以獨特，是因為洋儒和中國通從思維出發，為官之道從治本開始，認為德治做得好，法治便水到渠成，因為如果人人知書識禮、以助人為樂，市容便乾淨整潔，社區舒適宜居；

---

[12]　根據顏傲儕轉載自劉蜀永所説，1860年代以後香港政府的貪污狀況不再發生，官學生「是少數較為廉潔的政府官員」。顏傲儕著：《香港官學生社會背景研究（1862–1941）》（香港中文大學歷史學系課程哲學碩士論文，2004年7月），頁16；劉蜀永著：《簡明香港史》（香港：三聯書局，1998）。

如果人人奉公守法、路不拾遺，國家便再無盜賊，天下安享太平。
與西方以宗教或古希臘哲學思想主要是規範個人行為相比，洋儒和
中國通認為中國儒家強調社會的道德觀念更適合用來治國，而中國
德治的失敗，只是因為儒家道德幾千年來一直未能普及。例如唐
太宗李世民 (627–649在位) 的「貞觀之治」，他用先秦儒家德主刑
輔的方針治國，學習成為聖賢君子的道德修養由皇帝做起。唐太
宗以身作則，帶頭清心寡欲、謙虛自律，為百姓做個良好榜樣，[13]
所以出現「唐民奉法，盜賊日稀」的現象。[14] 雖然手執絕對權力，
但唐太宗不專橫獨斷，虛心聽從官員進言，譬如嘉許諫臣魏徵駁回
自己降低徵兵年齡的命令，又表揚事中張素上書諫止自己修繕洛陽
宮的意旨，結果成為臣民敬仰的明君。[15] 可是，貞觀的盛世只有十
年，唐太宗晚年徵召繁重的兵役和徭役，魏徵在貞觀十三年向皇帝
上書指出，貞觀十年前後唐太宗施政的方式有非常大的落差，皇帝
變成昏君庸主，與之前的明君形象判若兩人。[16] 時任浙江工商大學
副校長陳壽燦 (2002) 就對「貞觀之治」有如此評價：「把一個國家的

---

13 唐太宗下令編輯《群書治要》一書，回顧歷代帝王的治國方式，從五帝到晉
    代的一萬四千多部古籍中，選出其中精要，成為一本有關如何修身、齊
    家、治國、平天下以德治國的經典。

14 唐雲林著：〈盛世之憾：從「貞觀之治」看唐太宗法治與德治的局限性〉，
    《南陽理工學院學報》，第3卷，第1期 (2001年1月)。

15 《貞觀政要・仁義》，轉載自陳壽燦著：〈從貞觀之治看先秦儒家德治思想
    的具體實踐與歷史價值〉，《哲學研究》，第9期 (2002)。

16 汪籛在《唐太宗與貞觀之治》頁62–63指出，「貞觀二十一年和二十二年，
    兵役和徭役的繁重達到了一個高峰。在東北，唐軍兩度泛海騷擾高麗；在
    西北，用很大力量擊敗龜茲⋯⋯在此期間，唐軍差不多同時在四條戰線上
    作戰。這還不夠，唐太宗還下令營繕翠微宮和玉華宮，以為養病之用；又
    徵發江南、劍南民工造船，以備再度侵入高麗。劍南一帶，更是既役人
    力，複徵船庸，由於州縣督迫嚴急，『民至賣田宅、鬻子女不能供』⋯⋯太
    宗沒有來得及再度大舉侵犯高麗，就在僚人起義的餘音中死去了。」

治亂完全寄託在帝王的個人品行上，這種治國思想本身就是極為冒
險的。」

　　相反，如果把國家的福祉付託在有德行的社會大眾身上，政府
便不用執法除公害。如果把明君或謙虛領導人的自律文化普及整個
政府，市民也無須監察官吏杜貪污，社會成本將會大大降低，不公
平的事情也會絕少發生。雖然這是柏拉圖的理想國度，[17] 但無可否
認，損人利己的心態，缺乏公德的行為，都是社會失去公義的根
由。在洋儒和中國通的心目中，法律是根據社會普遍認可的大眾行
為而建立，如果世風日下、人心叵測，法律便失去效力，因為姦淫
擄掠、你虞我詐的風氣，已經變成約定俗成的道德觀念；故此，一
個社會的君子道德風氣非常重要。第一代洋儒利瑪竇 (Matteo Ricci)
在萬曆十年 (1587) 初到廣東肇慶居住，自此與中國結下不解之緣，
他長年在中國各地傳教，直至萬曆三十八年在北京病逝。在華期間
利瑪竇從文化入手，用盡方法希望中國人信奉基督宗教，原意本是
救贖「靈魂墮落」的中國人，但最後卻被中國文化同化了，正如他
在《中國札記》中感嘆地說：「柏拉圖在《理想國》中作為理論敘述
的理想，在中國已被付諸實踐。」因為他看見明朝士大夫的行為舉
止，與柏拉圖所說的哲學家非常相似，徐光啟、李之藻、楊廷筠、
王徵等士大夫正直不阿，待人謙恭有禮，喜歡尋求學問，尤其對西
方科學孜孜不倦，這不就是柏拉圖心目中擁有智慧、正義、善的美
德嗎？事實上，萬曆皇帝明神宗朱翊鈞 (1563–1620 在位) 自從利瑪

---

[17]　柏拉圖 (Plato) 著，徐學庸譯：《理想國篇》(台灣：商務印書館，2009)，
頁 515–527。

利瑪竇畫像

圖片來自維基：http://bit.ly/2GJEY2j

寶來華的時候，已開始三十年不上朝，[18] 國家大事由士大夫主理，情況與柏拉圖由哲學家治國的主張無異，對此利瑪竇有如此觀察：「如果沒有與大臣磋商或考慮他們的意見，皇帝本人對國家大事就不能做出最後的決定⋯⋯所有的文件都必須由大臣審閱呈交皇帝。」中國「以德治國」已從唐太宗由皇帝開始做起，演變到明神宗禮教化的德行彌漫到整個社會，所以利瑪竇如是説：「中國這個古老的帝國已普遍講究溫文有禮而知名於世，這是他們最為重視的五大美德之一」，他發覺「這些優點超過了歐洲人及其他民族」。[19]

18　樊樹志在《晚明史》中認為萬曆帝是沉迷酒色導致身體不佳，故長期沒法上朝。樊樹志著：《晚明史（1573–1644年）》（上海：復旦大學出版社，2003），上卷，全二冊。

19　利瑪竇（Matteo Ricci）著，何高濟等譯：《利瑪竇中國札記》（北京：中華書局，1983），頁11。原名《基督教遠征中華帝國史》（De Christiana Expeditione apud Sinas Suscepta ab Societate Iesu）。

　　不過，利瑪竇也留意到明末政府拯救瘟疫無力，[20] 農民揭竿起義，外族趁虛而入，士大夫的黨爭嚴重，中下層吏治又腐敗不堪，所以他也說道：「大臣們作威作福到這種地步，以致簡直沒有一個人可以說自己的財產是安全的，人人都整天提心吊膽，唯恐受到誣告而被剝奪自己所有的一切……有時候，被告送給大臣一筆巨款，就可以違反法律和正義而得活命。」雖然利瑪竇認為明朝實現了柏拉圖的德性治國，但也發覺儒學並不完美，所以提出了「合儒」、「補儒」和「益儒」或「超儒」的構思。[21] 奈何利瑪竇用的是折衷辦法，他允許中國教徒祭天、祭祖、祭孔，把耶穌和聖母的形象漢化，形容天主教的神就是在中國古書中的上帝。雖然這些統稱為「利瑪竇規則」的折衷辦法，成功令許多中國人改信天主教，但約一百年後即康熙四十六年 (1707)，卻令中國與梵蒂岡交惡，因為康熙帝玄燁 (1661–1722 在位) 不滿教宗克勉十一世 (Giovanni Francesco Albani，1700–1721 在位) 叫停「利瑪竇規則」，不許教徒祭祖拜天，令中國人不忠不孝。康熙帝與克勉十一世的「禮儀之爭」，令中國朝廷驅逐傳教士出境，利瑪竇「合儒」、「補儒」和「益儒」或「超儒」的願望功虧一簣，結果未竟全功，且受到許多歐洲國家的迫害，1773 年教宗克萊孟十四世 (Papa Clemens XIV，1769–1774 在位) 更解散了耶穌會。

---

[20]　萬曆八年大同發生瘟疫，十室九病，幾年間向四方擴散，一直傳到北京。

[21]　根據侯外盧，「（一）在對儒、佛、道三教的關係上，是聯合儒教以反對二氏，這即所謂的『合儒』；（二）在對儒家的態度上是附會先儒以反對後儒，這即是所謂的『補儒』；（三）在對先儒的態度上，則是以天主教經學來修改儒家的理論，這即所謂的『益儒』、『超儒』。」侯外盧編：《中國思想通史》（北京：人民出版社，1952），頁 1207。

3. 洋儒用西方科學驗證儒學理想

　　成也儒學，敗也儒學，洋儒和中國通的獨特管治模式從治本出發，認同中國歷代皇朝「以德治國」的做法，覺得儒學比耶教的做人道理更為詳細和實用。尤其是十六世紀初馬丁路德(Martin Luther)的「因信稱義」(*Sola Fide*)和加爾文(Jean Calvin)的「救贖預定論」(salvation predestination)相繼出現之後，新教信奉者認為既然救贖不是通過行善獲得、沒有德行也可被救贖的話，那麼修心養性、倡行仁義等自我磨煉的生活，其實有另一種意義。洋儒與中國通進入儒學世界後，驀然發現修心養性的全新意義，當然不禁如獲至寶。可是，利瑪竇等耶穌會士始終屬於天主教，他們惟有走中間路線，以孔夫子結合天主教經學，令中國教徒不用放棄傳統中國禮教，便可以接受西方上帝的祝福。個人實踐起來容易，但當時的耶穌會缺乏客觀條件，本身只是天主教的分支，教義不具獨立自主性，失去歐洲國家和羅馬教廷的支持後，當然失敗告終。故此，以後的洋儒和中國通以耶穌會士為鑒，設法控制客觀條件，儘管仍然深信德治可以永續，但分別使用自身時代的西方文化來實踐儒學理想，開始的時候沒有深究道德的定義，也沒有高舉任何哲理，[22] 更沒有推崇宗教力量，因為他們重新把儒學放在自己治理或可控制的環境裏再做實驗，所得出的結果與中國內地的儒學文化環境相比較，所以有些洋儒用人人平等來測試儒學的效果，有些洋儒則以勇氣或寬容來實踐孔孟之道，有些洋儒則很緊張道德的涵蓋範圍，有

---

[22]　香港前財政司夏鼎基(Charles Philip Haddon-Cave，1971–1981在任) 1980年在香港工業總會發表演説中提出「積極不干預」，只是回應社會疑問、穩定商界信心的措辭。

些洋儒非常注重儒學修煉心志或氣量的培養。這些控制變數的「對照實驗」（control experiment），就是洋儒和中國通不用宗教思想（這不等於他們沒有信仰，特別是信奉新教的後期洋儒與中國通，只是相信救贖不由行善而來，實踐聖賢道德有其他用途），利用西方科學方法驗證儒學理想的珍貴結果。

因此，我們要知道洋儒和中國通如何治理社會的話，並不是順手拈來以甚麼「積極不干預」或「小政府大市場」來解釋，而是細心搞清楚他們對道德的態度，在何種環境中選擇甚麼西方文化來實踐儒家道德。所以我們要知道：洋儒和中國通是甚麼類型的洋人？來自甚麼家庭？有甚麼教育背景？人格有何特質？有多少數目？為何遠赴中國，加入外交部或殖民地部工作？熟悉中國文化，對他們的工作和仕途有何影響？當時中國發生了甚麼大事？面對陌生的華人社會和在資源欠奉的香港或威海衛，他們採取甚麼方法應付？選擇了甚麼西方理念灌輸到社會？或在管治上運用了甚麼招數？同時間控制了甚麼變數？效果如何？社會福祉或社會公義有何變化？他們對公義的理解是甚麼？是西方抱擁公德、為民請命的公義？還是中國講信修睦、人人立品的正義？他們利用西方科學方法驗證儒學理想，如何量度成果？接到上司命令要爭取英國利益，令實驗中斷，他們有甚麼反應？如果華人與英國上司有不同要求，洋儒和中國通會怎樣做？會否對上司陽奉陰違？總而言之，洋儒和中國通在中英的夾縫中生存，具體有甚麼策略？最後，在中英文化的衝擊下，他們的內心世界有何變化？是否能歸納出一套洋儒或中國通的管治模式？這套模式對殖民時代的安定繁榮有何直接關係？

十九世紀中旬開始來華的洋儒和中國通對儒學的實驗，基本有以下五個方面：第一，儒學「以德治國」，但「德」卻用三綱、四維、

五常來定義，其實「君臣、父子、夫婦」三綱只是倫理，令社會產生不平等待遇，「禮、義、廉、恥」四維和「仁、義、禮、智、信」五常只是個人修養，[23] 與明辨大是大非的道德無直接關係。洋儒和中國通於是把英國「光榮革命」後出現「法律面前人人平等」的概念用於日常的治理工作中，[24] 與英國衡平法相輔相成，認為如果沒有人人平等概念的話，孔孟之道便會被人曲解。例如孟子的「不孝有三，無後為大」，便被不平等的觀念解釋為納妾的理由。[25] 第二，中國漢代以後的儒生是讀書人，宋初皇帝更為了自保而重文輕武，用文官指揮軍隊，到明末軍隊驍勇之氣消失殆盡，武功不振，軍紀敗壞，洋儒和中國通有見及此，於是引進英國的騎士精神，令文官也英勇無畏保護弱者，為了反對不公平事情，會忠耿正直，果敢決斷。第三，儒學在中國未能全民普及，尤其是讀聖賢書只是儒生的專利，宦官、中下層官吏和平民百姓並沒有接受儒家品德教育的機會，洋儒和中國通參考英國紳士文化的普及方式，把儒家理想和紳士教育納入學校的課程內，令品德修養得以普及。第四，明代士大夫之間發生劇烈的黨爭，看見別人批評自己便大動肝火，凸顯儒生的心胸不夠寬敞，對不同意見沒有妥協餘地。對於程朱理學固有的

23　《管子》牧民篇：「何謂四維？一曰禮，二曰義，三曰廉，四曰恥。禮不逾節，義不自進，廉不蔽惡，恥不從枉。故不逾節，則上位安。不自進，則民無巧詐。不蔽惡，則行自全。不從枉，則邪事不生。」《孟子‧公孫丑上》：「惻隱之心，仁之端也；羞惡之心，義之端也；辭讓之心，禮之端也；是非之心，智之端也。」董仲舒：「說出來就要做到」，就是「信」。

24　伏爾泰 (Voltaire) 在英國流亡三年之後回到法國，在1734年發表了《哲學書簡》(Letters Concerning the English Nation)，在書中讚揚英國「光榮革命」後取得的成就，大力批評天主教教皇和法國的封建制度，認為人與生俱來是自由的，在法律面前人人平等。

25　計翔翔著：〈西方早期漢學試析〉，《浙江大學學報》，第32卷，第1期（2002年1月），頁90。

不寬容性，洋儒和中國通採用西方自由主義的積極概念，雖然認為
政府應該使用公共權力來維護公義，但視社會為一個多元世界對矛
盾應採用「權宜之計」，[26] 所以把寬容作為決策的考慮因素之一，把
孔孟的仁義提升到政府管治的層次。第五，反過來，儒學也有其過
人之處，它令中國士人比西方紳士更有風骨和氣節，相對中世紀天
主教的腐敗，十八、十九世紀英國的道德淪亡，陸王心學反而更能
令人有寧死不屈的志氣，對改善英國傳統紳士文化宗教道德敗壞的
問題，洋儒和中國通覺得非常之有幫助。

　　總而言之，人人平等、官員膽色、品德普及、管治寬容、道德
修煉五個元素，是洋儒和中國通實驗儒學理想的變數，令政府和社
會有能力「行公義」，也是本書稍後要印證的次要觀點。根據上述說
明，本書的研究時段和對象，將會從十六世紀下旬的來華傳教的耶
穌會士羅明堅、利瑪竇、龐迪我等人開始，到十九世紀下旬香港開
埠應運而生的翻譯官員馬禮遜、馬儒翰、郭士立、威妥瑪、赫德等
人，還有二十世紀被倚重解決中國問題的官學生及外交官，例如早
期的含梅理、駱克、莊士敦、金文泰，直至後期的柯利達、麥理
浩、尤德、衛奕信為止。分析這三代洋儒與中國通如何改善儒學以
德治國的事例，我們希望能找到中西文化如何結合，才能在管治中
做到他們心目中的人人平等、官員膽色、品德普及、管治寬容、道
德修煉。這五個元素也因此成為本書研究洋儒與中國通要進一步論
證清楚的命題（見圖表1）。

---

[26]　詳情見格雷（John Gray）著，顧愛彬、李瑞華譯：《自由主義的兩張面孔》
　　（南京：江蘇人民出版社，2002），第一章〈自由主義的寬容〉及第四章〈權
　　宜之計〉。

圖表 1　洋儒與中國通以德治國的命題

儒學治國問題與優勢	優化儒學治國的辦法	改善儒學以德治國的命題
沒有人人平等概念，三綱、四維、五常經常被曲解，例如孟子的「不考有三，無後為大」被解釋為納妾理由	把英國「光榮革命」後出現「法律面前人人平等」的概念融入日常治理工作，與衡平法相輔相成	人人平等
漢代以後儒生是讀書人，宋初皇帝更用文官指揮軍隊，到明末軍隊驍勇之氣消失殆盡，武功不振，軍紀敗壞	引進英國騎士精神，令文官也英勇無畏保護弱者，為了反對不公平事情，會忠耿正直，果敢決斷	官員膽色
儒學在中國未能全民普及，讀聖賢書只是儒生專利，宦官、中下層官吏和平民百姓一般沒有接受過儒家品德教育	參考英國紳士文化的普及方式，把儒家理想和紳士教育納入學校的課程內，令品德修養得以普及	品德普及
程朱理學固有不寬容性令明代士大夫之間發生劇烈黨爭，看見別人評批自己便大動肝火，凸顯儒生心胸不夠寬敞	採用「社會自由主義」的積極概念以及「共同之善」，使用公共權力來維護公義，把寬容作為決策考慮因素	管治寬容
反過來，相對中世紀天主教腐敗，十八、十九世紀英國道德淪亡，中國士人比西方紳士有風骨氣節	學習陸王心學更能令人有寧死不屈的志氣，改善傳統紳士文化喪失宗教道德的問題	道德修煉

第3章
洋儒與中國通的定義與文獻

　　洋儒原是十六世紀下旬開始，對一群通曉中國語言文化的洋人傳教士的形容詞，他們多來自意大利、西班牙、葡萄牙和法國等十多個歐洲國家，[1] 以羅明堅（Michele Ruggieri）、利瑪竇（Matteo Ricci）、郭居靜（Lazaro Cattaneo）、龐迪我（Diego de Pantoja）、金尼閣（Nicolas Trigault）、曾德昭（Alvaro Semedo）、湯若望（Johann von Bell）、利類思（Lodovico Bugli）、安文思（Gabriel de Magalhães）、卜彌格（Michel Boym）、衛匡國（Martino Martini）、南懷仁（Ferdinand Verbiest）、徐日昇（Thomas Pereira）、張誠（Jean-François Gerbillon）、李明（Louis le Comte）、白晉（Joachim Bouvet）、劉應（Claude de Visdelou）、馬若瑟（Joseph Henry-Marie de Prémare）、郎世寧（Giuseppe Castiglione）、宋君榮（Gaubil Antoine）、錢德明（Jean-Joseph Marie Amiot）等耶穌會士最有名氣。[2] 他們大部分在澳門學中文，傳教由上層社會入手，廣泛結

1　根據王漪的統計，他們的漢學著作中，意人佔45.7%，葡人佔29%。王漪著：《明清之際中學之西漸》（香港：商務印書館，1990），頁61。

2　還有巴多明（Dominique Parennin）、戴進賢（Ignatius Koegler）、洪若翰（Jean de Fontaney）、塔夏爾（Guy Tachard）、柏應理（Philippe Couplet）、殷弘緒（François-Xavier Dentrecolles）、傅聖澤（Jean-François Foucquet）

交中國士人和官員，所以其中22人當了士大夫，例如湯若望做過帝師，南懷仁是二品大員，八人曾是欽天監監正。[3] 他們身穿明清官服，懂得中式詩詞歌賦，為中國帶來西方的天文、地理、曆數、幾何學等知識，繪製中國的第一幅世界地圖，鑄造紅夷大炮，發明三輪蒸汽車等等，但因為身份是傳教士，最終目的是改變中國人的信仰，所以把自己漢化和傳播西方知識，只是令華人接受天主教的手段而已。在這個前提下，他們早期的學術作品，總是離不開宗教、哲學、歷史、地理、科學、回憶錄、字典等領域。自從十七世紀末法國耶穌會士相繼來華之後，因為受法國皇帝所託，他們更加深度考察東方文化，令耶穌會士後期的著作，從宗教領域伸延到診脈、醫藥、植物志、語言、禮儀、音樂、繪畫、兵法等等。其中最令耶穌會士神往的工作，就是把大量中國古籍翻譯成為拉丁文，例如《易經》、《詩經》、《禮記》、《書經》、《尚書》、《孫子》、《吳子》、《司馬法》等經典，令十八世紀的歐洲知識界出現中國熱。[4]

除了向西方世界介紹中國文化之外，耶穌會士也示範了應該如何與中國人交往，其中最有參考價值的有兩方面：第一是「適應策略」（accommodation strategy），以平等和尊重的態度對待中國，用改

等人的名氣也不低。根據中國國務院宗教事務局著：《中國宗教》第1–12期（北京：中國宗教雜誌社，2003），頁43，明末清初190年間一共有472位耶穌會士。另外，根據費賴之著、馮承鈞譯：《在華耶穌會士列傳及書目》（北京：中華書局，1995），頁10，耶穌會士約有500人，其中70人為華人。因為一些從歐洲來華的耶穌會士逗留在中國的時間很短或不固定，不時被調往日本、菲律賓或其他鄰近國家或地方，所以從歐洲來華的耶穌會士數目大約是500人上下。

3　　杜赫德編，鄭德弟等人譯：《耶穌會士中國書簡集：中國回憶錄》（鄭州：大象出版社，2005），頁6–7。

4　　計翔翔著：《17世紀中期漢學著作研究》（上海：上海古籍出版社，2002）。

變自己的方式來適應陌生的東方世界；具體做法是以洋儒自居，不
但把自己的外表打扮成為儒生，更努力學會中國的哲學和倫理學，
找出中國聖賢學問與天主教教義相通之處，如此不但能減少中西文
化的衝突，也容易說服華人加入天主教會。[5] 第二，研究儒學應以
先秦的孔子和其他古籍為主，因為中國歷代為了政治的需要，對儒
家等聖賢的學說有所曲解，只有孔孟「以德治國」的理想，才是中
國儒學的精髓，例如由耶穌會士李明撰寫的《中國近事報道》（*New
Memoirs on the Present State of China*），就非常推崇儒家思想，並大力
批評西方社會的墮落。遺憾的是，保守的羅馬教廷並不欣賞耶穌會
士的「適應策略」，儒學道德可補西方缺憾的觀點也不被高傲的歐洲
貴族所接受，導致十八世紀中期開始，葡萄牙、法國、西班牙等歐
洲國家相繼驅逐耶穌會士，1773年羅馬教廷更解散了耶穌會，雖然
1793年路易十六（Louis XVI，1774–1792在位）被送上斷頭台，但法
國大革命並沒有認同漢學文化，因為耶穌會早已後繼無人，他們在
中國服務了190年的歷史，已在二十年前告一段落。

　　無論如何，這八十多位第一代洋儒的文化傳播成就非常輝煌，[6]
影響極之深遠，十七世紀歐洲啟蒙時代的許多哲學家和思想家，都

---

[5]　同上註，頁90。

[6]　八十多位的數目來自「1552年至1687年間，在華耶穌會士與漢學有關的著
　　作共69種，作者有28人……在1687年至1773年間……在華耶穌會士與
　　漢學有關的著作共353種，作者有55人」的計算。杜赫德編，鄭德弟等人
　　譯：《耶穌會士中國書簡集：中國回憶錄》，頁11–12；轉載自費賴之著，
　　馮承鈞譯：《在華耶穌會士列傳及書目》（北京：中華書局，1995）。即在
　　耶穌會士來華直至被教宗解散的一段時間內，曾出版與漢學有關著作的耶
　　穌會士作者共83人，而且他們許多都有朝廷官職，本書因此把他們歸納
　　成為第一代的洋儒。還有參考自孫尚揚、鍾明旦著：《1840年前的中國基
　　督教》（北京：學苑出版社，2004），頁328。

因此認識了中國文化，例如耶穌會的白晉，就把中國易經八卦的天
文地理哲學，告知發明二進位的德國數學家萊布尼茨（Gottfried
Wilhelm Leibniz）。[7] 不過，並非所有歐洲的知識分子都讚許中國，
例如提出「三權分立說」的法國思想家孟德斯鳩（Charles de Secondat,
Baron de Montesquieu）和提倡自由放任經濟政策的魁奈（François
Quesnay），就狠批中國是專制社會。從孟德斯鳩在 1748 年出版的
《論法的精神》（De L'esprit des Lois）開始，西方世界對中國的態度從
「頌華」（sinophilie）變成「貶華」（sinophobie），不論政界或學界對中
國不再崇拜，[8] 加上 1793 年英國大使馬戛爾尼（George Macartney）求
見乾隆帝後，認為中國是個非常不文明的國家，而且被四周邊界的
野蠻部落包圍著，導致歐洲人普遍對中國的印象更加負面，推翻了
過往耶穌會士對中國所描述的正面形象。[9] 十九世紀提出「絕對精神
論」的黑格爾（Georg Wilhelm Friedrich Hegel）就大力批評中國人的道
德流於表面，他有以下論述：

> 中國人把他們的道德律則當成為自然的律法、外在的明文
> 規條、強制的權利和強制的義務，或者是互相保持禮貌的
> 律則。至於那要通過實體性的「理性規定」才可達致的倫理
> 態度，這種「自由」在中國是找不到的。在中國來說，道德
> 乃成為國家事務，而且是通過政府官員和衙門來把持控制

---

[7] 但沒有證據證明二進位的發明，是參考中國《易經》的成果。

[8] 龔鵬程著：〈孟德斯鳩的中國觀〉（南華大學機構典藏系統，2010），頁29，
進入網站日期：2016年2月6日，libwrl.nhu.edu.tw:8081/Ejournal/
5022020101.pdf。

[9] 游博清、黃一農著：〈《天朝與遠人——小斯當東與中英關係（1793–
1840）〉，《中央研究院近代史研究所集刊》，第69期（2010），頁3、21。

的。他們的著述並不是客觀的國家法典，而是理所當然地
要由讀者之主觀意願和主觀態度來自行決定，就像那斯多
噶學派道德的著作一樣，那是一連串的規條戒律。[10]

在發動第一次鴉片戰爭的前夕，歐洲社會各界對中國的態度，
普遍和孟德斯鳩、魁奈、黑格爾一樣，認為這個古老的東方國度充
滿父權和專制，強把禮儀當做道德，當權者極之貪婪和虛偽，因為
由他們負責執法，所以法律未能維護公義、社會沒有自由，政治也
不民主。在這種「貶華」的氣氛下，儘管當時英國國會展開激烈的
辯論，討論是否因鴉片為主的所謂通商貿易而發動戰爭，但最終以
271 票對 262 票通過派兵前往中國。[11]

第一次鴉片戰爭結束後，滿清政府被迫開放五個通商口岸，英
國政府在各個口岸設置領事館，外交部招聘了一批英國年輕人到領
事館做翻譯官，當他們近距離和長時間接觸中國人之後，頓然發覺
真實的中國面貌和文化，與歐洲「貶華」的說法不太一樣，於是努
力學習中華文化，認真研究漢學精要，用心了解中國社會，結果成
為了繼耶穌會士之後、與士大夫關係密切的第二代洋儒。威妥瑪
(Thomas Francis Wade) 和赫德 (Robert Hart) 就是其中的兩位表表者，
他們對中國「以德治國」的理念十分認同，但因為是外交官，所以
對「以德治國」能否應付複雜的政治問題更有興趣，不會像耶穌會
士般只是研究儒學如何修身立節，反而不斷觀察士大夫治理國家時

---

[10] 龔鵬程著：《中國傳統文化十五講》(北京：北京大學出版社，2006)，頁
263；轉載自李榮添著：《歷史的理性：黑格爾歷史哲學導論述析》(台北：
學生書局，1993)。

[11] 藍玉春著：《中國外交史：本質與事件、衝擊與回應》(台北：三民書局，
2007)，頁 74。

有何不足之處。例如明朝建文帝朱允炆與他身邊的一群佐臣方孝孺、黃子澄、齊泰等人，都是自幼飽讀儒家經書的理想主義者，屢次以仁義之心放生密謀作反的燕王朱棣，結果好人沒有好報，「以德治國」造成「靖難之變」，大群殉國士大夫被殘殺，方孝孺更被誅十族，朱允炆下落不明，僅做了四年儒生皇帝。因此，外交官出生的洋儒除了參考「適應策略」之外，也不斷鑽研「以德治國」如何應付人心險惡的問題，結果認為中國要強大起來並不困難，關鍵是清政府須要改變一些陋習，例如歐洲知識分子說的「管治專制主觀」和「道德流於表面」，[12] 所以兩人先後向中國提出救國大計，分別向總理衙門呈上《新議略論》和《局外旁觀論》，對當時的洋務運動產生了催化作用。在中國工作了54年的赫德1854年來華工作，五年後離開領事館崗位，轉到中國海關擔任總稅務司49年，他以改良的洋儒模式治理，自此一直成為中國海關的人事和管理制度，直至1950年卸任的外籍總稅務司李度 (Lester Knox Little) 為止，赫德設計的制度先後訓練出數以萬計的洋關員，當中包括大量通曉中文和漢學的洋儒。

　　至於第三代的洋儒 (在1905年科舉被廢除後，開始改叫中國通)，就是上文說過的官學生，他們大學畢業後考上殖民地部的招聘，從1862年到1941年的八十年間，香港的官學生一共有83人，本來是為了填補翻譯員的不足，不過因為洋儒和中國通並非池中

12　例如赫德的《局外旁觀論》有如此評論：「如律例本極允當，而用法多屬因循。制度本極精詳，而日久盡為虛器。外省臣工，不能久於其任，以致盡職者少，營私者多。寄耳目於非人，而舉劾未當，供貪婪於戚友，而民怨弗聞。在京大小臣工，名望公正者，苦於管轄甚多，分內職分，反無講求之暇；部員任吏胥操權，以費之有無定準較，使外官清廉者必被駁飭，如是而欲民生安業，豈可得耶。」

物，不出數載便被提升到輔政司署高層，甚至成為香港總督或威海衛行政首長，代表人物是駱克、莊士敦、金文泰等官學生。他們以洋儒的姿態治理社會，用儒學過濾基督宗教，以士人文化雕琢騎士精神，在香港和威海衛創造出千年一遇的幸福氛圍，令社會不治而安。除了出身香港的官學生中國通之外，港英政府也有一批來自馬來亞的官學生中國通，因為馬來亞有大量福建人和潮州人，所以當地的官學生也要學習中文，例如港督貝璐就是馬來亞官學生，來港前一直在高淵、大山腳、新加坡、檳城等以華人為主的地方當官，潮州話和福建話都是當地華人的主要語言，所以後期貝璐就順理成章，接任中國通金文泰成為港督。馬來亞官學生出身的港英官員還包括港督郝德傑（Andrew Caldecott，1935–1937在任）、輔政司戴維德（Edgeworth Beresford David，1955–1957在任）、港督柏立基（Robert Brown Black，1958–1964在任）。當然，未必所有港英政府的中國通都是官學生，例如港督麥理浩（Murray MacLehose，1971–1982在任）、參與草擬《中英聯合聲明》的英國駐華大使柯利達（Percy Cradock，1878–1983在任）、港督尤德（Edward Youde，1982–1986在任）、港督衛奕信（David Wilson，1987–1992在任）等人就出身於英國外交部，他們本是外交官員，所以必修官話，通常還會說福建話、粵語等其他方言。

遺憾的是，記錄以上三代洋儒和中國通對儒學的實驗至今仍一片空白，研究洋儒和中國的學術專著少之又少。記載利瑪竇、龐迪我、赫德、駱克、莊士敦等洋儒的文獻多是自傳式史實，沒有分析他們如何憑自己的獨特優勢，展示出與別不同的管治技巧和政治智慧。直到二戰期間，一些對中國比較認識而成為美國外交顧問的外交官、記者和軍人，開始被人統稱為中國通，例如兩位中國通戰

地記者 Theodore White 和 Annalee Jacobee（1946）的《中國的驚雷》（*Thunder Out of China*）紀錄了 1937–1945 年的中國內戰和抗日實況。還有，2005 年祈立天（Tim Clissold）著作的《中國通》（*Mr. China*），記載了美國華爾街大亨比高斯基（Jack Perkowski）巨額投資中國時所遇到的文化衝突。然而，不論是記者把在中國的所見所聞編寫成書的中國通，或者是西方投資者善於處理華人貿易對手不同價值觀的中國通，他們與本書真正認識中國古典文化、會説中國方言的洋儒和中國通官員相比，是完全兩碼事。更重要的是，本書的三類洋儒或中國通，在中西文化的薰陶下，已鍛煉出另類的人格修養，他們對祖家的上司陽奉陰違，甚至不理會教皇國或英國的反對，運用自己認為更有效的方式，分別成功在中國招攬了幾十萬教徒，杜絕了中國海關的貪污腐敗，把香港從一個小漁村發展成為世界級城市。他們秉承的是甚麼理念？是被儒家「以德治國」的理想所影響？還是迂迴維護教皇國或殖民者的利益？所謂洋儒對宗主國陽奉陰違，是否手段上的不認同，而非本質上的不同？運用的是甚麼招數？招數的效果如何？這些問題的答案，對填補香港管治文獻空隙，改善今天政府治理不彰，實在富有極其重要的意義。

　　至於治理香港的為官之道，有關的作品也不太多，勉強只有幾本叫「香港模式」的書籍。若以香港政治模式為主題的專著，有中國人民大學王燕的論文〈香港回歸十年來中國內地關於香港問題的研究述略〉（2007）和她的專著《香港回歸與「一國兩制」的「香港模式」研究》（2009）；還有北京大學教授潘國華的《香港模式與台灣前途》（2004）與同是北京大學教授的李義虎及張植榮一起主編、同名的《香港模式與台灣前途》（2010）。可是，他們所指的香港模式，是主權回歸後一國兩制的政治制度，並不是指主權回歸前的一套管治

模式。至於另一本開宗明義以「香港模式」為題的專著，是中山大學教授劉祖雲主編的《弱勢群體的社會支援：香港模式及其對內地的啟示》(2011)，內容是探討香港政府如何治理弱勢群體的社會福利模式，分析香港的「民辦官助」、「合作加制衡」的老年服務機制。儘管它是展示港英政府怎樣決策和執行的典型個案，但書中只是介紹香港五類弱勢群體的社會救助系統，沒有探索港英政府如何利用公共權力，促成作者所形容有「專業化」、「高志願」和「高效率」三大特點的民辦社會服務機制。無論如何，這是一本以社福為焦點的專著，並不是全面研究管治的文獻，但它卻告訴我們，以前港英政府的管治方法的確有一套模式，並有能力把政策做得非常成功。劉祖雲的研究個案印證了本書的部分假設，令筆者的研究更有理據和價值。

還有曾任多間上市公司管理層的蔡東豪，他在 2011 年出版的《香港溫布頓 2：香港模式》反對把香港內地化，認為香港在與內地融合的過程中，應該堅持自有的公平、開放和包容的自由市場。蔡東豪強調香港要保持這種模式，不要被非民主政治和非市場開放的中國內地體制所同化。他的如此論點，明顯是指投資、金融、電訊、零售等需要百花齊放的領域，不能被政府壟斷或控制。可是，回顧香港開埠後的百多年歷史，不單止在其他行業裏找不到如此模樣，就算是投資、金融、電訊、零售等行業的自由、公平、開放和包容，也只是在 1980–1990 年代金融業主導時期才開始。事實上，在 1870 年代開始由轉口貿易主導的時期，還有在 1950 年代開始由製造業主導的時期，香港的有關政策並不公平、甚少開放，也沒有包容，更莫説自由（稍後在第十四、十五章有大量案例證明）。就算是由金融業主導的時期，政府也只是表面不干預，但背後卻對各行

各業進行干預，所以港英時代其實不公平。香港大學副教授Thomas
W. P. Wong（黃偉邦）的「香港社會指標研究」(1992)其實已客觀證
實了此點，被訪者普遍認為香港的經濟及政治支援分配並不公平，
但當時的香港人沒有抗拒不公平反而默默接受，是因為儘管不公
平、卻是一個只要自己肯努力就會得到成功的社會環境。故此，本
書在第十五章的七個範疇案例中，將會顯示港英政府是怎樣干預經
濟和社會的，並找出當年的政策為何要不公平和不開放，但民眾卻
非常接受，甚至認為是港英港府的德政。

　　近年還有一本書，是長年從事香港社會研究的香港教育大學教
授呂大樂，在2015年出版的《香港模式：從現在式到過去式》。他
指出充滿靈活變通的中小企經濟環境、持中立的「積極不干預」政
策和行政管理型政府、吸納人才和營造政治共識的諮詢式政治，還
有能者多得、平等機會以及競爭有助社會進步的意識形態，就是香
港以往有賴成功的模式。不過，他認為這些模式已經過時，再不能
應付二千年代的新問題和新挑戰，香港應走出這些「不合時宜」的
模式，大膽走出框框，才是香港未來的出路。顯然，呂大樂的論點
也是一些港人的觀點，因為書中有頗多對社會狀況和大眾意見調查
作為立論的基礎。可是，港英時代管治精闢之處，不但市民對政府
奉行自由市場之說如幻似真，令1992年呂大樂在「中產階級調查」
中，被訪者把「能者多得」下意識地當作是港英政府維持平等機會
和公平競爭的結果。[13] 就連1993–1995年間曾任港英政府庫務司的

---

[13]　可參考呂大樂的小結：「簡而言之，香港中產階級基本上相信個人努力可
　　　以帶來成功……有趣的是，香港的一般市民──尤其是中產階級──差不
　　　多完全接受了資本主義市場競爭的規範。也可以這樣說，在戰後特別是在
　　　七十年代以後經濟快速增長及其帶動下社會結構不斷出現新的空缺的大環

曾蔭權也竟然搞錯，看他在 2006 年説「香港有一個共識，就是政府
在經濟的基本角色，是為市場提供一個有效運作架構，並在市場運
作明顯失調時採取行動」就知道，[14] 因為就算按照香港中產階級的意
見甚至曾蔭權的説話，也未必可以準確説明港英時代的管治方式，
因為沒有證據可以支援他們的立場，反而有港英官員改變口風，又
有學者列舉事實，都足以推翻港英時代推行自由市場和公平機會之
説。例如香港浸會大學教授鄧樹雄在 2006 年 9 月 21 日《明報》發表
〈積極不干預主義回顧與發展 —— 夏鼎基「干預」的五大條件〉一文，
他憶述前財政司夏鼎基 (Charles Philip Haddon-Cave，1971–1981 在
任) 在 1982 年曾撰文補充政府干預經濟的五個原因：

> (1) 由於市場的不完善而引致壟斷出現；(2) 如果市場增長
> 過速，以致常規無法加以抑制；(3) 為了公眾利益而須訂立
> 法例和監管架構以維護公眾利益 (典型例子是金融市場)；
> (4) 個人行動對總體經濟和總體金融產生不良影響；(5) 即
> 使商界及政府依照市場力量仍不足以確保經濟會隨環境的
> 轉變而不斷調整，並穩定地增長。

雖然夏鼎基的補充非常婉轉，但隱約 (尤其是第 5 點) 可以看
出，平等、政府中立、競爭的市場環境未必是港英政府的制勝方程
式，況且夏鼎基時代 (從 1963 年擔任工商署助理署長，到 1985 年離

境底下，市民大眾對身邊周圍的社會經濟制度的安排的看法，基本上都很
接近中產的思想理念的框框。」呂大樂著：《香港模式：從現在式到過去式》
(香港：中華書局，2015)，頁 122。

[14] 〈「大市場 小政府」——我們恪守的經濟原則〉，2006 年 9 月 18 日，香港特
區政府新聞稿。

任布政司）讓企業壟斷的個案多的是，包括銀行、能源、電力、交通、電訊、航空、地產商、超級市場等的獨家壟斷或寡頭壟斷。[15]
如果你嫌夏鼎基的補充不夠直截了當，不如看看1998年香港中文大學學者C. W. Chan（陳卓華）的論文"The Myth of Hong Kong's *Laissez-faire* Economic Governance: 1960s and 1970s"，標題已經清楚指出1960–1970年代香港奉行自由經濟體系其實是捏造的，文中的證據顯示，殖民地政府不但大力干預房屋的供應量，對商業和金融業更特別優待。[16] 陳卓華以「政府的選擇性干預」（government's selective intervention）的觀點勾畫出圖表2。[17]

圖表 2　港英政府的選擇性干預

A	對英國有利	貨幣/財政政策
B	對英國洋行有利	給予政府工程合約 給予公共事業專營權
C	對英國洋行和本地工業家有利	貿易促進政策
D	對香港所有行業有利	房屋政策 土地及基建發展 食品價格控制
E	沒有或低度支援	研究及發展 生產力及品質支援服務 為製造業提供貸款或財務優惠技術培訓

---

[15]　《明報》，1994年3月1日；轉載自劉宇凡：〈戳穿「自由放任」的神話〉，《先驅》，第34期（1995年9月）。

[16]　原文是："Evidence shows that . . . the colonial government maintained an institutional framework which favoured economic activities in general, and favoured the commercial/financial sector in particular."

[17]　C. W. Chan, "The Myth of Hong Kong's *Laissez-faire* Economic Governance: 1960s and 1970s," Occasional Paper No. 79 (Hong Kong Institute of Asia-Pacific Studies, The Chinese University of Hong Kong, 1998).

　　陳卓華的仔細分析和詳盡資料，有力顯示香港經濟自由放任是
個美麗的誤會。不過，他的研究範圍只是1960–1970年代，在其他
時間香港政府對經濟的干預其實遠遠不止於此，最終目的也不是對
英國或英國洋行有利，例如被港府格外優待發展中環大部分土地、
承建九龍碼頭、供應香港電力的商人遮打 (Catchick Chater) 並沒有
英國國籍或血統，而是出生於印度加爾各答的亞美尼亞裔人；又例
如猶如香港中央銀行的匯豐，雖然股東之一的寶順洋行 (又名顛地
洋行 [Dent & Co.]) 是英資，但其他主要股東包括瓊記洋行和沙遜洋
行，他們的創辦人分別是美國人赫德 (Augustine Heard) 和印度籍猶
太人沙遜 (Elias David Sassoon)。港英政府在背後干預程度之深、傾
斜對象之廣，確實出乎許多人意料之外。如果你想知道更多反證例
子的話，可以看看香港嶺南大學的許寶強在2006年〈在後積極不干
預時代重讀海耶克〉一文，[18] 他如數家珍般告訴我們，港英政府的明
顯干預行為包括「戰後直至2003年才廢止的白米進口配額制度、大
型的公共房屋發展、公共交通和發電的專營制度、聯繫匯率和長期
容許銀行公會決定利率上限等政策」。其實本書之前也說過，港督
葛量洪把食米的入口交給指定的29家米商，又把清水灣地皮低價
賣給邵逸夫，還有港督柏立基禁止其他企業進入一些行業。因此，
殖民時代香港的弔詭之處，就是儘管在事實上機會不公平、市場不
自由，但仍令人強烈感覺很公平和很自由，這正是中國通的本事，
也是本書要深入研究清楚的地方。

---

[18]　許寶強著：〈在後積極不干預時代重讀海耶克〉，《明報》，2006年9月
　　　25日。

　　故此，作者搜集了十七世紀到二十世紀的大量有關個案，把儒家士人和英國紳士的文化涵養解剖清楚，找出為官所需的才德和其他相關元素，分析他們如何以科學實驗的方式改善儒學，建立社會道德，重現洋儒領悟為官之道的心路歷程，歸納成為一套洋儒與中國通的為官之道，最終解釋過往香港的成功秘訣。

第 4 章
分析洋儒與中國通的標準和框架

　　本書以洋儒和中國通取代經濟、管理和政治的角度，來解讀港英政府如何施政，分析港英官員怎樣治理，故此要搞清楚洋儒和中國通的定義和內涵，藉此制定解讀標準和分析框架，才能明白他們的管治哲學和行政招數，如何處理政治紛爭和社會公義。因此，下文要研究的洋儒和中國通，是指通曉中國文化的英國外交部和殖民地部官員，他們的特別之處，就是通曉兩種上流社會文化；在他們的身上，既充滿著英國的騎士精神，也散發出中國的士人氣質，令「以德治國」的能量倍增。不過，騎士精神與士人氣質的道德種類並不一樣，因為西方文化包含古希臘、中世紀的天主教、啟蒙時代的理性科學，所以本書採用「義務論」（deontology）、「後果論」（consequentialism）和「德行論」（virtue ethics）這三種規範倫理學（normative ethics），還有非規範的後設倫理學（meta-ethics）和應用倫理學（applied ethics）來做基本的分析標準。究竟充滿騎士精神的洋儒和中國通，是繼承古羅馬正直、謙遜、廉潔的聖人或德行品質？還是緊守聖經十誡教誨的耶教原則或義務道德？抑或事事以理性衡量每個決定的價值？甚至把自己從規範中抽離，採用超然的眼光去

量度事物道德與否？又或反過來活在當下，以非常入世的心態處理政治矛盾，認為這個世界並沒有對或錯？

為了找出他們做人處事的價值觀，我們需要看清楚當事人的社會、教育和家庭背景，這些方面可以直接反映出洋儒和中國通的為人，因為他們一般在離開學校後便考上殖民地政府的職位，所以處事的價值觀多在英國的成長期中形成。英國歷史經歷過天主教分裂，十六世紀陸續出現國教聖公會和基督新教分支，騎士精神又先後受到紳士文化和「自由主義」(liberalism) 的洗禮，十八世紀後期更出現了「功利主義」(utilitarianism) 等的理性或後果道德，所以我們須要知道英國歷史的社會風氣和傳統道德變化，對十九世紀洋儒的性格和能力有甚麼影響，特別是他們的國家觀念、宗教思想和現代科學觀，來到中國接觸異族文化後，對中國海關、威海衛、香港幾個階段的發展有甚麼決定性的作用？舉個例說，如果一位英國官員有鋤強扶弱的騎士精神，另一位英國官員則是一位視國家利益為重的傳統貴族，第三位官員信奉洛克學說，相信每個人都應擁有生命、財產、自由的權利，第四位官員認為推動自由貿易能令大部分人都受益，第五位官員深受中式氣節道德觀所感染，認為道德不單是個人操守，也是對社會的責任。當他們五人同時看到文質彬彬的中國人被歐洲列強要求開放貿易口岸的時候，第一位官員內心的騎士精神可能會激發他保護弱小和無助的中國人；第二位官員可能設法在中國境地為英國爭取利益，也產生與歐洲列強競爭的心態；第三位官員可能覺得要維護每個人的天賦權利，令他對西方國家採用船堅炮利的方式產生不滿；第四位官員可能認為須要犧牲一些人的福祉，才能換取中英兩國社會的最大幸福；第五位官員可能盡力提升被欺壓者的意志，幫助華人發展科學技術來振興中國。所以我們

不得不從較早期的歷史看起，搞清楚洋儒和中國通來華時的道德類型和素質，才會明白他們最終會採用甚麼樣的道德來治理中國海關、威海衛和香港。當然，就算是出身背景相同，也難說在執行工作上的表現亦會相同，但如果例子有一定數量，如此的歷史人類學視角就有其說服力，本書的洋儒和中國通大都在20歲出頭就來澳門或香港做事，所以他們的出身背景、種族、成長期的社會氣氛，自幼在學校及家庭中被灌輸的政治、宗教、倫理、哲學、經濟等思想，都對他們進入社會後的處世方式有很大的關係。

故此，十九、二十世紀來華的英國官員，根據各自的成長背景和道德類型，他們可以被分類為「騎士型官員」、「擺架子官員」、「顯公義官員」、「開拓型官員」和「英式士大夫」。讓我們在下文採用如此的倫理學和歷史人類學混合框架，從中世紀開始縱向觀察這些官員的價值觀念怎樣產生，再從歷史橫向比較這些官員的分別，也用個人例子特別是赫德和莊士敦做例證，深入分析他們來到中國會怎樣做事，最後形成量度洋儒與中國通行為的分析標準。

1.　英國傳統公學的「騎士型官員」

英國的騎士起源於歐洲大陸，首先出現在八世紀的法蘭克王國（the Kingdom of the Franks）。顧名思義，騎士是作戰能力比步兵優越的騎馬戰士，所以當權者須要創立一些制度，來規範騎士的行為，令他們專心保護采邑（即封建）土地，[1] 不與領主作對，專心保

---

[1]　采邑制度（fief，來自拉丁文 *feudum*）即中世紀歐洲的封建制度，大約在715年開始，國王把土地贈給貴族或功臣。

護領土。後來英格蘭國王威廉一世（William I，1066–1082在位）也實行采邑制度，由於騎士來自平民家庭缺乏教養，行軍打仗時四處搶掠破壞，參戰令他們變成暴徒。到了亨利二世（Henry II，1133–1189在位），由於他只是一些法國土地的公爵（Duke of the Normans and Angevins and Lord of Aquitaine），騎士不須保護英格蘭，王后埃莉諾（Eleanor of Aquitaine，1154–1189在位）於是向騎士大肆灌輸忠貞的愛情觀（courtly love），樹立戰鬥是為了保護婦女的騎士精神（chivalry），並把奉行此種精神的騎士提升為貴族，令騎士爭相展現浪漫氣息，把傳說中的亞瑟王（King Arthur）和圓桌武士的英雄冒險和愛情浪漫故事視為模仿對象，效法圓桌武士追隨亞瑟王至尊王權勇敢抵抗外敵。圓桌所代表的「平等」和「團結」，也因此成為了騎士的義務道德標準。

可是，24年後浪漫的騎士改變了效忠對象。話說「獅心王」理察一世（Richard I the Lionheart，1189–1199在位）登基為英王後，自小在宮廷參與騎士訓練的他，並沒有興趣治理國家，反而全力投入十字軍的東征任務上，自此騎士成為宗教戰爭的工具。他們勇猛善戰，紀律嚴謹，憑著無比的勇氣和力量，不但戰勝伊斯蘭教軍隊，更屠殺了二千多名伊斯蘭教戰俘，理察一世也被稱為「最完美的騎士」。可是，由於理察一世靠賣地和賣爵位籌集軍餉，才能長年窮兵黷武，但王室也因此財力疲敝，導致1196年倫敦發生抗稅起義，他的後繼者「無地王」約翰（John the Lackland，1199–1216在位）與關係惡劣的諸侯發生戰爭，由於王室的官僚全是教士，諸侯在教會的支持下叛變成功，1213年約翰被迫宣佈自己是教皇的封臣，1215年簽訂大憲章（Magna Carta），王室被削減絕對權力。從此騎士歸順教會，從7歲開始接受騎士訓練和宗教教育，21歲受封

成為騎士，承諾保護教會及發誓無畏不懼、鋤強扶弱，成為上帝的僕人。[2]

踏入十四世紀，歐洲人口持續增長，糧食供應開始緊張，[3]導致穀物價格暴漲，歐洲出現饑荒，1347年更出現黑死病，這場瘟疫很快便蔓延到英國，在1348年就有三分之一英國人口因此死亡，令勞動力和商品數目銳減。可是，愛德華三世（Edward III，1327–1377在位）和「黑王子」愛德華（Edward the Black Prince）兩父子卻不理民間疾苦，重覆十字軍東征時代的藉口，宣稱「為了騎士精神的榮譽而活，為所有人的幸福而戰鬥」（"to live by honour and for glory, to fight for the welfare of all"），[4]從農民徵收重稅籌集軍餉，向法國宣戰。結果在1356年的普瓦捷戰役（Battle of Poitiers）中，善戰的「黑王子」成功俘虜了法王約翰二世（John II，1350–1364在位），搶奪了法國大量領土。不過，「黑王子」在法國到處縱火燒村，搶掠民居，因為被搶掠者不是十字軍東征的異教徒，所以「黑王子」回國後被譴責違反騎士精神，不配做上帝的僕人，結果被迫放棄公爵封號，不再被委派統領英軍。法王查理五世（Charles V，1364–1381在位）看見「黑王子」被貶，於是趁機重組軍隊，使出巧妙戰術向英國報復，在多場戰役中大敗英軍，1380年英國被迫言和。

---

[2] 騎士受封的宣誓內容：「我將仁慈地對待弱者。我將勇敢地面對強敵。我將毫無保留地對抗罪人。我將為無法戰鬥者而戰。我將幫助那些需要我幫助的人。我將不傷害婦孺。我將幫助我的騎士兄弟。我將忠實地對待友人。我將真誠地對待愛情。」

[3] Judith M. Bennett and C. Warren Hollister, *Medieval Europe: A Short History* (New York: McGraw-Hill, 2006), p. 326.

[4] Joshua Harris, "Medieval Chivalry" *Prezi*, March 6, 2013，進入網站日期：2016年3月7日，https://prezl.com/za-x5-4odcwh/medieval-chivalry/。

　　看到「黑王子」被勝利沖昏頭腦而墮落，驚見騎士淪為打家劫舍的無恥強盜，溫徹斯特主教兼英格蘭宰相（Chancellor of England）威克姆（William of Wykeham，1367–1371、1389–1391 在任）痛定思痛，為了重振教會力量，也為解決黑死病令教士人數不足的問題，[5]於是決定重整騎士精神，但深感附設在寺院或大教堂內的文法學校和歌詠學校，並不足以培養學生的勇氣和力量，於是請求教宗頒佈詔書（Papal Bull），向國王理察二世（Richard II，1367–1400 在位）申請撥款，在 1382 年興辦溫徹斯特公學（Winchester College），[6]挑選 70名來自貧窮家庭的 13 歲男孩（稱為 scholars），[7]通過刻苦的寄宿生活，訓練學童成為能文能武的騎士型精英。為此，溫徹斯特公學有一套獨特的教學方法，就是透過古希臘城邦斯巴達（Sparta）的教育方式（Agoge），除了教導學生神學、希臘文、拉丁文、希臘與羅馬的文史哲等古典文藝知識之外，更重要的是，學童須要學會忍受痛楚的能力，也要鑽研自我解決饑餓的方法，這些能力和方法並不是為自己或家庭解決問題，而是為了大眾和整個社會，所以要求學童盡快學會男子氣概，建立不畏困難、勇敢善戰、願意承擔的強人性格。學生的起居生活，都在宿舍（boarding house 或 dorm）裏度過，學習須由日常生活細節做起，雖然學校提供宿舍和膳食，但環境並

---

[5]　黑死病在 1346 年從歐洲東部開始，到了 1349 年蔓延到英國。

[6]　由於創辦人威克姆既是主教又是宰相，所以溫徹斯特公學被稱為公學（public school），儘管後來出現大量以溫徹斯特公學為藍本但由私人投資和辦理的學校，但因為一樣是公開傳授騎士精神和紳士文化的學校，所以它們仍以公學自居，直至後來為了避免與政府學校混淆，才改稱為獨立學校（independent school）。

[7]　同時還有 16 名 8–13 歲、稱為 choristers 的學前唱詩班歌手，和 10 名來自貴族家庭、稱為 commoners 的自費學生。

不舒適，膳食也不豐富，甚至規定學生進食不能過飽，以免消化不良而不能集中精神學習。宿舍還有許多其他規矩，例如一年班學弟要為高年班學長打掃地方、煮食、送遞信件和其他雜務工作，晚上到了某時某刻便須睡覺，學生不得談話，每天一早例如5時就要起床，[8] 學習各種古典學科，又要進行祈禱活動，直到晚上例如8時多為止，這就是公學生活的典型時間表。如果不做好本分或違反規矩，定必會被舍監或學長嚴厲懲罰打籐。學童最初的兩三年，會被安排與同齡學生一起居住，住所是包括臥室、盥洗室、休息室的集體寢室 (dormitories)，還有溫習小區 (cubicles) 和一所供所有學生定時取飯同吃的大型飯堂 (refectory)，目的是讓學童在群體生活中學習與人相處，培養團體精神，也要學曉刻苦耐勞，家人不在自己身邊，碰到問題要自己解決。當學童到了高年級例如第六年成為成年男子時，學校相信學生的操行已十分良好，意志也非常高昂，應該可以反過來幫助學校督導幼童，公學的運作就是如此循環不息。經過如此長年累月的地獄式訓練之後，學生的體能和意志都十分堅強，他們忠於上帝、愛護國家、不隨波逐流、緊守原則、堅持目標，結果大都能成功考入威克姆為他們建立的牛津大學新學院 (New College) 研讀古典科目，畢業後成為英格蘭的神職人員兼中央政府官員。[9]

---

[8] 最近英國教育界開始懷疑以往要求學童清早起床讀書，是否會影響他們的專注力，所以有個別學校現正試驗讓學童午膳才起床來比較效果。詳見 BBC featured video, "Could a Late Start Help Teenagers with their Studies," 2015年11月11日。

[9] 資料來自Winchester College的網站，進入網站日期：2015年9月7日，http://www.winchestercollege.org/history-of-the-college。

　　這些能文能武、既是教士又是官員的公學畢業生，雖然大部分不是來自貴族家庭，也不是土地紳士，但因為身體強壯有力、騎士精神充沛，所以無論有否被賜予盾形紋章 (coat of arms)，也會隨時響應宮廷保護國家的號召走上戰場，這片風氣一直維持久遠，例如在一戰和二戰期間，溫徹斯特公學就分別有 2,488 和 2,455 名師生參戰。[10] 可是在十六世紀以後，由於火器廣泛使用，戰場不再需要騎士，宮廷也不再為他們舉辦比武大賽，為了不讓騎士精神沒落，宮廷把騎士彼此對壘的馬上長槍比武，改到野外進行打獵或射擊比賽，[11] 把騎士的勇敢善戰、忠君護教、行俠仗義、保護家園的英勇行為，轉移到有責任感、願意承擔、以保護弱小為己任的紳士風度，把貴族的世襲、忠誠、謹守傳統的習慣，演變為自律守法、團隊精神、尊重他人等日常道德。[12] 換句話說，騎士不用上戰場後，他們的才幹並沒有被埋沒，反而成為教士、法官和政府官僚的生力軍，傳統公學的歷史任務，就是把十二世紀宮廷追求浪漫、勇於冒險的騎士，轉型為有紳士風度、道德高尚的文官或教士；就如十六世紀末到十七世紀初的著名劇作家莎士比亞在他的 *Henry V* (act IV, scene iii) 作品裏指出，「儘管佩帶有徽章的騎士必定是紳士，但紳士卻不一定是佩帶有徽章的騎士」。[13] 由於政府渴求人才，所以公學

---

[10]　數字來自 "Winchester College at War"，進入網站日期：2015 年 10 月 23 日，http://www.winchestercollegeatwar.com/。

[11]　傳統公學學生須學習像騎士一樣，懂得詩歌、下棋、游泳、打獵、投槍、擊劍、騎術等七種基本技藝。

[12]　詳情見 Richard Barber, *The Knight and Chivalry*, 3rd ed. (Suffolk: Boydell Press, 2000)，和劉艷著〈英國的騎士制度與騎士文化分析〉（免費論文下載中心，2011），進入網站日期：2015 年 8 月 18 日，http://big.hi138.com/wenhua/wunhuayanjiu/201111/356574.asp#.VdMV-MkVFv4。

[13]　原文是："For he to-day that sheds his blood with me. Shall be my brother;

越建越多，從1382年的溫徹斯特一家，增加到伊頓（Eton，1440興建）、聖保羅（St. Paul，1510興建）、舒茲伯里（Shrewsbury，1552興建）、西敏（Westminster，1560興建）、商人泰勒（Merchant Taylors，1561興建）、拉格比（Rugby，1567興建）、哈羅（Harrow，1571興建）和查特豪斯（Charterhouse，1611興建）等另外八家，與溫徹斯特合稱九大傳統公學。由昔日戰場上的騎士，變成今天國家公僕，公學功不可沒，紳士風度、勇敢忠貞等日常行為及道德標準，也成為了英國官員和神職人員的人格典範。[14]

　　不過，雖然保家衛國的騎士轉型成為治理國家的官員，但仍然走不出教會的控制，威克姆用古希臘式軍訓打造窮孩子做紳士，目的是為教會訓練強人控制國家，但因為恐怕學生懂得獨立思考，便會萌生挑戰教義的思想和意欲，所以只是不斷操練學生單向的精神意志，內容離不開紀律、忠誠、團隊精神等軍人質素，不希望他們發表對教會的個人意見，也不鼓勵逆向思維的創新頭腦，如果考試作業稍有批判性，就會被視為不及格甚至淘汰出校，令學童被迫屈服，埋頭苦讀教科書不作他想。此外，學生須要到野外打獵訓練體能，把殺生虐畜不當一回事，直至1831年國會立法禁止獵鳥為止。至於意志的磨練，辦法當然是向學童灌輸天主教信仰，教他們不愛銅臭肉欲，不戀物質享樂，對保護教會的精神堅貞不阿，遵從教會訓示是學生的責任和義務，公學令紳士的騎士精神變得更政治化。

---

be he ne'er so vile. This day shall gentle his condition: And gentlemen in England now a-bed. Shall think themselves accursed they were not here. And hold their manhoods cheap whiles any speaks. That fought with us upon Saint Crispin's day."

[14]　唐國清著：〈試論歐洲文學中的騎士精神〉，《蘇州教育學院學報》，第9期（2006），頁42。

2. 「野蠻人模式」的「擺架子官員」

　　有趣的是，由於公學實在太受歡迎，天主教會透過公學控制國家的如意算盤開始打不響。雖然十六世紀後期資本主義興起，由新貴族發動的圈地運動 (Enclosure Movement) 導致農業機械化，[15] 英國的封建制度開始衰落，公學學生只懂古典學科已經不合時宜，可是新貴族卻發現，公學是代替封地、可繼承性、宣誓效忠 (homage) 等封建制度，而得到或延續貴族身份的新途徑，因此公學多了一群來自資產階級家庭的子弟。反過來對王室而言，公學可以為政府穩定提供優質人才，畢業生可以馬上成為政治冷感的國家機器。因此，公學成為新貴族和國王的新興勢力，向天主教說不。當 1542 年亨利八世 (Henry VIII，1509–1547 在位) 與天主教會斷絕關係後，馬上成立英國國教聖公會 (Church of England)，從此公學不再由天主教興辦，規定信奉國教的子弟才可入讀，亨利八世沒收了大量天主教土地和資產，以國教名義大量興建公學，[16] 訓練學生忠貞愛國，畢業後成為國家政策的執行隊伍。另一方面，新冒起的富有商人不但未有冷待沒有世俗科目的公學，反而爭相把子女送往讀書，究其原因，不外乎是因為可以通過公學攀附貴族，令子弟獲得社會地位，藉此享受王室賜予的特權或專營權，得以保護家族的商業利益。

　　進入十七世紀，封建社會解體，資本主義興起，英國出現古典和世俗教育之爭，但公學的封建地位並沒有動搖，所以英國的知識分子開始質疑，例如著名哲學家培根 (Francis Bacon)。看見 1588 年

---

[15]　新貴族多是實行資本主義生產方式的資產階級和非長子貴族。
[16]　當時還限定牛津大學和劍橋大學只許英國國教教會會員入學。

英國打敗擁有「無敵艦隊」的西班牙，成為新晉海上霸主，1600 年
伊麗莎白一世（Elizabeth I，1588–1603 在位）特許成立不列顛東印度
公司（British East India Company），給予英國商人與東印度進行貿易
的專利，世界出現翻天覆地的變化，但公學的課程卻仍為封建貴族
服務，因此培根大力批評，認為英國公學只重古典文藝而忽視科學
技術，對英國的外貿和發展沒有好處。可是，不但封建貴族沒有附
和培根的評語，連勢力日益強大的新教徒和資本階級也支持公學，
令學習古典文藝的精英教育得以繼續。公學把本來不相為謀的社會
階層拉上關係，令信奉新教的資產階級和信奉國教的封建貴族聯合
起來，1688 年發起「光榮革命」（Glorious Revolution），推翻了信奉
天主教的國王詹姆斯二世（James II，1685–1688 在位），從此英國建
立君主立憲制度。翌年國會頒佈《宗教寬容法》（*Toleration Act*），容
許不同教派辦理自己的學校，宗教鬥爭對公學的影響開始舒緩，[17]
訓練學生成為紳士的方針不變，但效忠對象變得多元化甚至含糊不
清，忠於上帝、擁戴王權等傳統騎士價值觀每況愈下，加上注重理
性的「人文主義」（*Humanista*）提倡人性、人權和個性自由，洛克
（John Locke）、牛頓（Isaac Newton）等啟蒙時代思想家分別高舉經驗
主義和數學原理，令十七世紀理性取代了神性，成為英國精英思想
的新標準，社會也因此進入了無序狀態，人人生活於暴力和動亂的
威脅當中。

　　踏入十八世紀，社會相對穩定下來，崇拜理性令「新古典主義」
（neoclassicism）成為時尚。不過，失去了騎士精神之後，新貴族變

---

[17]　不過，在傳教方面就仍然勢成水火，互不相容，例如就算在十九世紀初，
　　　身為英國傳教會的馬禮遜，仍然被東印度公司禁止他向員工傳播福音，也
　　　被天主教組織阻止他在澳門從事宗教活動。

成唯利是圖的代名詞，1735年出版的流行小說《格列佛遊記》（*Gulliver's Travels*），就以理性為尺度，大力諷刺輝格黨（Whig）和英國社會的黑暗和醜惡。當時國家的統治者由國會代替王權，上議院由世襲貴族和國教主教組成（擁有約50%英國土地），下議院由托利黨（Tory）和輝格黨組成（擁有另外50%英國土地），[18] 托利黨議員多是各城郡比較保守的土地紳士，輝格黨議員則是代表金融界和商界利益的大地主。[19] 至於政府方面，輝格黨從1714年起執政了半個世紀，期間大肆擴張海外殖民地，「帝國主義」（imperialism）開始出現，繼美利堅合眾國的十三個州和牙買加等小島之後，再獲得直布羅陀（1713）、印度孟加拉邦（1757）、新法蘭西（1760）、加拿大（1763）、福克蘭群島（1765）、洪都拉斯（1786）、澳洲和新西蘭（1788）、南非開普（1795），可算是囊括四海，世界滿佈英國的殖民地。由於封建主義沒落，土地紳士的財富來源不斷減少，惟有在眾多的海外殖民地中尋找機會。在「帝國主義」的庇護下，騎士精神低落的土地紳士加入外貿商人的行列，令英國成為販賣黑奴的國際中心，例如利物浦駛向非洲販奴船從1709年的一艘，就大幅增加至1770年的一百多艘。[20] 在英國內陸也發生類似問題，大批因「圈地運動」無地可耕的農民，被迫走到城市充當工廠的廉價勞工，女

---

[18] Adam Nicholas, *The Gentry: Six Hunderd Years of a Peculiarly English Class* (London: Harper Press, 2011), p. 206.

[19] 當時勞工密集的工業新興城市例如伯明罕、曼徹斯特等並沒有選舉權，直到1832年賦予新興城市選舉權，1884年取消選民財產限制，1918年給予成年婦女選舉權，英國國會的權力才移到平民手上。

[20] 〈航海時代：買賣黑奴成為三角貿易血腥助力〉，北京新浪讀書，進入網站日期：2015年11月11日，http://books.sina.com/bg/funny/talent/20130627/205445384.html。

工和童工每天在惡劣的環境中工作 16–18 小時，[21] 在國會的紳士議員卻視若無睹。

十八世紀英國的道德標準每況愈下，令許多知識分子重新檢討社會普遍的道德觀念。思想家休謨 (David Hume) 在 1751 年出版的《道德原理研究》(*An Enquiry: Concerning the Principle of Morals*) 認為，道德不是從理性所推論出來的，所以我們不應把理性放在道德的首位，情感才是最重要。道德可分為自然和人為兩部分，第一部分是良知，它是與生俱來的，不會受到環境、文化和教育等外在因素所影響 (與本書稍後討論存天理、去人欲的陽明心學何其相似)；第二部分是正義，它是人類反思過後的產物，站在他人立場體會對方的情緒和想法的「同理心」(empathy)，正是這種情感道德的來源。另一思想家亞當‧斯密 (Adam Smith) 也推崇情感作為道德的根源，從而產生正義、仁慈、克己等道德觀念，他在 1759 年出版的《道德情操論》(*The Theory of Moral Sentiments*) 指出，無論人怎樣自私，本性也會對不幸的人產生「同情心」(sympathy)。思想家邊沁 (Jeremy Bentham) 也在 1789 年出版的《道德與立法原理》(*An Introduction to Moral and Legislative Principles*) 大力批評社會的道德問題，他反對理性的自然法和習慣法，認為不管對方的出身、地位或財富如何，政府決策的標準應該以最終是否令當事人痛苦或快樂來衡量，這種以「人人平等」作為基礎的道德，正是針對當時英國階級觀念極重的社會結構。當然，這些思想家的道德主張，並沒有即時得到認同，英國國會的上下議院皆由貴族專政，他們只是照顧上流社會的利益，

---

[21] 江亮演、洪德旋、林顯宗、孫碧霞著：《社會福利與行政》(台北：五南圖書，2009)，頁 40。

並不符合大多數人的福祉。[22] 直到 1802 年，國會終於推出《道德與健康法案》(*Act of the Health and Morals Apprentices*)，規定工廠提供較好的工作環境，不過許多工廠東主以童工不是學徒為藉口，並沒有認真去遵守此條法例。不過，休謨和亞當‧斯密的道德觀並不是完全沒有人欣賞，慈善企業家歐文 (Robert Owen) 就身體力行，以同理心和同情心對待工人，主動在自己的工廠中減少工時、改善環境和提高工資。

至於暴發戶對公學的「貢獻」，就是為校舍加添豪華設備，結果學費大增。儘管一些傳統公學仍然招收窮家子弟入學（例如溫徹斯特就一直保留建校時的 70 個獎學金名額），但許多其他公學的獎學金開始縮減，更把階級觀念和特權帶入學校，令公學變成貴族學校和有錢人的玩意，從此英國實行貴族學校和平民學校雙軌制，英國的權力中心也因此被富有商人和中產階級的子弟包攬。雖然秉承威克姆的教學傳統，公學仍然把學生當成軍人來訓練，但衍生出軍隊常用的「學長學弟制」卻被濫用，學長隨便對學弟施行體罰 (birching)，又或命令學弟成為自己的僕役 (fagging)，這些潛規則令

---

[22] 詳見在 1988 年重新出版、邊沁的《道德與立法原理》。在他的 General Preface 就這樣說： "the Revolution of 1688 transferred the excess of power from the king, not to the people, but to the aristocracy. The king dwindled to a puppet, moved by the largest faction of that privileged *caste*. A wider scope was given to aristocratical ambition; the British nobility split into two hereditary parties, which assumed the name of Whigs and Tories; and the structure of the representative body was admirably calculated for enabling whichever of them obtained the ascendency, to work its will with a House of Commons, which, seemingly the representative of the people, was in reality the hired servant of the aristocracy." Jeremy Bentham, *An Introduction to the Principles of Morals and Legislation* (New York: Prometheus Books, 1789 [1988 repr.]).

低年級學生飽受欺凌，敢怒而不敢言。被扭曲的公學生活，被許多人形容是「野蠻人模式」（barbarian），並一直維持到十八世紀後期。當法國出現大革命，美國也繼而獨立，學生受到大時代的自由氣氛感染，終於忍無可忍，於是有樣學樣，在校園群起反抗，不滿公學的高壓管治。出現騷亂的例子不少，有些校園的暴亂程度十分嚴重，可是當權者也是「野蠻人模式」的產物，習慣以暴易暴，每當學生暴亂便派軍隊鎮壓，令問題惡性循環，長期得不到解決。公學淪為中產階級進入權力中心的工具，令工業革命衍生出來的社會問題，不但長年沒有解決，更因 1832 年的《改革法案》（The Reform Act）和 1834 年的《新貧困法》（The New Poor Law）變得更加嚴重，[23] 因為《改革法案》令工業城市的中產階級代表進入了議會，《新貧困法》強迫失業的農民到城市的工廠工作，可是給予更差的工資和待遇，結果令貧富更加懸殊，民眾越發不滿。到了 1859 年，輝格黨更索性把名字改稱為自由黨（Liberal Party），打著「自由主義」旗號的富有商人和工廠東主，[24] 已正式成為英國的半邊掌權人。

　　香港開埠前與中國交涉的英國官員，正是在十八世紀末、十九世紀初接受「野蠻人模式」公學教育的精英，他們的性格高傲自大，抱著「貶華」的態度來到中國，自然頭頭碰著壁。例如 1792 年身為伯爵的馬戛爾尼（George Macartney）大使來華求見皇帝，但在乾隆帝弘曆（1735–1796 在位）的賀壽儀式中不肯叩頭；反而在熱河夏宮

---

[23]　1830 年輝格黨重新上台，大地主與中產階級聯合起來，1832 年首相雷格（Charles Grey，1830–1834 在任）威逼威廉四世（William IV，1765–1834 在位）策封 80 名輝格黨人士為貴族，好讓 1832 年的《改革法案》得以通過。

[24]　自由黨的「自由主義」主張經濟自由放任，今天我們一般把它形容為經典自由主義（classical liberalism），它是一種支持個人權利和私有財產的立場、國家不作干預的政治哲學。

裏上千人一起觀見乾隆帝的時候，所有人採用的都是三跪九叩之禮，但在這位世襲貴族馬戞爾尼的帶領下，英國使團卻三次單腿下跪九次低頭代替叩拜。因為絕大部分西方國家例如來自荷蘭、葡萄牙的使節來華時，都願意向中國皇帝叩首下跪，[25] 所以乾隆帝第一次看到有使節不肯下跪，自然非常不高興，當馬戞爾尼要求開放沿海城市成為商埠和給予免稅優惠，乾隆帝馬上拒絕。可笑的是，馬戞爾尼總結出使失敗的原因，竟然歸咎於隨團斯當東（George Leonard Staunton）12歲兒子的翻譯水平太低，白白浪費了英國進貢的蒸汽機、榴彈炮、迫擊炮、卡賓槍、連發步槍、手槍等六百箱禮物。[26]

　　英國貴族的高傲與自大，令42年後另一批來華的英國使者再次吃悶虧，話說在80名剛被冊封為貴族的輝格黨黨員的支持下，1833年英國國會取消不列顛東印度公司（British East India Company）的對華貿易專利權，翌年7月派遣上議院議員律勞卑（William John Napier，1834年7–10月在任）到達澳門，出任首位英國駐華商務總監（Chief Superintendent of the Trade of British Subjects in China）。律勞卑在1786年出生，父親也是上議院議員，身為長子的他是一名典型的世襲貴族，當然在「野蠻人模式」的公學讀書，大學畢業後曾任皇家海軍中尉，[27] 習慣以暴易暴，在擔任駐華商務總監期間，

---

[25]　李守中著：《中國二百年：從馬戞爾尼訪華到鄧小平南巡1793–1992》（台北：遠流出版社，2010），頁11。

[26]　馬謚挺著：〈馬戞爾尼總結訪華失敗原因：翻譯水準過低導致〉，《鳳凰網歷史》，2012年1月21日，進入網站日期：2016年1月20日，http://news.ifeng.com/history/zhongguogudaishi/detail_2012_01/21/12112950_0.shtml。

[27]　「皇家」是港英政府時代香港文獻的一貫翻譯用語，但如果不是專有的翻譯稱號，對君主立憲制度建立後有關英國君主的事物，本書將採用「王室」或「女王」等用詞。

因兩廣總督盧坤在官方文件中稱他為「野蠻人眼睛」（Babarian Eye）
而被激怒（原文對律勞卑的稱呼是「夷目」，[28] 即外族的首領），[29]
於是立即在1834年9月8日向中國宣戰，派出軍艦以武力威脅清廷
開放對外貿易。律勞卑有多傲慢，看看他向盧坤發出的信函內容就
知道：

> 英格蘭國王陛下是一位偉大的君主，君臨天下，舉世無
> 雙。他統治的疆域分佈在世界四面八方，比整個支那帝
> 國的領土還要大得多，其無限的權力也比滿清政府要大得
> 多。他統帥著英勇無畏的軍隊，戰無不勝；他還擁有先進
> 的戰艦，每條戰艦上裝載的火炮有120門之多，這些戰艦
> 正在暗暗地在大西洋裏各處巡邏，支那的土著沒有人敢在
> 那種地方露面。兩廣總督你好好琢磨一下，這樣的君主豈
> 會表示「恭順」！[30]

由於當時會說中文的英國人非常少，律勞卑看見在東印度公司
任職的戴維斯（John Francis Davis，後來成為第二任港督）通曉中
文，於是聘請他出任副總監（Second Superintendent of British Trade in
China）。戴維斯的父親（Samuel Davis）是東印度公司董事，又是皇

28　根據Priscilla Napier，雖然文獻不能確實「夷目」的翻譯出錯，是有意還是
　　因翻譯員的水平低落，但當時律勞卑的翻譯員是大名鼎鼎的馬禮遜（Robert
　　Morrison），他是編寫過《華英詞典》的傳教士洋儒，理應不會不知道翻譯
　　出錯，不過他沒有告訴給律勞卑知道，可能是馬禮遜也認同律勞卑是個野
　　蠻人吧。Priscilla Napier, *Barbarian Eye: Lord Napier in China, 1834—The
　　Prelude to Hong Kong* (Brassey's UK, 1995).

29　兩廣總督盧坤在1834年8月的英文報紙《中國叢報》（*Chinese Repository*）
　　向廣州洋商發佈諭令的英譯文也用了 "Barbarian Eye" 的字眼。

30　〈中西文明的短兵交鋒──1834年律勞卑事件〉，載劉禾著：《帝國的話語
　　政治》（北京：生活·讀書·新知三聯書店，2009）。

家學會會士（Fellow of the Royal Society，函頭是FRS），身為有錢有地位大商家長子的他，當然有機會在公學和在古典大學讀書，不過1795年出生的戴維斯與律勞卑一樣，接受的是「野蠻人模式」教育，如此的背景當然令戴維斯平步青雲。戴維斯在牛津大學赫特福德學院（Hertford College, Oxford）畢業後，1813年被父親安排在東印度公司的廣州辦事處做行政見習生（英文職位名稱是writer，其實是1806年創辦的東印度公司書院訓練16–18歲年輕紳士做高層的實習行政人員），並開始學習中文，1815年出版譯著《三與樓》（*Three Dedicated Rooms*），翌年被外交官阿美士德（William Pitt Amherst）看中他的中文能力，邀請他跟隨英國訪華使團做助理翻譯員，到北京謁見嘉慶帝，商談打開中國貿易門戶一事，可是阿美士德被要求向嘉慶帝顒琰（1796–1820在位）進行三跪九叩之禮，貴為勳爵的他當然堅持不紆尊降貴下跪。儘管清帝願意接受簡化的行禮儀式，但阿美士德以疲憊作為理由不見嘉慶帝，結果任務失敗，使團惟有離開中國。戴維斯也只好返回廣州，閑餘專心翻譯中國文學，在1817–1834的十七年間出版了六冊翻譯作品，成為當時有名的翻譯專才，所以在1833年東印度公司失去對華貿易專利權後，馬上順理成章被律勞卑招攬成為副總監，可是律勞卑主張強硬對華迫使對方開放貿易，英艦在虎門和中方展開了激烈的炮戰，清廷調動大量艦隻士兵包圍內河，1834年10月律勞卑被迫退守澳門繼而染上瘧疾病逝。英政府失去律勞卑後，委任戴維斯繼任駐華商務總監一職，這時的戴維斯已不是當年跟隨阿美士德唯唯諾諾的小子，而是清楚明白中國士大夫性格「受軟不受硬」，所以他馬上改變對華政策，提出保持現狀、和平談判的新策略。渣甸等一眾英商當然非常不滿，可是戴維斯掌握權力之後，就像他的傳統公學學長一樣，總會自然流

露一點傲氣，忘記自己是商人之子，對英商採取藐視的態度，所以
戴維斯被英商形容是個高傲、固執、自負（arrogance, obstinacy and
snobbery）的「擺架子官員」，[31] 並集體聯署上訴英王；翌年 1 月，戴
維斯惟有離職返回英國。

3.「阿諾德模式」的「顯公義官員」

馬戛爾尼、阿美士德、律勞卑、戴維斯等人自命不凡，不肯妥
協，對傳統的貴族紳士來說本是很自然的事，雖然他們藐視下海從
商的土地紳士，也厭惡唯利是圖的資產階級，但是卻沒有行動起來
改變剝削勞工的社會問題，[32] 因為十九世紀初的「野蠻人模式」教
育，已嚴重扭曲威克姆的辦學原意。以前貴族紳士不隨波逐流，但
現在卻傲慢專橫；當初緊守原則，此刻卻冥頑不靈；原本堅持目
標，今天卻固執自負。這正是十八世紀英國騎士精神低落的結果，
也是令許多公學開始認真考慮改革「野蠻人模式」的轉捩點。

1828 年阿諾德（Thomas Arnold）成為拉格比公學校長後，看見
學生閑時賭博喝酒，畢業生性格野蠻高傲，紳士之名虛有其表，不
改革的話，騎士精神很快便會無以為繼。碰巧國會推出禁止虐畜法
律不許野外獵鳥（*The Game Act 1831*），貴族子弟課餘惟有留在校園
玩彈子或陀螺消遣，阿諾德覺得這些活動太浪費時間，認為學生應

---

[31] May Holdsworth and Christopher Munn, *Dictionary of Hong Kong Biography* (Hong Kong: Hong Kong University Press, 2012), p. 120.

[32] 儘管在 1833 年首相格雷成功立法禁止販賣黑奴，但並沒有改變商人貪婪和唯利是圖的行為，因為後者已大量轉移到盈利更豐的血汗工廠業務。

拉格比公學外貌　圖片來自維基：http://bit.ly/2GKMLwO

把精力消耗在更有意義的體育競技上，於是重新設計校園活動，以橄欖球作為拉格比公學的招牌運動，[33] 各宿舍學生組隊參加比賽，以鍛煉成為紳士基督徒 (Christian gentleman) 為口號，把修煉成為肌肉型的基督教精神 (muscular Christianity) 做目標。這種企圖令「濁水」變成「清泉」的「阿諾德模式」(Arnoldian)，方法是精心設計競技規則，讓參賽學生磨練體育精神，比賽須有指定參與人數，每名隊員負責不同崗位，不強調英雄主義，不鼓勵感情用事，但提倡頭腦冷靜，專心運用戰術，以團體合作取勝，勝負取決於隊員之間的默契。因為競技規則的設計，是有利於有隊形的參賽者，能夠高度合作才能制勝，所以每名隊員均要與隊友不斷傳球，才可拉開對方的

---

[33] 除了橄欖球外，參考拉格比的其他公學陸續為學生加入板球、足球、划艇等競技比賽。

密集防守，單靠個人突破的英雄主義，是很難成功奪冠的。團隊合作得宜也可減少碰撞，跌倒擦傷的機會大為降低，不過就算不幸引致皮外傷，也是學生練習如何面對挫折和痛楚的好機會。為了贏得比賽，學童必須盡快從新振作起來，繼續比賽。賽事又加入裁判員，以客觀的第三者執行規則，來確保比賽能公平進行。學校也鼓勵學生成為隊長，藉此磨練領導能力。按同樣道理，六年級學長被賜予更多權力，但不再是用來欺壓學弟，而是做個有紀律、有品行的好榜樣。學校有自己的制服、顏色和座右銘，以突出其組織性，學校的每座宿舍均設有舍監，以確保足夠監管力度。[34] 不過「阿諾德模式」所強調的組織性和監管力，並不是把課程世俗化和鼓勵私欲，與當時新興的「自由主義」不一樣，相反，是為了修補萎靡的騎士精神和墮落的道德修養，也為了訓練學生的同理心、同情心和責任感，希望他們日後成為社會的棟樑後，可以修復貴族道德低下和缺乏社會責任的問題。拉格比公學校友休斯（Thomas Hughes）以1830 年代在拉格比公學的生活為藍本，寫成小説《湯姆布朗的求學時代》（*Tom Brown's School Days*），在 1857 年推出後非常暢銷，「阿諾德模式」因此遍地開花，被其他傳統公學視為校園生活的新典範，「野蠻人模式」從此式微。

　　雖然阿諾德改革拉格比公學的原意，是利用體育運動來修復靈魂，重整傳統義務道德觀念，讓學生恢復宗教信仰和認真學習經典，但參加過有秩序的校園競技比賽之後，學生卻學會了另外三個方面：首先，習慣遵守競技規則，養成緊抱公平而合理的競爭原

---

[34]　C. Campbell, "Arnoldian School Culture," *Dictionary of Educational History in Australia and New Zealand* (DEHANZ) (2014).

則；其二，尊重對手友誼第一，學會全力以赴但謙虛有禮的氣概風度；再三，運用戰術決定勝負，曉得抑制感情，以理性思考策略放眼全局。當學生從校園的競技比賽中鍛煉出這三個品質之後，他們都不期然以公平競爭、合理待遇、尊重他人的眼光看世界，所以當大學畢業成為社會精英之後，見到工業革命雖然令英國經濟起飛，但是賺錢的人都是少數的資產階級，社會大眾並不受惠，有錢人過著奢華的生活，與勞工像奴隸般的起居相比，就像天堂與地獄。但貧富懸殊並不是拉格比公學畢業生最不滿之處，反而是資產階級對勞工的不公平待遇，工廠雇主的富有生活並不是憑努力獲取，而是惡劣的工廠工作環境、大量雇用低薪的婦女和童工、強迫勞工長時間工作，當時頗多工廠東主透過這些剝削手段致富，令社會資源和經濟財富的分配非常不公平。

當廣泛報道了大量無產階級慘被剝削之後，社會也開始出現「社會公義」(social justice) 的新概念。話說工廠童工的悲慘苦況、上流社會的貪婪偽善，在英國大文豪狄更斯 (Charles Huffam Dickens) 1838年出版的《孤雛淚》(*Oliver Twist*) 裏，就有深入的描述。這本小說非常暢銷，因為狄更斯揭露了上層社會的醜陋面貌之餘，壞人都得到了應有的懲罰，為感同身受的貧苦大眾出了一口氣。與此同時，針對由工業革命衍生出來的社會問題，1840年耶穌會士路易吉 (Luigi Taparelli D'Azeglio) 提出了「社會公義」一詞，1848年耶穌會神父錫拔 (Antonio Rosmini-Serbati) 更出版了《社會公義憲法》(*The Constitution under Social Justice*)，很快便得到歐洲民眾廣泛的認同。「社會公義」一詞碰上狄更斯的小說，就像子彈擦入汽油裏竄起火花，民眾的委屈瞬間成為火海，對貴族的不滿上升到沸點。1848年1月意大利爆發「民族之春」(Spring of Nations) 武裝革命，人民不滿

貴族統治，要求參政分享權力，浪潮直捲整個歐洲。儘管英國同年沒有發生暴亂，但民眾希望政府干預來維護「社會公義」的聲音日益高漲，同年 2 月馬克思（Karl Marx）和恩格斯（Friedrich Von Engels）在倫敦發表《共產黨宣言》（*The Communist Manifesto*），意圖推翻資本主義，4 月又有「憲章運動」（Chartism Movement）的勞動階級群眾在倫敦肯寧頓（Kennington）集會要求選舉權。

然而，兩星期後即 4 月 25 日，英國著名思想家穆勒（John Stuart Mill）出版《政治經濟原則》（*Principles of Political Economy*）一書，其維護私人產權和反對政府干預的主張，[35] 加上他在東印度公司工作的

[35] 例如穆勒在他的 *Principles of Political Economy* (1848) 的 Book V: *On the Influence of Government*，以及 Book XI: *Of the Grounds and Limits of the Laissez-faire or Non-Interference Principle*，就有如此主張：“We must set out by distinguishing between two kinds of intervention by the government, which, though they may relate to the same subject, differ widely in their nature and effects, and require, for their justification, motives of a very different degree of urgency. The intervention may extend to controlling the free agency of individuals. Government may interdict all persons from doing certain things; or from doing them without its authorization; or may prescribe to them certain things to be done, or a certain manner of doing things which it is left optional with them to do or to abstain from. This is the authoritative interference of government. There is another kind of intervention which is not authoritative: when a government, instead of issuing a command and enforcing it by penalties, adopts the course so seldom resorted to by governments, and of which such important use might be made, that of giving advice and promulgating information; or when, leaving individuals free to use their own means of pursuing any object of general interest, the government, not meddling with them, but not trusting the object solely to their care, establishes, side by side with their arrangements, an agency of its own for a like purpose. . . . It is evident, even at first sight, that the authoritative form of government intervention has a much more limited sphere of legitimate action than the other. It requires a much stronger necessity to justify it in any case; while there are large departments of human life from which it must be unreservedly and imperiously excluded.” 進入網站日期：2015 年 11 月 18 日，http://www.efm.bris.ac.uk/het/mill/book5/bk5ch11。

背景，迅速被英國的資產階級當做擋箭牌，[36] 輝格黨堅拒政府干預，認為「古典自由主義」強調個人自由和市場經濟對國家的發展非常有利。不過，受到妻子泰勒（Harriet Taylor）的「女權主義」（feminism）所影響，也為了避免資產階級利用此主張來替自私行為辯白，穆勒於是修整他對「功利主義」的看法，在1859年出版的《論自由》（On Liberty）中，提出「傷害原則」（harm principle），認為當個人行為傷害到他人時，政府才應該干預，企圖淡化「社會公義」支持者的指控，又不失自由主義的味道。可是，當時的社會問題越演越烈，1863年穆勒又出版《功利主義》（Utilitarianism）一書，採用「利他主義」（altruism）來解釋邊沁的「最大幸福原則」（the greatest happiness principle），[37] 呼籲工廠東主做生意要有良心，希望資產階級向「社會公義」的方向走一大步。穆勒在1865年更當上了代表自由黨的國會議員，期間身體力行倡議婦女選舉權、支持工會組織和農民合作社、給予更多人民享有國會選舉權等等，終於成為一位採用「社會公義」理念來修改「自由主義」的思想家兼政治家。

不過，習慣公平競賽和尊重對手的阿諾德公學畢業生，並不相信良心可以作為令社會進步的動力。例如在1837年入讀拉格比公學的阿諾德兒子馬修·阿諾德（Matthew Arnold），在1869年出版的《文化與無政府狀態》（Culture and Anarchy）一書就指出，邊沁和穆勒

---

[36] John Cunningham Wood, *John Stuart Mill: Critical Assessments* (London and New York: Routledge, 1988).

[37] 參考 John Stuart Mill, *Utilitarianism* (1863), Chapter 2: "What Utilitarianism is": "for that standard is not the agent's own greatest happiness, but the greatest amount of happiness altogether." 進入網站日期：2015年11月16日，https://www.marxists.org/reference/archive/mill-john-stuart/1863/utility/ch02.htm。

等功利主義者只懂把物質主義道德化，忽視人類對美麗和智慧的渴求。在傳統大學學習文學經典的貴族，就算他們的私欲不傷害別人，但追求永恆不變的道德觀念，其實只是把國家文化統一管理，與現代科學追求真理的態度背道而馳，缺乏無私批判的更高理想，所以他主張以文化教養來提升人民的精神素質，不要讓工業革命冒起的物質文明把人民變得平庸化，所以古典詩歌、油畫和雕塑等文化藝術物品不應該市場化，政府應該把藝術品提供給社會各階層享用，來提升人民的批判能力和精神質素。[38] 還有1850年入讀拉格比公學的格林 (Thomas Hill Green)，他大力批評英國社會的不公平現狀，在1880年以「開明立法與契約自由」("Liberal Legislation and Freedom of Contract") 為題演說[39] 和在1884年出版的《倫理學原理》(*Prolegomena to Ethics*) 一書中，認為雖然不應該損害別人利益，但也不能以自己的標準，來謀求自己或他人的利益。[40] 對於何謂「自

---

[38] 參考尹紫雲著：〈從功利主義的視角解讀《道林‧格雷的畫像》〉(北京：清華大學學位論文，2013年5月26日)，頁12："Arnold criticized the religious and utilitarian reformers for their ignorance of mankind's very needs for beauty and intelligence and the perfection of human nature, while they stubbornly endeavored to improve their moral and material conditions." 進入網站日期：2015年11月15日，http://oaps.lib.tsinghua.edu.cn/bitstream/123456789/3250/1/064%E5%B0%B9%E7%B4%AB%E4%BA%912009012679.pdf。

[39] 詳見格林演說的原文："If I have given a true account of that freedom which forms the goal of social effort, we shall see that freedom of contract, freedom in all the forms of doing what one will with one's own, is valuable only as a means to an end." 格林著：〈論開明立法與契約自由〉，《格林文集》(倫敦：朗曼公司，1941年版)。

[40] 參考 T. H. Green 的 *The Prolegomena to Ethics*, "B. The Formal Character of the Moral Ideal or Law": "It implies a refinement of the sense of *Justice*; I.e. that no one should seek the good, either of himself or of anyone else, by means which hinder the good of others, or should measure the good of different persons by different standards." 進入網站日期：2015年11月16日，http://fair-use.org/t-h-green/prolegomena-to-ethics/。

由」，格林如是説：

> 我們所有人大都會同意，自由是最大的幸福，它是市民最
> 終希望獲取的東西。但當談及自由的時候，我們應該小心
> 思考自由的意思是甚麼。我們不應僅著眼於不受限制或
> 不受強制的自由，也不僅是不計後果去做一切我們喜歡的
> 事的自由，亦不是以其他人喪失自由為代價來換取僅一個
> 人或一部分人享有的自由。我們所説的自由之所以值得稱
> 讚，是因為它是一種積極的權力或能力，驅使我們做或享
> 受其他人也共同覺得值得做或享受的事。[41]

所以，格林反對自由放任，主張政府干預才可解決英國嚴重的
社會問題。雖然政府並沒有能力提升資產階級的道德，但卻可以利
用公共權力幫助受剝削的人民，所以他認為免於政府干涉的自由
只是一種消極的自由（簡稱「消極自由」，negative liberty），能讓人
釋放自身潛能的自由才有積極的意義（簡稱「積極自由」，positive

---

[41] Thomas Hill Green 的原文是："We shall all probably agree that freedom, rightly understood, is the greatest of blessings; that its attainment is the true end of all our effort as citizens. But when we thus speak of freedom, we should consider carefully what we mean by it. We do not mean merely freedom from restraint or compulsion. We do not mean merely freedom to do as we like irrespectively of what it is we like. We do not mean a freedom that can be enjoyed by one man or one set of men at the cost of a loss of freedom to others. When we speak of freedom as something to be so highly prized, we mean a positive power or capacity of doing or enjoying something worth doing or enjoying, and that, too, something that we do or enjoying in common with others." R. L. Nettleship (ed.), *Works of Thomas Hill Green, Volume 3, Miscellanies and Memoirs* (Cambridge: Cambridge University Press, 1888 [2011 repr.]), pp. 370–371.

liberty)，[42] 而政府擁有公共資源和權力令「積極自由」變得可行。這即是說，「古典自由主義」(classical liberalism) 的政府放任不干預只是消極的自由，[43] 我們不能依靠沒有傳統道德的資產階級用良心做事，所以政府應該限制那些妨礙他人行使其自由能力的外在行為。積極維護公眾利益、保護個人自由和生存權利，這就是積極的自由。[44]

馬修・阿諾德以精神文化來抗衡物質文明，格林以「共同之善」(the common good，今天多改稱為公共利益，儘管不是最貼切的意思)[45] 和人權來修改「自由主義」，他們的思想不但成為了「新自由主義」(new liberalism，並不是今天同樣被翻譯為新自由主義的 neoliberalism) 或後來普遍叫做「社會自由主義」(social liberalism) 運動的基本理論，也對港英政府的洋儒和中國通官員在施政上產生了極大的影響。自此以後，「社會公義」逐漸改變一些「古典自由主義」者的思想，「社會自由主義」也相繼在許多追隨「阿諾德模式」的公學流行起來。按此推算，在 1820 年代以後出生的洋儒和中國通官員，大都在這種社會狀態下長大，也多在這類學術氛圍的公學和大

---

[42] 格林把哲學家黑格爾 (G. W. F. Hegel) 的歷史辯證法為基礎，視社會、民族、國家為一個整體，所以認為不應犧牲無產階級的自由來換取資產階級的利益。

[43] 「古典自由主義」的出現是因為不滿國王認為君權神授、貴族的世襲制度和國教制度，所以主張解放個人的自由、公平對待、強調理性、宗教寬容等等。

[44] Ernest Barker, *Political Thought in England, 1848 to 1914* (London: Williams & Norgate, 1915), pp. 46–47.

[45] P. C. Lo (羅秉祥) 認為 the common good 沒有最貼切的中文譯名，比較接近的是香港普遍稱為的公共利益。David Solomon and P. C. Lo (eds.), *The Common Good: Chinese and American Perspectives* (New York and London: Springer, 2014), p. 183.

在威海衛當行政長官的駱克
圖片來自維基：http://bit.ly/2oqXSEw

學裏讀書，對犧牲低下階層的自由和權利，來換取上層社會個人利益的事情特別反感，也對社會各階層的精神文化特別關注，希望民眾不要被工業革命的物質主義異化。擁有如此思維的洋儒和中國通官員，在十九世紀中後期不乏表表者，他們大都在1860年之前出生，例如1854年在寧波英國領事館當翻譯員、後來掌管中國海關四十載的赫德（Robert Hart），1865–1878年擔任教育司署首任署長的史釗域（Frederick Stewart），1867–1892年擔任警察首長的田尼（Walter Meredith Deane），1868–1878年歷任總登記官及庫務司的史密斯（Cecil Clementi Smith），1876–1882年擔任香港監獄長的杜老誌（Malcolm Struan Tonnochy），1881年成為巡理府的胡考師（Henry Ernest Wodehouse），1883–1890年出任庫務司的理斯特（Alfred Lister），1888–1892年擔任首席按察司的羅素（James Russell），1895–1902年擔任輔政司的駱克（James Stewart Lockhart），和1912–1919年擔任總督的梅含理（Francis Henry May）。[46]

---

[46] 其他不太有名或不久就離開政府的官學生從略。

　　除了赫德和史釗域之外，他們全都從官學生做起，上任前學習
中文的方法，是先到倫敦國王學院學習基礎中文一年，然後再到廣
州學習粵語兩年，待中文程度達到指定標準之後，才被派到香港正
式當官。儘管學習中文並不容易，但這些領事館翻譯員或官學生大
都是公學畢業生，自小在校園鍛煉出來的體育精神告訴他們要全力
以赴，許多人入職後仍邊做邊學漢語，所以中文口語不出幾年就變
得非常流利。對於精神文明，這群洋儒和中國通官員都不約而同喜
歡詩詞歌賦，也鼓勵市民參加文藝活動。由於深受「阿諾德模式」
的影響，洋儒和中國通官員的頭腦冷靜，處事合理持平，感情並不
外露，是典型「流血不流淚」的男子漢，所以大都任職紀律部隊，
例如赫德掌管中國海關，田尼與梅含理都擔任過香港警察隊長，杜
老誌曾是香港監獄長。洋儒和中國通官員富有勇敢保護弱小的騎士
精神，又在英國高唱「社會公義」的氣氛下長大；當然還有一個共
通點，就是對社會問題特別關注，認為要積極保護弱勢社群，反對
奴隸制度和禁止剝削勞工，才是治理社會之道，所以他們就像馬
修・阿諾德和格林般，並不相信權貴的所謂憑良心就能解決社會問
題，認為政府要介入才能確保人民的自由，最終維護「社會公義」，
發展「共同之善」。例如駱克就十分關心保良局、東華三院與團防局
的發展，[47] 倡議成立團防局委員會，設立有諮詢職能的局紳，把華
人社福組織納入建制之內，好讓政府政策涵蓋華人的社會問題，保
護婦孺弱小不受欺負。史密斯在海峽殖民地的新加坡做總督，看見
地下華人黑幫橫行，勒索搶劫無惡不作，幾十年來殖民地政府束手

---

[47]　Pamela Atwell, *British Mandarins and Chinese Reformers: The British Administration of Weihaiwei (1898–1930) and the Territory's Return to Chinese Rule* (London: Oxford University Press, 1985).

無策，於是決意掃蕩，遭到黑幫行刺而重傷的華人護民官必麒麟（William Pickering）聯同警察總長鄧洛普（Samuel Dunlop）轉軚反對，但史密斯無懼黑幫威脅，理直氣壯堅持推出法案，結果成功解決纏繞當地多年的黑社會問題。[48]

從上述的一段歷史看出，這群十九世紀下旬來華的中國通官員覺得，為官的責任是彰顯公義，效忠對象不再是王權和天主教會，而是工業革命所沒有的「社會公義」，他們採用精神文化來抗衡物質文明，瞄準「共同之善」去維護弱勢社群，最終令被歧視或欺負的社會階層享受到「積極自由」。那麼，十九世紀末、二十世紀初來華的洋儒又如何？我們應用甚麼標準來分析他們？讓我們在下一個章節繼續探究。

4. 「體育競技模式」的「開拓型官員」

在十九世紀中下旬開始，歐洲進入第二次工業革命，交流發電機和碳絲燈泡等科學發明接踵而來，液壓起重機和柴油機等動力機械陸續出現，結果交通工具變得快速令人增加了時間，房屋向上發展市民增添了空間，社會進入高速現代化格局。可是，當越來越多新興工業產品不是本土發明，英國的知識分子看見美國和德國快要迎頭趕上，他們驀然發覺傳統公學和古典大學的集體精英文化，嚴重阻礙著英國的現代化發展和前進步伐。為了與時並進，英國的各

---

[48]　Siok Hwa Cheng, "Government Legislation for Chinese Secret Societies in the Late 19th Century," *Asian Studies*, 10.2 (1972): 262–271.

大工業重鎮紛紛取得皇家憲章（Royal Charter），成立以科學或工程技術學科為主的「紅磚大學」（Red Brick University），它們包括伯明罕大學（University of Birmingham，1900 創立）、利物浦大學（University of Liverpool，1903 創立）、利茲大學（University of Leeds，1904 創立）、謝菲爾德大學（University of Sheffield，1905 創立）、布里斯托大學（University of Bristol，1909 創立）等等。可是，這些與工業革命關係密切的「紅磚大學」，並不是為傳統公學的畢業生而設，因為貴族學校的課程內容和教學方法，都是為了銜接牛津、劍橋大學等人文學科。儘管「阿諾德模式」令公學學生習慣公平競爭和尊重對手，畢業後關注社會是否公義，可是公學一貫森嚴的階級和秩序，科目始終離不開宗教與靈修，令畢業生進入大學之後，仍然強調領導與順從，還有充滿特權和尊卑；與社會最脫節的是，缺乏對科學研究和工業創新所需的世俗思想和大膽嘗試。

故此，貫徹「自由主義」的全人教育在公學開始出現，這是一種以自主學習和熱衷體育競技聞名的舍堂文化。究竟這些改變對公學畢業生的價值觀出現了甚麼新的變化？讓我們看看公學的二次改革便知道。自從 1832 年國會通過了《改革法案》，讓中產階級成為選民之後，輝格黨的政治勢力如日方中，1859 年更易名為自由黨（Liberal Party），象徵外貿商人和工廠東主開始掌權，自由貿易及小政府主義抬頭。為了新時代人力資源的需要，越來越多中產階級的子女進入新興公學，也開始有女子公學或男女同校。自此，公學開始減少古典文藝和宗教科目，取而代之的是現代科學和實用技能，公學現代教育普及化，教育雙軌制也逐漸瓦解。工業革命的惡劣工作環境影響健康，對機械的依賴令民眾缺乏運動，社會的休閒模式

（leisure revolution）出現巨變，[49] 公學校長有感學生應多做運動，校園體育競技於是被正式納入課程之內，[50] 因應社會的需要，一些其他類型的學校團體例如文法中學和教育基金，也陸續模仿公學的體育競技教育模式。由於體育競技的普及，是因二次工業革命令人缺乏運動而起，所以除了「阿諾德模式」的集體競技外，也加入大量以強身健體為主的個人體育活動，例如游泳、划艇、野外鍛煉、室內體操等等，但這些單人項目的體育精神，其內涵與團體競技的體育精神並不一樣，後者強調社會的公平與尊重，前者則注重改變個人命運的不懈奮鬥精神，令現代公學的體育精神立體化，不單繼續關注社會性的合理人際關係，也產生憑自己努力可以創造未來的新世界觀。自此以後，強調公平競爭和個人奮鬥的體育精神、注重自由貿易和實用科目的現代教育在英國公學生根，利用競技教導男孩古典道德倫理的「阿諾德模式」進一步演變，由「體育競技模式」（athleticism）取而代之，1860–1880年代逐漸成為公學的教育模式。[51]

可是，「體育競技模式」的體育精神和現代教育並不是沒有方向感的，雖然目的不再像阿諾德般為了修復宗教信仰和古典道德，但在訓練騎士精神和男子氣概方面，「體育競技模式」卻竟然是「阿諾

---

[49] P. C. Bailey, "Leisure, Culture and the Historian," *Leisure Studies* (E. & F. N. Spon Ltd., 1989), pp. 109–122; H. Cunningham, *Leisure in the Industrial Revolution c1780–c1880* (London: Croom Helm, 1980); J. Lowerson and J. Myerscough, *Time to Spare in Victorian England* (Harvester Press, 1977); James Walvin, *Leisure and Society 1830–1950* (London: Longman, 1978).

[50] J. A. Mangan, *Athleticism in the Victorian and Edwardian Public School: The Emergence and Consolidation of an Educational Ideology* (Cambridge: Cambridge University Press, 2008).

[51] David Newsome, *Godliness and Good Learning: Four Studies on a Victorian Ideal* (London: Cassell, 1961).

德模式」的加強版，前者比後者對設施和教學細節的要求更高，因為從1873年開始，歐洲出現通縮，英國的出口大幅減少，政府惟有借助「新帝國主義」（new imperialism），[52] 在「第二次歐洲殖民浪潮」（second wave of European colonization）中，與列強爭奪殖民地，力圖打開海外市場，成為拯救國內經濟衰退的方法。此舉令英國參與阿富汗戰爭和南非戰爭，還有二十世紀初的第一次世界大戰，所以英國公學須要訓練愛國和願意入伍的人才，自此「體育競技模式」的教學目標，已經不單純像「阿諾德模式」般教導學生謹守規矩這麼簡單。更重要的是，返回公學最早期的教學目標，培育學生的男子氣概和愛國情操，只是實用學科代替了宗教元素、自由平等超越了階級特權而已。正如 *Chains of Empire: English Public Schools, Masonic Cabalism, Historical Causuality, and Imperial Clubdom* 一書作者 Arnold Lunn 強調，在「新帝國主義」下，「公學的目標指向比文化更高一層的東西，就是成為有男子氣概、生活嚴謹的人，最終成為大英帝國的基石。」（"The public schools aim at something higher than mere culture. They build up character and turn out the manly, clean-living men that are the rock of empire."[53]）

培養如此人格的方法，是強化「阿諾德模式」的元素，學生每天必須在下午到宿舍旁邊的一大片運動場地上，參加學社（societies 或 unions）或學會（clubs 或 associations）互相競技的大量課外活動，比較普遍的競技是狩獵、射擊、垂釣等野外運動（field sports）、木球

---

[52] 英國史學家霍布斯邦（Eric Hobsbawm）認為發生在1875–1914年。

[53] Arnold Lunn, *The Harrovians: A Tale of Public School Life* (Amazon: Create Space Independent Publishing Platform, 2010).

（cricket，又叫板球）、划艇（rowing）、足球（football）、欖球（rugby）等等。雖然集體競技仍然學習體育精神（sportsmanship）或公平競技（fair-play），讓學生從小習慣在公平、尊重對手的環境下參加賽事，但這一切卻要合乎國家倫理。學生代表自己的宿舍參賽，就像代表自己大英帝國對外征戰一樣，以往「阿諾德模式」的個人緊守團隊精神，變成「體育競技模式」的集體進行英雄主義。英國詩人紐伯特（Henry John Newbolt）在1892年寫的 "Vitaï Lampada"，[54] 就是形容一名學生在經常舉行一流比賽的克利夫頓公學（Clifton College）木球場上，以自己將來是一名軍人的態度，用1885年英國派兵到蘇丹救援長勝將軍戈登（Charles George Gordon）的一役中，以無私奉獻國家的精神，在球場上對壘進行比賽。又例如哈羅公學校長寶雲（Edward Bowen）為了訓練學生產生莫大的勇氣，不怕進入危險的森林、炎熱的沙漠、險峻的高山，就虛擬一名叫湯美（Tom）的理想學生快要參加球賽的情節，其內容如下：

---

[54] 紐伯特 "Vitaï Lampada" 的內容是："There's a breathless hush in the Close to-night. Ten to make and the match to win. A bumping pitch and a blinding light, An hour to play, and the last man in. And it's not for the sake of a ribboned coat. Or the selfish hope of a season's fame, but his captain's hand on his shoulder smote. "Play up! Play up! And play the game!" The sand of the desert is sodden red—Red with the wreck of the square that broke. The gatling's jammed and the colonel dead, And the regiment blind with dust and smoke. The river of death has brimmed its banks, And England's far, and Honour a name, but the voice of a schoolboy rallies the ranks—"Play up! Play up! And play the game!" This is the word that year by year, While in her place the school is set, every one of her sons must hear, And none that hears it dare forget. This they all with a joyful mind. Bear through life like a torch in flame, and falling fling to the host behind—"Play up! Play up! And play the game!"

比賽臨近了，過程是爭鬥、驚駭，然後欣喜若狂，今年哪間
宿舍會贏？誰會是英雄？當然是湯美！不管風和山的阻擋，
湯美有的是勇氣和技術，我們要有出其不意和強大的能力，
與湯美一樣充滿意志和方向，我們要振奮起來，如果歡呼
聲可以喚醒沙王，我們何不一起歌唱，大聲歡呼！你制訂
的規矩你要遵守，勇敢可變成榮譽永遠是對的，誰是比賽
最公平、最優秀、最有氣量的人？是誰？湯美是也！[55]

　　同樣道理，在「新帝國主義」底下，伊頓公學讓學生參加野地遊
戲 (Eton field game)，溫徹斯特公學有飛碟射擊，還有氣步槍俱樂部
和越野俱樂部，讓學生學習槍擊技術，另外還有野外垂釣、潛水等
與參軍有關的課外活動和配套課程。有些學校更得到國防部贊助成
立「聯合學員軍」(Combined Cadet Force)，讓學生接受軍訓，例如港
督盧吉曾就讀的羅塞爾公學 (Rossall School)、港督司徒拔曾就讀的
拉德利公學 (Radley College)、港督楊慕琦曾就讀的伊頓公學 (Eton
College)、港督葛量洪曾就讀的威靈頓公學 (Wellington College)、輔
政司駱克曾就讀的威廉國王學院 (King's William College)，就在一戰
和二戰期間派出過少年部隊上戰場作戰。[56]

---

[55]　Lunn, *The Harrovians: A Tale of Public School Life*, p. 46 的原文是："Now that the matches are near. Struggle and terror, and bliss, Which is the House of the year? Who is the hero of this? Tom! Tom, who with valour and skill too. Spite of the wind and the hill, too. Take it along sudden and strong. Going where Tom has will to; And so let us set up a cheer. And if a hurrah can waken the Shah, Why, then, let us waken him singing, Hurrah.Rules that you make, you obey. Courage to Honour is true; Who is the fairest in play, Best and good-temperedest, who? Tom."

[56]　劉詩雨編：〈揭秘真正的貴族學校：培養出20位英國首相〉，《阿波羅網》，進入網站日期：2015年11月23日，http://tw.aboluowang.com/2013/1004/338564.html。

在「體育競技模式」下，校園必須有足夠的空間，才可進行集體運動和接觸大自然，例如西敏（Westminster）和查特豪斯（Charterhouse）等傳統寄宿學校都搬離市區，聖保羅（St. Paul）和商人泰勒（Merchant Taylors）等走讀學校也增大校園面積，讓學生可以參加大量課外活動和體育運動，不會淪為文弱書生。查特豪斯公學在1872年就搬到Surrey的Godalming，今天更佔地200英畝；舒茲伯里公學（Shrewsbury，1552建校）在1882年就搬到Kingsland，校園也有150英畝。有些後期建立的公學面積更大，例如於白金漢的斯托中學（Stowe School，1923建校），校園面積更達750英畝，所以橄欖球、曲棍球、板球、足球等佔用大面積場地的運動，就成為了大型公學的特色，其他課外活動還有壁球、划艇、網球、手球、田徑、音樂會、藝術展覽、戲劇表演、舞蹈、蘇格蘭風笛、馬術、高爾夫球、衣服飾品設計製作、各種野外鍛煉、志願軍少年團（Cadet Corps）等等，讓學生可以發展身心，減低學習壓力，提供多元和自由學習的機會，讓女生也有適合的體育活競技和課外活動，發掘學生興趣和能力所在，多方面建立自己的人格，透過群體和戶外活動學習與人相處之道和互相關懷。當然在一些頂尖的公學中，最重要的仍是訓練學生的勇氣、毅力和進取心，男子氣概就是在運動場上和比賽中鍛煉出來，[57] 符合大英帝國開拓殖民地的需要。[58]

有趣的是，在十九世紀中後期到二十世紀前期，這段古典與現代青黃交接的時間裏，「克萊蘭頓委員會」（Clarendon Commission）

---

[57]　黃兆輝著：《港產紳士：治港百年的半山區上文化》（香港：超媒體出版社，2014），頁48–49。

[58]　甚至有人幽默地說，英國在滑鐵盧戰役就是這樣贏回來的。

管轄的七家傳統公學[59]和「湯頓委員會」(Taunton Commission)管轄的782所新興現代學校，[60]分別訓練出兩種不同類型的紳士。雖然1860年代的教育改革把洛克 (John Locke) 的現代教育理念沖淡了傳統公學的古典思維，但與現代公學仍然有以下兩方面的分別。

　　首先，儘管傳統公學由「克萊蘭頓委員會」管轄，但是幾百年的傳統並不能在一刻間否定，為了學生仍然能考上七所古典大學，傳統公學仍然方百計保留著非常嚴謹的校風，例如伊頓公學的體罰直至1980年代才廢除。為了保持傳統教學特色，課程範圍仍保留一定的古典人文科目，古代歷史、古典文化、拉丁語或希臘語等學科仍然是主軸課程，現代實用學科知識只是作為補充。例如拉格比

---

[59]　七所傳統公學是溫徹斯特公學(Winchester College)、伊頓公學(Eton College)、哈羅公學(Harrow School)、拉格比公學(Rugby School)、舒茲伯里公學(Shrewsbury School)、西敏公學(Westminster School)和查特豪斯公學(Charterhouse)。另外，聖保羅公學(St. Paul's School)和商人泰勒公學(Merchant Taylors' School)成功申訴自己是私立學校，所以獲得豁免不受政府監管。

[60]　1830年輝格黨重新執政，在1832年通過了《改革法案》後，下議院加入了許多工業新興城市的代表，令中產階級開始在政治上有巨大影響力，不斷提出教育改革，政府不得不面對現實，在1861年成立「克萊蘭頓委員會」(Clarendon Commission)，調查九家傳統公學的狀況，結果1864年的「克萊蘭頓報告」(Clarendon Report)證實，傳統公學確實存在許多不合時宜的問題，政府於是在1868年推出《公學法案》(Public Schools Act)，限令七所傳統寄宿公學作出多方面的改革(儘管聖保羅和商人泰勒兩所走讀公學得以寬免，但大勢所趨也不得不作出若干改善)，例如教學與教會脫鈎、設立監察學校的獨立校董會、還有「牛津委員會」(Oxford Commission)把傳統公學和古典大學之間的聯繫切斷，令傳統公學與其他中學的學生更公平投考大學。此外，政府在1864年成立「湯頓委員會」(Taunton Commission)，負責檢驗782所捐助文法學校的課程內容，結果建議把學校分為三類，各類應辦理不同的課程。1869年政府因此制定了《捐助學校法案》(Endowed Schools Act)，賦予「捐助學校委員會」法定權力，把捐助學校的課程和教學模式現代化，例如不要再盲目模仿傳統公學只收男生或只教導古典科目，以免許多女生找不到學位或缺乏現代實用學科。

公學深受前校長阿諾德(Thomas Arnold)的影響，雖然改革後加入實用學科，但仍然抗拒自然科學；又例如哈羅第一年的古希臘和拉丁是主修語言，其他現代或實用語言則列為選修。為了保留貴族和上流社會家長喜歡的學科，一些傳統公學把學生分開教學，例如溫徹斯特公學就把學生分為三個階梯，階梯一學習古典科目、階梯二學習歷史和現代語言、階梯三學習數學和科學。雖然教會不能直接參與學校運作，但校方仍然設法保留宗教特色，校園旁邊總是建有小教堂，讓學生每天可以參加半小時的小型崇拜，把宗教和道德結合，陶冶學生成為基督教紳士(the Christian gentleman)，令他們勤奮和自發學習。[61]

總而言之，傳統公學在十九世紀三十年代及六十年代開始，分別引入了「阿諾德模式」和「體育競技模式」教學方式，前者灌輸追求「社會公義」、鋤強扶弱的精神，後者則利用軍事化在體育場上製造愛國精英，積極維護國家利益，令公學畢業生當官後分別成為「顯公義官員」和「開拓型官員」。雖然自由學習知識是現代公學的教學之本，但有些歷史悠久的公學仍希望保留一定的規矩和傳統，所以學校不是隨便收生，要看父母的背景，如果在議會、皇家或慈善基金有投資的話，便優先取錄。反過來，上流社會的家長希望子女保留貴族的風範和地位，所以也不隨便把子女送到任何一家公學讀書，選校以將來有多大機會考進牛津、劍橋等著名大學為標準。鑒於傳統公學和貴族父母都有非常相似的目標，所以標榜紀律最重要，這才能控制學生的行為舉止。故此，雖然傳統公學經過「阿諾德模式」和「體育競技模式」的洗禮之後，新一代的紳士與以前「野

---

[61] 黃兆輝著：《港產紳士：治港百年的半山區上文化》，頁50–51。

蠻人模式」的貴族子弟不同，但態度仍然離不開傲慢與偏見。雖然現代社會不再鼓吹民族主義，他們卻要明白甚麼是大不列顛；雖然大眾不再接受階級觀念，但他們卻實行官僚主義；儘管政策不再動輒使用武力，但做事要有征服世界的意志。在進入現代新紀元的過程中，英國傳統紳士文化的微妙與精細，就是這樣的裏外矛盾。

另一種公學在「阿諾德模式」和「體育競技模式」下，走的是相反路線，它們大多是由商人或中產階級新建的捐助學校，分佈於英國各地，尤其在布里斯托、伯明翰、曼徹斯特、利物浦、貝爾法斯特、格拉斯哥等新興工業或商貿城市，教學注重學生自由人格的培養，所以校規不多，也不會向違規學生用刑，反過來嘗試以原諒的態度，深入了解學生的個人問題，令校園產生互助互勉的風氣，把以往緊張的校園氣氛緩和下來，還有加強上流社會社交禮儀的培訓，以軟性陶冶代替高壓管治。雖然沒有嚴苛的法規，無法控制頑皮的學生，但深信在自由的環境中不斷犯錯，學童反而會成熟起來，懂得自我矯正，結果培養出一批又一批成熟理性、但保留傳統宗教道德觀的現代紳士。與傳統公學相比，現代公學學生的學業成績或許不是最優異，但在社會上一樣可以出人頭地，學校就所採取的辦法是向學生灌輸反封建的現代價值觀，深信「社會自由主義」以培育支持平等自由的社會領袖為目標。當然，既然這些捐助學校自稱公學，所以也有傳統的一面，例如部分學校堅持寄宿，以便老師嚴格指導，務求學生從每一個環節做起，但教的不是如何考第一，而是如何做人。部分學校則堅持身心訓練，提供大量鍛煉德智體群的課餘及戶外活動，希望學生養成勤儉樸實的人格，故此這些現代公學的畢業生，大多數會繼續攻讀科目多元化的平民化大學。

歷史演變從來不會簡單重覆，也未必會自我不斷完善。「阿諾

德模式」和「體育競技模式」雖然受到自上而下的「新帝國主義」所左右，但也受到從下往上的社會公義、自由貿易、男女平等、階級均富等觀念所影響，因為自從「社會公義」的觀念出現之後，許多人對資本家的剝削和貴族的特權感到不滿，公學畢業生衍生出「社會均富」的概念，也產生了「自由平等」的思想，均富與平等也激發起普選的要求，並終於在1918年的《改革法案》後實現了普選，1928年男女選民合資格投票的年齡終於一致。這些改變對公學畢業生的影響深遠，雖然屬於訓練戰場精英的「斯巴達式教育」在「新帝國主義」下重生，騎士的生活典範和古典道德準則在「第二次歐洲殖民浪潮」中再現，[62] 但英國在殖民地享有經濟特權，對弱勢國家進行商品傾銷，以至用武力霸佔他國資源來扶助本土工業發展，令十九世紀中後期在外交部和殖民地部當官的英國年輕紳士，不論是傳統公學或現代公學就讀過的一群，心裏不禁產出許多沒有答案的問號，他們在祖國和殖民地關係緊張的壓力下工作，結果成為了一隊左右為難的「顯公義官員」和「開拓型官員」。要清楚了解他們的心理質素，我們先要把「阿諾德模式」和「體育競技模式」的效果歸納一下，整理成為以下的四個方面：

> （1）一種準備從軍的完全人格（a complete personality to enlist），例如無懼勇氣（courage）、自律忍讓（disciplined）、盡力而為（endeavour）、誠實不詐（integrety）、忠心耿耿（loyalty）等等；（2）一種屢敗屢戰的體育精神（a sportsmanship to fight again），例如公平競爭（fairness）、團隊精神

62　黃兆輝著：《港產紳士：治港百年的半山區上文化》。

（teamwork）、良好輸家（good loser）、友誼第一（friendship）、
尊重對手（respect）等等；（3）一種勇於開拓的領導能力
（explorative leadership），例如決斷能力（decisiveness）、肩負責
任（responsible）、無私奉獻（dedication）、號令能力（the ability
to command）、願意冒險（adventurous）等等；[63]（4）從掠奪殖
民地資源的「嚴厲帝國主義」（whole-hearted imperialism），
轉變到一種以文明教化殖民地的「溫和帝國主義」（moderate
imperialism）。[64]

「騎士型官員」和「顯公義官員」擁有第一和第二方面的質素較
多，「開拓型官員」和「英式士大夫」則在第三和第四方面的能力較
強。這即是說，在「阿諾德模式」和「體育競技模式」下的公學畢業
生，雖然沒有軍人的身份，但有作戰的力量；沒有貴族的名銜，卻
有紳士的風度；沒有探險的經歷，但有開拓的精神；沒有剝削的心
態，反過來有奉獻的精神。按照如此道理，如果與「野蠻人模式」
年代的貴族學生相比，他們的身體比較強健，體育精神比較充沛，
自控能力比較強大，心智意識比較清醒，生活質素比較注重，同理
心和同情心比較濃厚，至於程度是大是小，則視乎他們的背景和年
代。*Athleticism in the Victorian and Edwardian Public School* 一書作者
J. A. Mangan 認為，以「阿諾德模式」為基礎的「體育競技模式」對英
國公學的影響，從維多利亞（Victoria，1837–1901 在位）的 1860 年

---

[63]　J. A. Mangan, *Athleticism in the Victorian and Edwardian Public School: The Emergence and Consolidation of an Educational Ideology* (Cambridge: Cambridge University Press, 2008), pp. 7–9.

[64]　Patrick H. Hase, *The Six-Day War of 1899: Hong Kong in the Age of Imperialism* (Hong Kong: Hong Kong University Press, 2008), p. 12.

代，一直延伸到愛德華八世（Edward VIII，1936年1–12月在位）的
1930年代為止。[65]

　　按此推算，在1850年代以後出生的洋儒官員，十歲左右開始
也有可能在「體育競技模式」的校園生活中長大，二十多歲考上殖民
地官學生或外交部學生譯員，即從1870年代開始產生「開拓型官
員」，典型人物包括：1898年出任輔政司助理的莊士敦（Reginald
Fleming Johnston），1901年出任總登記官的蒲魯賢（Arthur Winbolt
Brewin），[66] 1901年出任工務司的漆咸（William Chatham），1912年成
為華民政務司的夏理德（Edwin Richard Hallifax），[67] 1901年接替梅含
理做警察隊長的畢利（Francis Joseph Badeley），1913年成為助理輔政
司的符烈槎（Arthur Murchison Fletcher），[68] 1918年任庫務司的譚臣
（Alexander Macdonald Thomson），1929做了港督的金文泰（Cecil
Clementi），[69] 1931年出任巡理府的戈斐侶（Walter Schofield），1933年
成為華民政務司的活雅倫（Alan Eustace Wood），1935年成為港督的
郝德傑（Andrew Caldecott），1939年成為警察副首長的史葛（Walter
Richardson Scott），1936年成為輔政司的史美（Norman Lockhart
Smith），1941年出任首任防衛司的傅瑞憲（John Fraser），1945年和
1946年分別出任華民政務司的鶴健士（Brian Keith Hawkins）和杜德
（Ronald Ruskin Todd），1946年任輔政司的麥道高（David Mercer

---

[65]　Mangan, *Athleticism in the Victorian and Edwardian Public School*, p. 1.
[66]　蒲魯賢在1867年生，1888年加入港府。
[67]　夏理德在1874年生，1897年加入港府。
[68]　符烈槎在1878年生，1901年加入港府。
[69]　金文泰在1875年生，1899年加入港府。上段的其他官員不用提了，因為
　　　他們都在1860年代後出生，皆是「體育競技模式」的畢業生。

MacDougall），1955年成為輔政司的戴維德（Edgeworth Beresford David），1956年任勞工處處長的石智益（P. C. M. Sedgwick），1957年任華民政務司的麥道軻（John Crichton McDouall），1963年任輔政司的戴斯德（Edmund Brinsley Teesdale），1964年任副輔政司的韓美潤（Geoffrey Cadzow Hamilton），1966年任華民政務司的何禮文（David Ronald Holmes），1967年擔任統計處處長的彭德（Kenneth Barnett），1977年任行政司的黎保德（Ian Lightbody），1971年、1973年5月、1973年11月和1974年分別任民政司的陸鼎堂（Donald Cumyn Luddington）、姬達（Jack Cater）、黎敦義（Denis Campbell Bray）和鍾逸傑（David Akers-Jones），1947年、1958年、1971年、1982年和1987年分別任港督的葛量洪（Alexander Grantham）、柏立基（Robert Brown Black）、麥理浩（Crawford Murray MacLehose）、尤德（Edward Youde）和衛奕信（David Clive Wilson）。以上皆屬「開拓型官員」官員，他們擁有勇敢無懼的性格、善於合作的團隊精神、果斷堅毅的領導能力，在很多場合中都表露無遺，例如在抗日戰爭中奮勇不屈的史葛、傅瑞憲、何禮文，前兩者在被禁於赤柱拘留營期間，秘密從事情報活動被揭發後，被日軍拷問誰是同黨時，史葛面對死亡，但無悔無懼面對，傅瑞憲堅拒不講，並願意獨力承擔後果。[70] 何禮文雖然幸運逃到國內重慶與英方會合，但多次冒險領軍回港候機營救戰俘。傅瑞憲和何禮文皆為文官，但抗敵的膽量與武官不遑多讓，是「開拓型官員」的代表人物。

　　不過，「顯公義官員」和「開拓型官員」的價值觀和內涵，並不

---

[70] George Wright-Nooth and Mark Adkin, *Prisoner of the Turnip Heads: Horror, Hunger and Humour in Hong Kong, 1941–1945* (London: Leo Cooper and Combined Books, 1994), p. 255.

等於洋儒和中國通的全部人格，因為當他們接觸過中國儒學之後，
開始茅塞頓開，再與中國士大夫打交道後，竟然發現自身文化的不
足之處，這些遭遇令洋儒和中國通官員的為官之道非常不一樣。以
下讓我們看看他們來到中國之後，人生觀發生了甚麼奇妙的變化。

5.「顯公義官員」推動「積極的自由」

　　早在十九世紀上旬，無論是軍事或工業力量，英國都比中國遠
遠超前。長年掌權的巴麥尊 (Henry, 3rd Viscount Palmerston，1830–
1834、1835–1841、1846–1851 任外交大臣，1855–1858、1859–1865
任首相)，無論擔任外交大臣或是首相，他的外交政策都非常
強勢，是發動鴉片戰爭的代表人物。巴麥尊以「激進愛國主義」
(aggressive patriotism) 實行「炮艦外交」(gunboat diplomacy)，用武力
威嚇弱小國家並佔據多處口岸，[71] 建立貿易據點爭取英國利益，在
遠東部署強大軍事基地，藉此擴張大英帝國的幅員，也因利成便挑
選軍人做商務總監、租借地行政官和殖民地總督，例如進駐香港的
義律 (Charles Elliot，1841 年 1–8 月在任)、砵甸乍 (Henry Pottinger，
1841–1843 在任)、文咸 (George Bonham，1848–1854 在任) 等人都
是軍官出身。在「野蠻人模式」的公學教育底下，他們對侵佔中國
的行徑視為「英雄氣概」，覺得可以為大英帝國效命引以為榮。

　　可是，到了十九世紀中旬，深受「阿諾德模式」公學改革影響
的年輕英國紳士，對中國卻另有一番感受，他們沒有像上一輩的英

---

[71]　John Aldred, *British Imperial and Foreign Policy, 1846–1980* (Portsmouth: Heinemann, 2004), p. 11.

國紳士般，覺得祖家比中國先進是一種光榮，也沒有像同期來華的
洋商那樣，趁機從中國人身上獲取利益，因為在這群新一代英國紳
士的眼裏，中國充滿一幕又一幕不公義的事，還有一個又一個受欺
壓的弱者。在英國接受「阿諾德模式」教育的時候，被灌輸「宗教
和道德最重要，紳士風度和男子氣概第二，知識才是第三」("first,
religious and moral principles; secondly, gentlemanly conduct; thirdly,
intellectual ability") 的概念，所以這群年輕紳士覺得為官的責任，就
是為被資產階級剝削的勞工彰顯公義，至於效忠的對象不應再是享
有特權的封建專制貴族，更不應是羅馬教皇的神權，而是被工業革
命所奪去的人性尊嚴。不過，阿諾德的廣教派(broad church)背景，
與墨守成規的高教派(high church)和大幅改革的低教派(low church)
不一樣，他提倡的是溫和路線，實行「宗教自由主義」(religious
liberalism)，改革應以溫和的手段改變現狀，又或改變當權者的價
值觀；而最好的辦法，當然是自己進入建制，加入英國本土或殖民
地政府。

　　可是，來到中國之後，這群「顯公義官員」看見的情況卻不一
樣。當權的士大夫並不專制，他們潔身自愛，講求風骨氣節，而且
近乎死忠於皇帝，被供奉的孔子也不是宗教，甚至是無神論者，更
沒有干涉政治的神權，加上晚清的工業並不發達，沒有開設工廠的
中產階級，哪來被剝削的勞動階層？不過，中國社會的問題卻一樣
多，例如赫德(Robert Hart)在1854年8月底到10月初，在香港到
上海的旅途上寫的日記有以下記載：外國人隨便敲打中國人，[72] 華

---

[72]　布魯納等人編，傅曾仁譯：《步入中國清廷仕途：赫德日記(1854–1863)》
　　　(中國海關出版社，2003)，頁17–18、23。

人當街小便，[73] 海盜甚為猖獗，[74] 棄嬰頗為大量，[75] 內戰情景慘烈。[76] 儘管1859年成立的英國自由黨改變對華政策，曾在1840年於國會大力反對鴉片戰爭的格萊斯頓（William Gladstone）成為政府第二把手，在1868–1894年更四度擔任首相，自由黨政府停止用武力欺壓華人，並開始以文明教化殖民地，但中國不公不義的事卻甚多，「顯公義官員」大為不解，心裏不禁問：華人社會問題究竟從何而來？是親眼看到外國人隨便敲打中國人之故？還是內戰情景慘烈，因為中國人欺負自己人而起？中國國力不振其實是何原因？經過一輪觀察之後，「顯公義官員」發現，中國人不像西方社會般須要政府提供「消極自由」，因為中國好幾千年來一直實踐著的，正是柏拉圖筆下以道德為本的理想國。要知道「顯公義官員」如何尋找這個答案之前，我們須要先看看他們來華後的工作環境和遭遇。

鴉片戰爭結束後，香港開埠，1843年簽訂《中英五口通商章程》，廣州、福州、廈門、寧波和上海成為通商口岸。為了促進各口岸的中英貿易，英國政府每年花費三萬英鎊，在中國設立4名領事、6名副領事、28名文書職員，[77] 1849年由英國駐廣州公使兼商務監督（和1854年成為港督的）寶靈（John Bowring）統領。這些在香港和各口岸領事館任職的英國人，較年輕的都須要學習中文，此舉是為了工作需要，因為外交部經常遭受中方翻譯員的誤導，甚至被

73　同上註，頁20。
74　同上註，頁23–24、27。
75　同上註，頁29。
76　同上註，頁30。
77　同上註，頁10。

對方敲詐勒索或提供錯誤情報，[78] 所以覺得有需要訓練自己人做翻譯員，才能確保與中方談判時不會出錯，並奪回話語權和主導地位，藉此影響對方，順利完成祖家託付的任務。可是，儘管外交部派遣年輕官員到香港接受撫華道 (Chinese Secretary) 郭士立 (Karl Friedrich Gützlaff) 的中文指導，但成績並不理想，漢語説得比較好的只有密迪樂 (Thomas Taylor Meadows)、威妥瑪 (Thomas Francis Wade)、麥華陀 (Walter Henry Medhurst)、[79] 巴夏禮 (Harry Smith Parkes)、李泰國 (Horatio Nelson Lay) 等人，但中文程度極佳、學會中國風俗禮儀、能夠與中國官員交鋒對話、被冠以中國通稱號的，就只有密迪樂和威妥瑪兩人。面對如此問題，被寶靈派往上海擔任副領事及關稅司的威妥瑪道出了答案，1854 年 10 月他辭去上海副領事及關稅司一職，並申請到香港專心做好翻譯工作，當時向寶靈寫的信函有如下解釋：

> 漢語古籍及政治方面的著作，由於完全沒有翻譯詞彙表或其他輔助性的工具，外國人要學習中文實在無從入手。要剷除現存學習漢語（我指的是不單是漢語，更有廣義中國事務 [Res Sinica]）的障礙……那些以官方風格所寫的文章。我已正式開始翻譯大部份的古籍——這些形成中國人思想中最晦澀的部份，這重要性不低於學習官樣文章，我認為

---

[78] F. O. 931/729 [21 Jan 1852]、F. O. 931/730 [22 Jan 1846]，轉載自關詩珮著：〈翻譯政治及漢學知識的生產：威妥瑪與英國外交部的中國學生譯員計畫 (1843–1870)〉，《中央研究院近代史研究所集刊》，第 81 期 (2013 年 9 月)，頁 3。

[79] 英文名字與他的傳教士父親麥都思 (Walter Henry Medhurst) 一樣。

是譯員最應學習的部份。謹呈的是我部份的心血，雖仍未
很全面，但若我的健康許可，我希望將來五年可以致力這
方面的工作。[80]

寶靈是語言學家，也會說中文，當然非常同意威妥瑪的解釋，
於是向財政大臣格萊斯頓申請撥款，把威妥瑪調回香港重新設計翻
譯訓練課程，把之前濫竽充數的中文老師更換掉，增設圖書館，
改善學員的居住環境，推出「中國學生譯員計劃」(Student Interpreter
Programme of China)，學習地點改為中英兩地，首先在倫敦國王學
院打好中文基礎，然後再到香港實地學習（但由於翻譯人手極度短
缺，也會隨時被分派到各口岸領事館邊學邊做）。威妥瑪根據儒家
經典例如《禮記·中庸》中的詞彙和語法，陸續編撰《尋津錄》、《文
件自邇集》、《語言自邇集》等交際應用文作為教科書（後來還有著
名的威妥瑪拼音），強調學習中文非要認識漢文古籍和北京官話不
可，否則難以明白中國上層社會的思想和做事方法，所以翻譯考試
要求靠考生解釋中國官制禮儀等文化含義。[81] 此外，因為官話與書
寫漢語的文法結構相似，所以威妥瑪認為先學官話、後學方言會更
為有效。課程分為漢語課程及翻譯訓練兩個部分，學員須定期被考
核進度，以便檢查學習成效。來華後第一年學員不用工作，好讓他
們專心學好漢語，在學期間，也要觀摩當地文化和風俗習慣，威妥
瑪強調此舉有助與本地人溝通，令翻譯工作更為有效。為了增加學

---

[80]　F. O. 17/216/335 [9 Oct 1854]，轉載自關詩珮著：〈翻譯政治及漢學知識的
生產：威妥瑪與英國外交部的中國學生譯員計畫（1843–1870）〉，頁18。

[81]　關詩珮著：〈翻譯政治及漢學知識的生產：威妥瑪與英國外交部的中國學
生譯員計畫（1843–1870）〉，頁38。

員的學習誘因，1855年外交部修訂香港和各口岸領事館官員的升職條件，規定懂漢語者會獲優先考慮。結果，「中國學生譯員計劃」的成效甚佳，不但為外交部解決了翻譯人手不足和水準參差不齊的問題，也令殖民地部推出類似的「官學生計劃」(Hong Kong Cadet Service，即戰後的Administrative Officer或政務官)；更重要的是，此兩項計劃衍生出以下意想不到的效果。

由於參與計劃者都是英國各地精英大學挑選出來的頂尖畢業生，不像以前的翻譯員麥華陀、巴夏禮、李泰國等人只有中學學歷，以往多依靠親友或熟人介紹入職，在「帝國主義」的薰陶下，性格比傳統紳士更高傲囂張，頭腦完全沒有開創歷史意義的思維。相反，「中國學生譯員計劃」和「官學生計劃」正好發生在「阿諾德模式」普及的年代，「顯公義官員」都是古典大學的高材生，畢業後積極投考海外殖民地的官職，來到中國之後，他們深厚的古典大學學術根底，不但迅速做好翻譯工作，也不時顯露出豐富的人文關懷。由於他們慣用精神文化來抗衡物質文明，所以在學習中文期間，自然對中國的精神修養感到興趣，喜歡閱讀中國儒學經典，學習士大夫的傳統文化，希望從中找出中國落後的答案。正如上文所說，看到中國的社會問題，並不是工業革命所造成，華人的傳統文化也不落後，所以覺得盲目採用西方文明教化中國，並不是解決中國社會問題的最佳辦法，反而發現孔孟的傳統智慧更加適用。結果這群年輕的「顯公義官員」，不但被中國的經典吸引著，更找出中國人未能實踐祖先學問的主要原因，採用西方文化逐一補足儒學。

中國海關正是「顯公義官員」對儒學的實驗基地，在1854–1950年間，洋關員數目超過11,000名 (華關員和其他華人職員也約有

11,000名），[82] 當中包括大量通曉漢學和官話的洋儒和中國通，他們不受中英兩國的影響，巧妙用儒學配上西式管理，不但獨立自主做好海關的工作，還以「行公義」的積極意志，對中國作出了巨大的貢獻。總稅務司赫德（Robert Hart，1863–1908 在任）就是這群「顯公義官員」的一位代表人物，他在 1854 年 7 月來港出任學生譯員，赫德的中文課由港督寶靈親自教授，但一個多月後便被派往英國駐寧波領事館，1859 年轉投中國海關，[83] 擔任另一個與自己差不多經歷的英國人李泰國（Horatio Nelson Lay，1855–1863 在任）的副手。不過，他和上司李泰國的人品和性格卻有天淵之別，赫德由始至終一直謙虛有禮，忠心耿耿為滿清政府做事 49 年，李泰國則狂妄自大，目中無人，很快便被清廷解職了。他們二人的背景十分相似，為何卻有不同的命運？除了上文所說的原因之外，讓我們用進一步的事例證明，其實是因赫德受中國經典的影響甚深，並且是他長年實踐孔孟學問之故。

赫德 1863 年接替李泰國擔任總稅務司，是中國海關的最高領導，因為是新成立並由洋人管理，所以簡稱「新關」或「洋關」，負責管理外輪貨物，為清政府稽查徵稅（國內民船貿易則由滿清的中國官員管理，簡稱「舊關」或「常關」，後來也一併給予赫德管理）。儘管大權在握，管理巨額金錢，但赫德為官清廉，極少中飽私囊，與李泰國相比，赫德收回多倍的稅款。例如 1865 年只有 830 萬兩，

---

[82] 唐啟華著：〈書評 Chihyun Chang, *Government, Imperialism and Nationalism in China: The Maritime Customs Service and Its Chinese Staff*〉，《近代史研究所集刊》，第 86 期（2013 年 12 月），頁 182。

[83] 緣因反清復明的小刀會起義，1854 年滿清政府以上海海關和租界權益為交換條件，請求英、美、法等國家出兵鎮壓小刀會，自此上海海關由英國人管理。

1875 年就增加到 1,200 萬兩，[84] 並且老老實實上繳，成為晚清唯一不貪腐的政府機關，[85] 令聘用他的總理衙門首席大臣恭親王奕訢嘆說：「要是我們有一百個赫德就好了。」[86] 到了 1899 年，赫德已管理中國海關四十年，比起 1859 年初入職時，他為清廷徵得的關稅大增五倍。赫德的功勞不僅於此，他還幫助清政府建立現代郵政系統、無線電信號站、燈塔、貿易統計部門、衛生檢疫、同文館外語學校、駐外使領館，以中國海關稅款為滿清政府 (和後來的國民政府) 做擔保向國內外借貸，[87] 所以赫德過身後，滿清政府追封他為太子太保一品官銜。要留意的是，赫德的這些功績，不再是西方「消極自由」的一套，而是積極建設中國社會，得到可以量度或看得到進度的公義成果。

大部分文章皆標榜赫德的英國人身份來解釋此現象，[88] 但何解同是英國人和中國海關總稅務司李泰國，卻因誠信和斂財等問題被

---

[84] 張捷著：〈甲午戰爭後列強的金融貨幣侵略〉，《鳳凰網財經》，進入網站日期：2015 年 12 月 17 日，http://finance.ifeng.com/opinion/fhzl/20091021/1365264.shtml。

[85] 魏爾特 (1993) 在《赫德與中國海關》中說：「赫德任期內海關人員的違法行為沒有超過五起。」

[86] 這是恭親王在 1867 年 11 月 27 日向美國大使蒲安臣說的。〈赫德治下洋海關：沒有貪腐〉，《大公歷史》，2013 年 10 月 29 日，進入網站日期：2014年 4 月 25 日，http://news.takungpao.com.hk/history/zhuanlan/2013-10/1998831_2.html。

[87] 唐啟華著：〈書評 Chihyun Chang, *Government, Imperialism and Nationalism in China: The Maritime Customs Service and Its Chinese Staff*〉，頁 182。

[88] 例如張宏傑在 2015 年 4 月刊於《經濟觀察報・書評》的〈赫德，晚清帝國合夥人〉，就以英國制度遭遇中國官場的角度看赫德。又例如 2015 年 5 月 5日，日照網路廣播電視台《軼聞秘檔》，就以〈英國人為何能治理清朝海關的腐敗？〉做標題。還有 2015 年 9 月 29 日的廣播節目《天下檔案》，就以〈英國人赫德執掌大清海關半世紀〉為切入點。

開除？再說，兩人的其他方面都很雷同，例如李泰國在 1832 年 1 月
出生，比赫德 1835 年 2 月出生僅大三歲，他們都在 1830 年代末、
1840 年代初進入學校讀書；李泰國 9–14 歲入讀倫敦著名的米爾希
爾公學（Mill Hill School），赫德 11–15 歲則在衛斯理公學（Wesley
College）求學，[89] 兩所公學都是斯巴達式的寄宿中學，均是基督新教針
對社會道德低落問題而開辦。米爾希爾的公理宗（Congregationalists）
強調民主自治，對其他信仰採取寬容態度；[90] 衛斯理的衛理宗
（Wesleyans，又稱循道宗或 Methodism）則主張聖潔生活，幫助貧苦
的社會下層勞工。既然兩人的活躍年代、年齡、國籍、宗教、經
歷、職業都如此相似，為何人格和處世之道卻非常的不一樣？

　　如果看清楚一些，他們有差別的地方有四點。一是自小成長的
地點：儘管當時「阿諾德模式」開始興起，但普及程度尚未廣泛，
許多公學或多或少仍有「野蠻人模式」的影子，米爾希爾公學處於
擁有土地的英格蘭貴族群中，那時候英國紳士給人的印象，通常有
一種固有的傲慢與偏見、一副看不起中國人的樣子。反之，衛斯理
公學是基督新教背景，所在地是窮鄉僻壤的都柏林，就算是愛爾蘭
北方的貝爾法斯特，即赫德 15 歲開始入讀的女王學院的所在地，
大地主也只有三個，令赫德沒有在特權和頭銜中長大（往後很多港
督也是愛爾蘭人，所以也不喜歡階級觀念）。

　　二是接受教育的深度：李泰國在廈門當領事的父親突然病故，
母親向外交大臣巴麥尊（1830–1834、1835–1841、1846–1851 在任）
寫信為兒子求職，李泰國因此在 15 歲休學來華。但同樣 15 歲的赫

---

[89]　後轉往貝爾法斯特的王后學院。
[90]　即為孫中山在香港施洗的教會。

德卻轉到貝爾法斯特，在女王學院攻讀拉丁語、博物學、司法、歷史、英國文學、玄學、自然地理等學科，赫德因成績優異多次拿到班級獎項，1853 年 19 歲畢業獲得現代語言和近代史的獎學金，[91] 然後被院長推薦參加來華考試。[92] 要注意的是，女王學院要比牛津、劍橋等大學所提供的古典人文學科種類寬闊得多，它並不純為培養神職人員、律師或醫生而設立，而是為了訓練能滿足現代社會需要的人才。一種十分重視學習知識的現代大學，當然還未至於像二十世紀初為工業革命服務的「紅磚大學」的實用程度，但赫德所學的博物學和自然地理，透過觀察事物和做實驗學習新知識，是教授學生現代科學精神的科目。

三是學習中文的種類：雖然李泰國師從港英政府的撫華道郭士立 (Karl Gützlaff) 學習中文，但郭士立是德國人傳教士，而他的中文也是跟另一名洋人傳教士麥都思 (Walter Henry Medhurst) 在南洋學的，所以李泰國說的既不是中國精英的官話，學的也不是中國的儒家傳統文化，而且郭士立的教學方式只是要求學生盡快把日常中文會話學好，課程內容沒有包括中國古典哲學或西方現代科學。[93] 相反，赫德在香港只待了一個半月，寶靈就派他到寧波學習中文，雖然當時威妥瑪還未提出「中國學生譯員計劃」，但赫德已經不是學習一般的中文會話，而是能夠與士大夫溝通的《論語》、《孟子》等四書，還有《詩經》和《書經》，更有雍正皇帝論述道德的《聖諭廣訓》

[91] 司馬富等人編，陳絳譯：《步入中國清廷仕途：赫德日記 (1863–1866)》（北京：中國海關出版社，2005），頁 9。

[92] 布魯納等人編，傅曾仁譯：《步入中國清廷仕途：赫德日記 (1854–1863)》，頁 11。

[93] Jack J. Gerson, *Horatio Nelson Lay and Sino-British Relations, 1854–1864* (East Asian Research Center, Harvard University, 1972), p. 20.

和中國四大名著之一的《紅樓夢》。[94] 由於赫德在王后學院接受過古典文藝科的教育，所以對中國儒家經典不但沒有抗拒，反而感到濃厚的興趣，當他發現寧波范氏家族的藏書樓書籍種類達四千多種，馬上如獲至寶般記載在日記內。還有，赫德沒有在特權和頭銜中長大，習慣平等對待所有人，所以他在寧波以普通人的姿態生活，穿中國服、說中國話，所以學習中文特別容易上手。而且，在寧波生活的洋人不止他一個，跟隨中國習俗生活的大量西方傳教士，也令身為虔誠基督徒的赫德眼界大開，因為寧波是中國古典官紳後人和中國化的西方傳教士集中地，寧波充滿儒家元素和學習中國文化的氣氛，令赫德非常喜歡中國的傳統學問，很快便忘記了月前在海上顛簸和思鄉的痛苦，打消了回家當個小律師的念頭。1861 年 6 月，當恭親王奕訢第一次與赫德會面的時候，恭親王覺得赫德的談吐舉止謙虛有禮，非常有中國舉人的那種風範，與一般英國人很是不同，[95] 而且說話處處為他人著想，[96] 非常懂得照顧中國人的自尊，令恭親王覺得很有親切感和安全感。恭親王也發覺赫德並沒有只搞關係而不做事，在詢問赫德的過程中，發現他對海關的工作瞭如指掌，準備的資料也非常充足，故此恭親王被

94　布魯納等人編，傅曾仁譯：《步入中國清廷仕途：赫德日記（1854–1863）》，頁 50–51；還有方立武的〈赫德的生活觀〉，《湖北集郵網》，進入網站日期：2015 年 12 月 13 日，http://www.hbjy88.com/Article/Print.asp?ArticleID=3226&Page=1。

95　端木賜香著：〈羅伯特・赫德的尷尬〉，《傳奇故事・下旬》（2008），第 17 期。進入網站日期：2015 年 12 月 19 日，http://www.fox2008.cn/ebook/cqgsx/cqgx2008/cqgx20081727.html。

96　方堃著：〈赫德與阿思本艦隊事件〉，《天津師大學報（社科版）》，第 1 期（1994）。

深深打動，馬上肯首委任赫德署理海關總稅務司一職。[97]

　　第四，雖然赫德明白在華人社會當中，人與人之間的信賴感非常重要，而且須要從友誼中產生，不是從制度。不過，關係固然要緊，但也要做好本分，儘管勝券在握，也要盡力而為，這個道理來自他自小在衛理宗公學 (Wesley Connexional School) 參與橄欖球和板球所學習的團隊精神和體育精神而來的。赫德處理人際關係恰到好處，還有一個經典例子。話說赫德的一位要好英國人牧師從廣州來訪，因為大家都是新教徒，當然有很多共通話題，他鄉遇故知自然也互相照應，可是牧師朋友卻要求赫德為其倫敦大學畢業的兒子喬治·俾士安排一官半職。雖然赫德不好推辭，把小俾士介紹給倫敦辦事處負責招考中國海關人員的金登干 (J. D. Campbell)，但同時交帶金登干不得因是自己親自介紹的關係，而對小俾士有所通融，並囑咐金登干安排小俾士報名應試，又重申自己的一貫態度：「誰不符合我們的條件，就不錄用」，結果小俾士因考不上而遭淘汰。[98]這與李泰國濫用權力形成強烈對比，李泰國代表清政府購買七艘西式明輪炮艦，卻不但沒有做好本分，還規定艦隊只能服從中國皇帝和自己的命令，結果總理衙門以「剛愎自用、辦事刁詐」的理由解雇了李泰國。

　　赫德的以上四點，即不愛階級觀念、充滿科學精神、通曉儒學文化、做好官員本分，也就是許多洋儒和中國通能夠出人頭地的因素，也與多年前耶穌會士的人格特徵有異曲同工之妙。赫德學習官

97　〈晚清官場的洋人 赫德反腐敗高薪養廉〉，《鳳凰大視野》，鳳凰衛視，2010 年 3 月 9 日。

98　洪振快著：〈大清王朝唯一不貪腐的衙門〉，《南方都市報》，2009 年 10 月 11 日。

話，通曉儒學文化，就是奉行利瑪竇的「適應策略」，令中國官員相信自己，不會干預中國海關的運作，把歐洲知識分子批評中國的「管治專制主觀」與中國海關隔離開來，令關員專心有效工作。至於歐洲知識分子說中國人「道德流於表面」的問題，赫德覺得是因為儒學未能普及之故，當時州縣稅課司的官階未入流，有抱負的士大夫都在中央任職，由滿清官員管理的「舊關」充滿用人唯親、工作散漫、走私漏稅等流弊，[99] 地方關員都是貪官污吏，道德氣節這一道防線守不住。所以赫德覺得要搞好中國海關，第一步就要挑選有「共同之善」概念的洋人做海關的管理工作，故此在1863年11月代替李泰國正式擔任總稅務司一職後，隨即協助起草《通商各口募用外人幫辦稅務章程》，1864年6月由總理衙門以《海關衙門章程》向歐美各國招聘洋關員。[100] 同年，赫德委託美國公使蒲安臣 (Anson Burlingame) 為中國海關招募新丁，他對蒲安臣說：「如果你能為我在美國物色三名有教養的青年，年齡在18歲以上，22歲以下，接受過 (適應社會科學技術的開放式) 大學教育，我將極為感謝。我想要能力至少相當於一般水平、社會名聲好、有勤勞習慣的人。」[101] 因為恐怕洋關員缺乏耐心、思想委瑣、沒有判斷能力，所以赫德在招聘人手時特別小心。看到哈佛大學校長艾略特 (Charles Eliot，1866–1909在任) 不再跟隨牛津和劍橋的古典人文學科路線，改為強調學術標準、自由選課的平民化研究型大學，正是赫德心目中的

---

[99] 例如在嘉慶二十三年，據舊《粵海關志》的資料，粵海關有監督把自己的24名家屬和41名手下巡役安排在總巡口。

[100] 王澧華著：〈赫德的漢語推廣與晚清洋員的漢語培訓〉，《上海師範大學學報 (哲學社會科學版)》，第44卷，第6期 (2015年11月)，頁122。

[101] 費正清 (John King Fairbank) 編，陳絳譯：《赫德日記──赫德與中國早期現代化》(北京：中國海開出版社，2005)，頁149–150。

開放式大學，於是進行考試選拔，結果取錄了哈佛大學 1874 年畢業的四名優秀畢業生：客納格 (Charles Cecil Clarke)、司必立 (William Franklin Spinney)、馬士 (Hosea Ballou Morse) 和梅里爾 (Henry Ferdinand Merrill)。這群洋官員懂得開放型大學的多元化知識，[102] 有助赫德在中國海關推行現代西式管理。[103]

搞好聘請方法之後，赫德的第二步，就是打造一個仿若「阿諾德模式」的工作環境，令關員產生團體精神，充滿凝聚力量。辦法是各關員按專業分工，大家各司其職，遵守規則，採用英國海關最先進的會計和統計制度，令關員沒法做假賬。至於監督和審計制度也是採用英國的一套，關員輪換工作，迴避利益衝突，每年有稽查帳目稅務司覆核賬單有否做假，如果發現舞弊，會被立即開除，不像「舊關」般可以酌情處理。不過，關員也擁有申訴權利，通過再審程序避免錯判，獎懲有據可依，不會主觀判斷，如果最終維持原判，關員不但失去高薪厚祿，連相當於十年薪俸的養老金也一分錢拿不到。[104] 人事制度則平等處理升遷，客觀考核決定，道德操守佔考核比重甚大，包括能否得人尊敬、性情、禮貌等事項。雖然有能者居之，但關員的平均薪金甚高，比其他政府機關同級別職員的薪

102　所謂開放式大學是當時十九世紀三十年代開始，英國出現一些與牛津和劍橋專攻人文學科不一樣的多元化大學，不再採用私人個別輔導而變為公開放任形式的教學方法。美國的哈佛大學在十九世紀中旬也開始不再跟隨牛津和劍橋的古典路線。張新著：〈英國成人高等教育與開放大學〉，《高等函授學報》，2003 年 5 月 14 日。

103　其他比較出名的關員有英國人葛德立 (William Cartwright)、休士 (George Hughes)、安格聯 (Francis Arthur Aglen)、戴樂爾 (F. E. Taylor)、漢南 (C. Hannen)、夏立士 (A. H. Harris)、克樂司 (A. W. Cross)、桑德生 (H. S. Saunderson)，此外還有德國人、荷蘭人、比利時人、奧地利人、俄國人、日本人通過嚴格的招聘條件和考試，成為關員。

104　養老金制度當年在中國是首創的。

俸高出兩倍以上，福利也甚好，既可高薪養廉，又可避免剝削，[105]
令各關員放心工作，沒有後顧之憂。總而言之，赫德杜絕貪污的方
法，是公平的遊戲規則，嚴謹的法紀執行，令貪污變成高風險和高
成本的行動，所以效果立杆見影，很快便在中國海關樹立了非常廉
潔的風氣。事實上，赫德設計的種種制度，原理與「阿諾德模式」
競技運動的比賽規則如出一轍，完全符合維多利亞時期公學教育的
權威性、紀律性和團結性。赫德曾對總理衙門大臣文祥如此說：
「自己之所以這樣設計廉潔機制，是因為他不相信中國人所說的『人
性本善』，他覺得人性本惡。」[106] 模仿「阿諾德模式」，實行嚴厲的管
理，就是為了改造「醜惡的靈魂」。

赫德的第三步，是要求每一個洋關員必須與他一樣學習中國官
話，除了駐地在崗自修，也有入職前到北京集訓，赫德非常注重師
資，聘有斌椿、廣英、戈鯤化等中國文人任教，令多年來中國海關
的漢學人才輩出。不少洋關員後來成為了翻譯官、參贊或領事，有
些更編著漢語課本，[107] 甚至成為漢語教授，例如1870年來華在廈
門任職洋關員的夏德（Friedrich Hirth），就在1902年成為美國哥倫
比亞大學講座教授，當時胡適是他的學生，還有稅務司雷樂石
（Louis Rocher）和馬士（Hosea Ballou Morse），都曾經在同文館任教

---

[105] 李揚帆著：《晚清三十人》(北京：世界知識出版社，2008)。

[106] 諶旭彬著：〈近代中國，哪個衙門最廉潔？〉，《短史記》，第452期，2016
年1月27日。

[107] 包括包臘的《紅樓夢》前八回、赫美玲的《南京官話》、孟國美的《溫州方言
入門》、穆意索的《公餘瑣談》、帛黎的《鉛槧匯存》、夏德的《文件小字
典》、李蔚良的《公函譯要》、鄧羅的《三國演義》、費妥瑪的《學庸兩論集錦》
等等。資料來自王澧華著：〈赫德的海關漢語推廣：師資主要是中國文
人〉，《中華讀書報》，轉載自《華夏經緯網》，進入網站日期：2015年12月
30日，http://big5.huaxia.com/zhwh/sslh/2113197.html。

過。根據赫德在 1864 年 6 月親自起草的《海關總稅務司署通令第 8 號》的第 8 條，洋關員學習官話的原因，是「為提高海關效率，諸稅務司應以身作則，關心漢文學習，能學之人都學漢文，漢文並不枯燥乏味，一旦貫通漢文，日後將於個人有益，於海關有用」。根據《大清國海關管理章程》規定：「由三等提升到二等幫辦，必須通過米德之《隨筆》、威妥瑪之《會話叢書》及同類題目考試。同樣，由二等提升至一等幫辦，必須通過威廉士之《中國》、威妥瑪之《公文叢書》及同類題目考試。」1865 年赫德更把總稅務司署從上海遷往北京，讓洋關員每日半天上課、半天工作，希望他們盡快學好官話。1865 年 7 月及 8 月，有六名洋人參加結業考試，在滿分 200 分中，以葛德立 (William Cartwright) 的 162 分和包臘 (Edward Charles Bowra) 的 126 分最高，前者立即成為赫德的文案，後者被分配到廣州海關任三等幫辦。至於最低分的兩名，是只有 21 分的哈密爾德和僅拿了 9 分的道蒂，都不能在中國海關工作了。[108] 根據 1884 年 3 月 21 日的第 273 號《通令》，[109] 赫德要求任職三年之後的內班洋關員，須要通過漢語口語測試，包括「發音」、「口語」、「英譯漢」、「漢譯英」、「漢字及四聲知識」，還有漢語書面知識測試，包括「英譯漢」、「漢譯英」、「指定題目之會話」、「漢字書寫」與「特指讀物如《三國志》、《紅樓夢》」。赫德在《通令》第 273 號中規定：「有關漢文學習及公事處理兩事，各關稅務司應令所有人員時刻毋忘其任

---

[108] 1866 年 2 月，又宣佈數月後「將親自檢驗各員對海關業務與條約之相關知識、漢文寫作與口語以及其他中國事務之熟悉程度」，因為「此類知識內容，乃每一在中國海關中取得晉升者所必須具備者」。

[109] 赫德發出第 273 號《通令》的年份出自王澧華著：〈赫德的漢語推廣與晚清洋員的漢語培訓〉。文章內出現了一次 1883 年 3 月 21 日，但另外有兩處的《通令》日期是 1884 年 3 月 21 日，筆者推斷「1883 年」是誤寫。

命狀中之條款 (參閱其中第5節第5項及第6項)，即凡不稱職及考試不及格者將予以停止雇用。再不具備合格資格者當不繼續雇用。」1899年1月18日《通令》第880號中列明：「內班人員，凡不能用漢文漢語處理事務者，不發予酬勞金。無同等與足夠之工作漢語知識者，不得提升為副稅務司或稅務司。任何業已提升或以後將提升至副稅務司或稅務司而不再掌握足夠工作漢語知識者，將予解除職務。于其第三年終未具備漢文口語、或第五年終未具備漢文書寫條件者，將被免職。」[110] 可見赫德是如何重視漢語的學習。故此，洋關員不但能說流利官話，也能看懂文縐縐的中文公函，甚至看得懂《四書》、《五經》、《三國演義》、《紅樓夢》等中國經典，例如包臘就把《紅樓夢》的前八回譯成英文，鄧羅 (Brewitt Taylor) 更完成整部英譯《三國演義》。洋關員的中文愈流利的話，就愈有升遷機會，但不及格就要被開除掉，可見壓力是多麼的大。此後數十年，赫德不斷重覆和強調這些方面。

或許你會問，赫德既然成功爭取了總理衙門的絕對信任，為何還要如此為難每個洋關員，以如此厲害的高壓手段，強迫他們拼命苦讀中文，務須一個又一個變成中國通？這是為了省掉翻譯員節約金錢？還是恐怕自己退休之後，與總理衙門打交道便後繼無人？但這兩個假設的可能性都不大，因為赫德對洋關員掌握中文程度的要求之高，人數之多，已遠遠超越了工作所需的知識、技能和範圍。所以，我們倒不如從更宏觀的角度再看清楚，赫德這個做法，其實是一個史無前例的世紀大實驗，為的是借助儒學改變高級洋關員的行為，因為當時赫德處身於維多利亞時代的高峰期，也正是阿諾德

---

[110] 王漼華著：〈赫德的漢語推廣與晚清洋員的漢語培訓〉，頁6。

發覺英國道德最敗壞的時代，與阿諾德同期的歷史學家卡萊爾
（Thomas Carlyle），就以「拜金主義」來解釋十九世紀中期英國社會
風氣的敗壞，他對維多利亞時代有以下批判：

> （拜金主義）是罪惡的淵藪，是整個社會壞疽的根本⋯⋯
> 拜物教、供求關係、競爭、自由放任主義創立了一個最委
> 瑣、最使人絕望的信仰，使得所有的人都陷入利己主義、
> 唯利是圖、崇尚享樂與虛榮之中⋯⋯人們因此而變得貪心
> 不足，除了無窮的物欲之外，他們將一切置之度外⋯⋯這
> 樣的世界正走向滅亡，而根據自然法則，它也必須滅亡。[111]

赫德看到西方世界的騎士精神沒落，「拜金主義」已經成為洋人
的道德觀念，所謂英國最先進的管理制度和法治，其實是用來防範
和阻嚇醜惡的人心，但它只能對付被治理的人，對管治者起不了作
用，因為任何管治制度都需要由人操作，管治者處身於法網之外，
所以需要找最有操守的人治理社會。例如羅馬天主教主張行善才得
到救贖，中世紀的西方國家多由天主教士做官，可是教會管理層的
道德觀並不扎實，因為出售贖罪券圖利令許多信徒不滿，十六世紀
發生宗教分裂。不過，新教領袖馬丁路德（Martin Luther）的「因信
稱義」和加爾文（Jean Calvin）「救贖預定論」皆認為人類不能因行義
得救，雖然這些教義只是反對因贖罪券得救而產生，但西方國家和
新教教會也開始由只信不行義的新教教士做領導，各新教宗派例如
長老宗（Presbyterianism）和公理宗（Congregationalists），均紛紛組成

---

[111]　卡萊爾（Thomas Carlyle）著，寧小銀譯：《文明的憂思》（北京：中國檔案
出版社，1999），頁 4、50–51；劉洪濤著：《勞倫斯小說與現代主義文化
政治》（台北：秀威資訊出版社，2007），頁 95。

獨立教會，教徒實行民主自治，由長老或會眾行使平等權力，貴族
也推翻國王和教士，把管治權力收歸國會所有，從此英國社會不但
逐漸脫離宗教的影響，教會也不斷轉型以適應社會而走向「世俗化」
（secularizing），國家的政治現實與希臘哲人「以德治國」的理想越走
越遠。事實上，赫德開始聘請洋關員的時候，就是英國進入道德真
空的年代。當時普遍的英國人過著酗酒、賭博、嫖妓等所謂的物質
文明生活，上流社會則崇尚「拜金主義」。赫德來自基督教新教衛理
宗家庭，在都柏林讀的是衛理宗公學，衛理宗正是希望改善墮落的
民風、針對工業革命所引起的風氣敗壞而建立，所以他哪會放心高
級洋關員的操守？可是英國已沒有道德標準可依循，而中國的儒學
正好填補這個空隙，所以赫德的一連串《通令》，就是要求負責管理
與統計的內班洋關員變成洋儒，與對負責巡查、驗貨和後勤事務的
外班洋關員的要求完全不一樣。看看入職條件就知道，內外兩班的
招人條件除了年齡之外，其他完全一致，[112] 內班入職者絕對不能超
過23歲，外班卻可以達到30歲左右，[113] 合理的解釋只有一個，就是
儘管外班的洋關員也需要學點中文，但赫德並不需要他們也成為洋
儒，故此不用年輕入職。

赫德之所以要如此安排，因為他採用非常嚴格的西式管理，令
中下層的外班華洋關員因懲罰太重而不敢貪，也因會計和審計制度
太嚴而不能貪。但是，各關口的稅務司是監管制度的執行者，他們
擁有絕對權力，赫德身在北京沒法監管他們，會否監守自盜，就要

---

[112] 例如通過考試及格、身體健壯、沒有近視等等。

[113] 〈江漢關招人百裏挑一〉，江漢關博物館網頁，進入網站日期：2016年2月
14日，http://www.jhgmuseum.com/article-43.html。

看他們的良心了。在維多利亞時代非常墮落的西方風氣下，赫德當然不會相信沒有鍛煉過的所謂良心，覺得如此非危險，儘管內班的高級關員入職必須經過嚴格考試，赫德也親自主持招聘工作。但赫德覺得唯一能保證高層不貪污的方法，就是「複製」自己，即是培養他們成為洋儒，因為自己深受孔夫子感化之好處，也看見滿清士大夫大都品格端正，例如曾國藩、[114] 左宗棠、郭嵩燾、文祥、沈桂芬、李鴻藻、張之洞、[115] 陳寶琛、張佩綸等晚清名臣或清流派，都是進士出身，[116] 一生清廉為官，情操高尚，好像張之洞貴為一品大員，但過身後連喪葬費都不足，清廉的程度令人折服。其實，中國的「管治專制主觀」和「道德流於表面」問題，多是發生在皇族或中下層的官吏當中，高層的士大夫並沒有這個毛病，他們品格端正的程度，遠遠超出今天我們的想像。生於馬來亞、學貫中西的辜鴻銘，就曾撰文指出儒學令中國人性情溫和淳樸，儒生對自己道德標準之嚴格，根本已取代了宗教導人向善的功能，[117] 所以希望世人珍惜這種古老的中國人格。為此，他在 1915 年在北京東方學會中宣讀如下論文：

> 當我們環顧今日之中國，我們似乎發現，中國式的人性——

---

[114] 張宏傑指出，曾國藩雖然身為兩江總督，位高權重，但一生儉樸，為官非常相當清廉。張宏傑著：《曾國藩的正面與側面》（北京：國際文化出版公司，2011）。

[115] 湖北及湖南一帶曾流行一句說話「張之洞當皮箱過年——習以為常」，形容這位兩廣總督雖然手握大權，卻極少謀私，每年過年不夠錢用，寧願典當解決。

[116] 儘管左宗棠的進士身份是由光緒破格敕賜。

[117] 辜鴻銘著，李晨曦譯：《中國人的精神》（南京：翻譯出版社，2012），頁 13。

> 真正的中國人——即將消失，取代它的是一種新型的人
> 性——進步的或現代的中國人。事實上，我建議，在真正
> 的中國人，古老的中國人性從世上完全消失之前，我們應
> 該最後一次審視它，看看我們能否從它身上找到某種在根
> 本上與眾不同的東西，使他如此區別於其他所有民族，並
> 有別於今日中國所見的方興未艾的新型人性。[118]

因此，雖然不受監管的各關口稅務司（包括赫德自己）絕對有能力貪，但如果能鍛煉好人格，按「社會公義」和「天下為公」的準則做人，如此的情操就會令他們不會貪，這就是赫德向恭親王保證中國海關不會腐敗的如意算盤。中國海關的內外班的體制基本一樣，但有洋儒一個可變參數，這就是赫德精心策劃的「對照實驗」（control experiment）。

根據上述分析，把中國海關的不貪腐，歸功於嚴謹的英式管理制度，是不完全正確的。況且，洋關員並不單止來自英國，還有許多其他國籍人等，例如1864年赫德致函美國公使就有如下內容：「（中國海關）主管各口岸的12名稅務司中，三名為美國人，三名為法國人，一名為普魯士人，而五名為英國人。」[119] 由此可見，雖然制度是英式，但管理者不一定是英國人，中國海關的制度以嚴謹執行和專業態度聞名，當中的原因，是先後兩千多名從青年期來華的洋人，接受過赫德的漢文訓練後，高層都變成了洋儒，例如中英學術著作甚豐的赫德助手美國人馬士（Hosea B. Morse），還有在各關

---

[118] 同上註，頁1–2。

[119] 費正清編，陳絳譯：《赫德日記——赫德與中國早期現代化》，頁149–150。

擔任稅務司的戴樂爾 (Francis Edward Taylor)、賀璧理 (Alfred Edward Hippisley)、裴式楷 (Robert Edward Bredon)，都是其中的表表者。由此看出，能夠大半個世紀維持廉潔高效、盡忠職守，並不是赫德一人的功勞，而是他帶領下的洋儒關員。

例如接替赫德總稅務司一職的安格聯 (Francis Arthur Aglen，1911–1927在任)，沒有因武昌起義中國內亂而中飽私囊。[120] 北伐末期，國民政府攻克武漢三鎮，把中央黨部遷往當地，安格聯看見政治形勢有變，秉承赫德的「騎馬理論」，與武漢政府接觸，令北京的北洋政府十分不滿，1927年初將他辭退，不過1928年尾北洋政府被國民政府取代，證明安格聯的做法正確。接替安格聯做總稅務司的另一位中國通梅樂和 (Frederick William Maze，1929–1943在任)也跟隨赫德的「騎馬理論」做好本分，對政治掌握好平衡，雖然一直被國民政府限制權力，1929年停止徵聘洋人，改招華人為關員，1931年又爆發「九一八事變」，日軍佔領中國東北全境，令關稅收入大減，但梅樂和恪遵政府命令，專心徵稅工作，並堅持給華籍關員公平升遷機會。[121] 1940年，看見國民政府一分為二，汪精衛在日本的支持下在南京建立政府，與重慶國民政府對峙，但駐守在上海的中國海關並沒有分裂，梅樂和為了照顧雙方的財政利益，把關稅收入為兩地國民政府的國債做擔保。[122] 至於梅樂和的後繼者李度

---

[120] 安格聯自1911年起在任17年，直至1927年拒收附加稅，而被北京的軍政府以抗命理由免職。

[121] 唐啟華著：〈書評 Chihyun Chang, *Government, Imperialism and Nationalism in China: The Maritime Customs Service and Its Chinese Staff*〉，頁183。

[122] 張志雲著：〈分裂的中國與統一的海關：梅樂和與汪精衛政府 (1940–1941)〉，載周惠民編：《國際法在中國的詮釋與運用》(台北：政大出版社，2012)。

（Lester Knox Little，1943–1950在任），即最後一位總稅務司，時值
中日戰爭，因財政部的稅警長期無力在被日本人佔領的碼頭執勤，
1945年李度奉命把稅警整編為海關關警，使用赫德時代的訓練方
式，要求稅警參加甄別考試，內容包括黨義、中英翻譯、作文、常
識、算術等科目，結果46人未能及格，改當碼頭工役，薪水不
變，[123] 此舉既可提高稅警的行政效率和質素，又可保住各人生計和
士氣，大有赫德「騎馬理論」的影子。不過，當時正值戰後通貨膨
脹嚴重，政府實施經濟緊急措施，1947年李度曾派人到北京要求加
薪未果，[124] 儘管關稅收入銳減，華關員待遇大不如前，但李度仍然
竭力維持關員基本生活條件，華洋關係大致融洽。[125] 1949年國民
政府內戰失敗，中共接管總稅務司署，中國海關的中國通時代告一
段落。

　　十九世紀中旬以前，英國官員充滿「野蠻人模式」的驕傲，完
全看不起中國人，加上「新帝國主義」的貪婪，憑著船堅炮利的優
勢，以武力迫使中國開放沿岸港口。這群英國貴族官員，就算是對
洋商也不友善，覺得他們滿身銅臭，不願與他們做朋友，被洋商嘲
笑為「擺架子官員」。不過，英國的「阿諾德模式」紳士被中國的儒
家文化陶冶過後，卻塑造了一群謙虛友善的洋關員，他們敬重士大
夫的忠貞氣節，又善待商界，讓他們有更大的生存空間，例如1861
年制定《長江各口通商暫行章程》和《通商各口通共章程》，使洋貨

---

[123] 張耀華著：〈回望近代關警〉，《中國海關》，第5期（2008）。

[124] 〈海關總稅務司李度請假返美 據說疾病之外還有其他原因〉，《上海大公報》，1947年8月22日。

[125] 唐啟華著：〈書評 Chihyun Chang, *Government, Imperialism and Nationalism in China: The Maritime Customs Service and Its Chinese Staff*〉，頁184。

赫德的洋儒漫畫肖像

圖片來自維基：http://bit.ly/2FvB5i6

莊士敦穿上御賜的官袍和頂戴

圖片來自中文百科：http://bit.ly/2F8NEm1

能行銷中國內地，又給予洋商優惠，減輕貨物進口稅。赫德把「阿
諾德模式」實踐在中國海關的工作上，公平對待每個關員，又凝聚
共識令他們團結，以馬修‧阿諾德的精神文化來抗衡物質文明，所
以赫德的個人生活非常樸素，沒有像那些駐京的外交官員般住在豪
華舒適的西式洋房，反而住在勾欄胡同的老北京四合院。赫德也是
格林的信徒，愛用「積極自由」來製造「共同之善」，例如 1865 年向
總理衙門呈上《局外旁觀論》，[126] 向奕訢提出可以令中國強大的制度

---

[126] 　可惜要到三十年後，康有為等維新派出現才被認同。

改善措施，提議興建對大眾有利的公共建設，例如鐵路、礦山、電報等等；[127] 1875年協助清廷購買八艘軍艦，令中國國力得以提升，更有效保衛國土。當然，赫德的最大建樹，就是不貪不腐上繳大量關稅，又為政府的對外貸款做擔保，讓千瘡百孔的滿清得以喘息。1885年6月，赫德被英國政府邀請出任駐華公使，他斷然謝絕祖家的好意，對這個職位不感興趣，當然不是因為此職位沒法以權謀私，而是中國海關讓自己更能彰顯公義。

十九世紀中旬以後，英國的「顯公義官員」當然不只赫德一人，他們對不公的事情會挺身而出，鍥而不捨為弱者爭取公道，港督軒尼詩 (John Pope Hennessy，1877–1883在任) 也是個典型例子。[128] 他致力取消種種歧視華人的政策，例如不再限制華人使用大會堂、委任華人伍廷芳做代理律政司等等，卻引起香港洋人社會的強烈不滿，向英國要求撤換港督。雖然軒尼詩的勇氣可嘉，但最後還是頂不住壓力，伍廷芳做代理律政司一事惟有作罷。軒尼詩以後，一樣充滿騎士勇氣、為弱勢社群討公道的「顯公義官員」不乏其他例子，最轟動的莫過於1909年提出「人民預算」(People's Budget) 的兩位自由黨首相阿斯奎斯 (Herbert Henry Asquith，1908–1916在任) 和勞合喬治 (David Lloyd George，1916–1922在任)，[129] 他們不留情面痛斥

---

[127] 布魯納等人編，傅曾仁譯：《步入中國清廷仕途：赫德日記 (1854–1863)》，頁6。

[128] 軒尼詩早年在英國已經不遺餘力幫助弱勢社群，例如倡議填海造地安置移民、改革教育制度，又推動國會修訂濟貧法 (Poor Law)、監獄法 (Prison Ministers Act) 和採礦守則法 (Mines Regulation Acts) 等等。

[129] 當然還有之前的另一位自由黨首相班納曼 (Henry Campbell-Bannerman，1905–1908在任)。

貴族，要挾國王愛德華七世（Edward VII，1901–1910在位）和喬治五世（George V，1910–1936在位）冊封五百名自由黨員成為貴族來抗衡上議院，結果令法案順利在1910年12月通過，並廢除上議院否決金融法案的權力。香港二十世紀上旬，傳統紳士港督司徒拔（Reginald Stubbs，1919–1925在任）不願禁止妹仔（婢女）買賣，但在阿斯奎斯和勞合喬治的自由平等政策下，社會有聲音要求廢除香港的妹仔制度，教會和慈善團體都紛紛響應，甚至國際聯盟（League of Nations，即聯合國的前身）也對香港的妹仔制度表示關注，但司徒拔卻遲遲沒有坐言起行取締這種奴隸販賣。直至英國下議院辯論此事，首相勞合喬治的老拍檔、時任殖民地大臣的邱吉爾（Winston Churchill）積極介入，司徒拔才唯唯諾諾，發出公告指令釋放所有妹仔，並立法禁止有關買賣，但逐家登記等執法工作，卻因邱吉爾的離任而擱置下來。「顯公義官員」鋤強扶弱的騎士精神，為社會行公義的男子氣概，當然值得欽佩。不過，他們以硬碰硬的手法，就像委任伍廷芳做代理律政司就阻力重重，就算像阿斯奎斯、勞合喬治和邱吉爾般鍥而不捨，也會遇上巨大壓力。然而，在十九世紀末、二十世紀初開始，一群深信以文明教化殖民地、憑個人努力可以改變未來的「開拓型官員」來華，他們學曉了儒家學問之後，人格就如赫德一樣出現了奇妙的變化，彰顯公義的方法變得溫和，維護「共同之善」的手段也變得柔化。不過「開拓型官員」與「顯公義官員」不一樣，變成洋儒之後，儒學不僅是用來補足西方文化的不足，還可以用來開拓新的精神文明。看看以下莊士敦（Reginald Fleming Johnston）的故事便知道。

6. 「開拓型官員」變身「英式士大夫」

　　莊士敦1874年在蘇格蘭愛丁堡出生，當時英國已經變成「日不落」帝國，擁有比本土大135倍的殖民地，許多英國家庭都希望子女能到海外發展，在殖民地發大財。可是，這年代的年輕紳士卻是滿腔熱血，到殖民地發展的動機，反而是希望做些有意義的事。做律師的莊士敦父親看見兒子喜歡寫作，也愛看歷史故事書，於是決定栽培兒子，把他送到菲勤賀學校 (Falconhall) 讀書，這所學校有東印度公司背景，專為培養海外公職人員而設，是一所「體育競技模式」的公學。在求學期間，莊士敦繼續他的寫作和閱讀歷史故事，尤其愛看英雄事跡，特別崇拜十四世紀領導蘇格蘭獨立戰爭的道格拉斯伯爵 (The Black Douglas)，[130] 莊士敦也開始產生維護家園的正義感。四年後莊士敦17歲，順利考入愛丁堡大學攻讀英語和歷史，但家裏並不安寧，母親揮霍無度，父親為了滿足她的奢侈生活，惟有對外舉債，結果負債累累，終日借酒消愁，對子女缺乏照料。[131] 莊士敦對此非常反感，不願與家人居住，決定離開愛丁堡，1894年10月終於如願以償，拿到牛津大學的獎學金，專攻現代歷史和法理學。[132]

---

[130] 當然還有和道格拉斯伯爵聯盟的蘇格蘭國王布魯斯 (Robert the Bruce，1306–1329在位)，他打敗仗後躲進磨坊失去意志，但忽然看到一隻在結網的蜘蛛，結網七次都被大風吹斷沒法成功，但蜘蛛沒有氣餒，終於在第八次結成了網。布魯斯得到了啟發，再鼓起勇氣召集軍隊中心征戰，結果終於打敗外敵。

[131] Shiona Airlie, *Scottish Mandarin: The Life and Times of Sir Reginald Johnston* (Hong Kong: Hong Kong University Press, 2012), pp. 4–7.

[132] 根據張志超所述，莊士敦在牛津攻讀的科目還有英國文學。張志超著：《習慣、規範與鄉村秩序——以英租威海衛時期的華人民事訴訟為視角》（濟南：山東大學碩士學位論文，2009），頁84。

這兩門科目是牛津大學應對社會的新發展在1853年開辦的，1854年更推出《牛津法案》，把牛津大學導師的職業性質學術化，導師不能像以前僅是教書，從此也須參與科研工作，[133] 當時牛津的教育改革，令十九世紀後期的學生不再是當年赫德不肯雇用的高傲自大「野蠻人」，或完全不懂現代知識的「古老石山」。在牛津改革的歲月裏，莊士敦明白到學術研究的重要性，對新知卓見要感到興趣，做人不可固步自封。

1898年11月，莊士敦在六百多名考生中脱穎而出，成功獲聘為殖民地部的東方官學生，開始他的「開拓型官員」生涯，與另一位也考上東方官學生的金培源 (Joseph Horsford Kemp)，一起乘船前往香港。在接近兩個月的漫長旅途上，莊士敦閱讀了許多與香港有關的報刊，發覺同年日本和歐洲列強正在瓜分中國，弱小的後者全無還擊之力，英國在中國倚強凌弱，進行殖民地擴張行為。這與1603年蘇格蘭國王詹姆士六世 (James VI，1567–1625在位) 繼承伊莉莎白一世 (Elizabeth I，1558–1603在位) 成為英格蘭國王之前，英格蘭以外來人身份，不斷侵犯蘇格蘭土著無異。[134] 同船的金培源是愛爾蘭人，生於靠近都柏林的德羅赫達 (Drogheda)，是比北愛地區較窮困的城市，與莊士敦有相同話題，因為他們兩人的祖先一樣説凱爾特語 (Celtic)，與英格蘭的盎格魯－撒克遜 (Anglo-Saxon) 人屬於不同民族，在語言、文化、經濟、特別是宗教的差異下，[135] 愛爾

---

[133]　杜智萍著：《19世紀以來牛津大學導師制發展研究》(內蒙古：內蒙古大學出版社，2011)。

[134]　蘇格蘭人的祖先是土著塞爾特人 (Celt)，英格蘭人的祖先是外來的盎格魯－撒克遜 (Anglo-Saxon) 民族。

[135]　愛爾蘭大部分農民信奉天主教，在東北部工業城市例如烏斯特 (Ulster) 的小部分資產階級信奉新教。

蘭在金培源出生的1870年代也提出自治，加上他曾在南非讀過書，[136] 知道英國人與波耳人因發現鑽石而發動戰爭，南非黑人的投票權和土地擁有權被限制。[137] 金培源和莊士敦這一代年輕紳士，是英國1833年《廢奴法案》(*The Slavery Abolition Act*) 的擁護者，反對以武力鎮壓、掠奪殖民地資源的「嚴厲帝國主義」(whole-hearted imperialism)，主張文明教化殖民地、取締剝削和奴隸買賣的「溫和帝國主義」(moderate imperialism)，當然對宗主國侵略中國的行為感到尷尬。也許是這原因，金培源到港不久後，加入了負責維護公義的律政署 (Department of Justice)，這個選擇與他來港前的經歷顯得理所當然，在任期間關閉所有鴉片煙館、中西妓院、禁止妹仔買賣等不平等制度，金培源竭力執行自由黨新冒起的一群現代紳士官員的指令。[138] 至於莊士敦當官後「行公義」的方法，則隨著他的中國學養日深，就越覺得英國現代紳士維護公義的方法不足。讓我們在下文看看他往後心路歷程的變化，還有他彰顯公義的不一樣的方法，如何成為在殖民地闖出新天地的「開拓型官員」。

入職港府之前，官學生必須先到廣州學習粵語。為了親身體驗中國的風土人情，[139] 港府不允許他們住在歐洲人社區，所以安排以前滿人居住的衙門，成為官學生的宿舍。在廣州學習期間，官學生

---

[136] Shiona Airlie, *Scottish Mandarin: The Life and Times of Sir Reginald Johnston*, pp. 8–18.

[137] 1892年的《選舉與投票法案》(*The Franchise and Ballot Act*) 和1894年的《格倫‧格雷法令》(*The Glen Grey Act*)。

[138] 當然，也與英國自由黨首相阿斯奎斯和勞合喬治的自由平等政策和強力要求香港廢除有關不平等制度有關。

[139] Henry J. Lethbridge, "Hong Kong Cadet 1862–1941," in Henry J. Lethbridge (ed.), *Hong Kong: Stability and Change* (Hong Kong: Hong Kong University Press, 1978), p. 37.

須參觀中國人婚禮、葬禮等禮儀，讓他們近距離感受中國人的風俗習慣。官學生也可自由出入社交場所，結交華人朋友，莊士敦就上過俗稱「花艇」的船上妓院，「入鄉隨俗」讓兩個女孩坐在他的膝蓋上，[140] 又看見「花艇」上的幾個中國商人飯後躺著吸食鴉片。[141] 儘管受盡誘惑，但莊士敦並沒有沉淪在毒品和女色之中，反而見過中國人墮落的一面之後，更埋頭做好本分讀好中文，應付每半年一次的漢文考試。1898 年香港接收新界之後，地主須要拿出土地契約，可是港府發現當中有虛假文件，所以莊士敦 1898 年夏天到港府履新後，負責處理行政局和立法局文件不到數星期，就被調往到新界檢查土地契約的真偽，由於數量太多，所以工作量非常之大。不過莊士敦仍然不辭勞苦，十分認真檢查契約，也體驗到中國人不太誠實的作風，覺得輔政司駱克 (James Stewart Lockhart，1895–1902 在任) 說中國人是多疑的民族 (“a suspicious race”) 言之有理，因為在華人圈子裏，做假的事情司空見慣，人與人之間缺乏互信，尤其是對陌生人，所以須要依賴人際關係來減低風險，[142] 這些經驗令莊士敦看到中國文化不足的地方。

港督卜力 (Henry Arthur Blake，1898–1903 在任) 十分欣賞莊士敦的工作態度，特別是有獨立主見，沒有阿諛奉承，[143] 而且看見他的中文進步神速，所以在 1899 年 8 月助理輔政司白高 (John Gerald

---

[140]　Shiona Airlie, *Scottish Mandarin: The Life and Times of Sir Reginald Johnston*, p. 18.

[141]　同上註，頁 22。

[142]　Frank Welsh, *A History of Hong Kong* (Harper Collins, 1993), Chapter 6.

[143]　Shiona Airlie, *Scottish Mandarin: The Life and Times of Sir Reginald Johnston*, p. 27.

Buckle）生病請辭後，決定破例由入職不足一年的莊士敦接任，成為署理助理輔政司（acting assistant colonial secretary）。駱克勉勵他的新任副手說，如要更上一層樓，就應該研讀中國的歷史和哲學。莊士敦沒有令駱克失望，他不但自此非常熱愛中國的傳統文化，還摒棄基督教思想潛心學佛，學習如何透過靜默悟道修煉心性。[144] 1900年底被調往總督府成為卜力的私人秘書，工作沒有在新界的時候忙碌，令莊士敦可以有更多時間學習漢文和研究佛學。在1901年更以「林紹陽」（Lin Shao Yang）為筆名，在倫敦出版《一個中國人關於基督教傳教活動向基督教世界的呼籲》（*A Chinese Appeal to Christendom concerning Christian Missions*），批評傳教士恫嚇人說不信上帝就要下地獄，令人入教的動機是內心恐懼，而不是渴求真理，結果莊士敦被英國同胞視為異類。

　　1902年7月，莊士敦的父親去世，卜力給了莊士敦好幾個月大假，讓他返回愛丁堡送喪，但莊士敦竟然趁機去了雲南（西雙版納）、越南北部的東京、緬甸北部的撣邦和泰國等南傳佛教聖地，觀摩上座部佛教文化的鼎盛與輝煌，[145] 學習修道除惡，消滅人性的貪嗔癡。當然，莊士敦也看到英國政府勾結英商在撣邦大規模種植罌粟運往中國銷售，[146] 自然覺得感慨萬分。然而，莊士敦不送喪去

---

[144]　美國University of Virginia的Professor of Psychiatry Bruce Greyson在2011年由Upper TCV Dharamsala舉辦的"Cosmology and Consciousness Conference—Mind and Matter"中，舉出了很多例子證明意識可以影響身體變化。

[145]　Shiona Airlie, *Scottish Mandarin: The Life and Times of Sir Reginald Johnston*, p. 30.

[146]　王可著：〈「金三角」大毒梟坤沙的縱橫一生〉，《愛情婚姻家庭（冷暖人生）》，2008年第3期，轉載自西南政法大學毒品犯罪與對策研究中心，進入網站日期：2016年3月13日，http://www.swupl.edu.cn/dpfz/content.

了拜佛，其實是另有原因，那就是沒法面對母親揮霍無度的後果。原來父親去世後來不但沒有遺產，反而大量債主登門追債，父親一共欠下 29,000 英鎊，與當時愛丁堡平均每週 5 英鎊的工資比較，實在是個天文數字，不獨莊士敦沒法代還，去世的父親更要被迫破產，愛丁堡家裏的所有物件被債主拍賣。不過，此時的莊士敦已學會了中國的孝道，無論母親如何做錯，他不但沒有出言責怪，還自此照顧她的生活，把自己的所有積蓄 350 英鎊寄往愛丁堡，好讓母親另找地方租住安定下來，以後還不斷寄錢給她維持生活。[147] 再説佛教聖地之旅，在離開雲南進入越北的途中，莊士敦決定不再雇用翻譯，並請他把 15 件載滿食物和棉被的行李帶返香港，只餘下隨身個人日用品繼續行程，覺得這樣才可體驗沒有文明的生活，去除物質的引誘，自己才能專心修行和覺悟。[148] 莊士敦這段時期的行為，反映出他對中國的傳統文化感到極大興趣，不論是孔子説要奉養父母的孝行，還是老莊的返璞歸真，莊士敦都身體力行，盡情領略箇中意義。

莊士敦也潛心鑽研儒學，對中國內地的人和事非常嚮往，[149] 不久果然有機會被調往內地工作。事緣駱克在 1902 年成為首任威海衛文職行政長官，不久他的副手羅伯特（Robert Walter）因事請辭返回英國，駱克馬上向殖民地部推薦莊士敦填補職位。1904 年 5 月莊

---

asp?did=&cid=861467051&id=906636627。

[147] Shiona Airlie, *Scottish Mandarin: The Life and Times of Sir Reginald Johnston*, pp. 31–32.

[148] 同上註，頁 33。

[149] 根據 Airlie，莊士敦也因恐怕有一天，父親的債主打聽到他在香港的消息，走來追債。Shiona Airlie, *Scottish Mandarin: The Life and Times of Sir Reginald Johnston*, p. 34.

士敦來到威海衛後不久，駱克給了他一個重任，就是把英王愛德華七世 (Edward VII，1901–1910在位) 的畫像帶到曲阜，令莊士敦有機會拜訪孔廟，親臨儒學聖人誕生之地。雖然在曲阜只是短短逗留了兩天，但莊士敦看到中國歷朝紀念孔子，竟然幾千年矢志不渝，除了建造幾百英畝的龐大綜合建築物之外，又封孔子後人為「衍聖公」公爵以示尊敬，讓他們好好守護祖廟，傳承華夏的精神文明。中國人世世代代尊崇孔子精神，令莊士敦非常感動，並覺得儒學是中國的文化寶藏和思想資源，自己要真正治理好威海衛的話，非要研究孔子的道理不可。自此莊士敦苦讀大量儒家經典和傳統學問，不但搖頭晃腦背誦唐詩，也勤奮學習中國琴棋書畫、詩詞歌賦。日子有功，莊士敦的官話比許多中國人說得更加流利，也為自己起了一個別名叫「莊志道」，以表明樹立《論語》「士志於道」的精神。莊士敦對佛學深感興趣，其實是與明末心學大儒王陽明 (又稱王守仁) 一樣，沒有出家的意圖，只是借助佛教的「唯識學」來「格物致知」。為了觀摩如何辨識正邪，1908年莊士敦登上五台山、九華山、普陀山考察佛教聖地，途中撰寫了《從北京到瓦城》，1913年再上普陀山，同年出版《佛教中國》，可見他對以佛補儒的做法非常迷戀。

對於威海衛的工作，莊士敦覺得是個可以一展抱負的地方，因為威海衛的政治局勢可算穩定，滿清政府已到頻臨滅亡的階段，沒有對威海衛被強行租借有太大的反抗，對英國政府來講，租借威海衛只是平衡俄羅斯佔領旅順的影響，所以殖民地部也不太理會威海衛的內政，加上行政長官駱克同樣是個洋儒，非常認同莊士敦的能力和做事作風，所以主動推薦莊士敦來威海衛工作，讓他全權治理威海衛以南的地方。自此，莊士敦全心全意以儒家「父母官」的方

式辦事，[150] 威海衛的生活條件遠比香港落後，沒有電力也沒有電話，其至連一條像樣的車路也沒有，衛生設施也非常原始，但莊士敦並沒有埋怨，反而向駱克表示不介意過著原始和樸素的生活，被殖民地部的同僚形容是「一個願意生活在野地裏的怪人」。[151] 因為學習儒學的關係，莊士敦喜歡威海衛保留中國風貌，沒有香港的西化，反而看到很多儒家禮教和中國文化的原狀。當時威海衛的人口不多，大約有12萬人、330多個村鎮，[152] 除了擔任區務官 (District Officer) 之外，莊士敦也是審理案件的裁判官，負責最多人口的南部地區。聽到民眾訴說冤情未能上達，莊士敦於是在路邊設置「訴狀箱」，取消層層上遞的慣例，案件直接由他處理，杜絕下層官吏向民眾濫收費用，也避免村長鄉紳從中作梗。法庭無論審理刑事或民事訴訟，都公開進行。可是，訴訟雙方都會都帶來口齒伶俐的親友在法庭爭論，以便振振有詞誇大口供，甚至捏造事實，假扮證人轉移視線。鑒於華人的口供和證據不可信，為了審案公正，在經費許可的情況下，莊士敦多會騎馬到現場親自調查，又仔細分析和耐心盤問，務求找出事實的真相為止。莊士敦認為：「如果完全按照英國法律用證據來審理，嚴格遵從訴訟雙方在法庭上提供的資料來判斷，除了偶然例外，一般都不能得到公正的處理。」[153] 除

---

[150] 孔子的學生字游任武城宰，言談之間認為父母官應該光明磊落，不投機取巧，不假公濟私，不巴結權勢，不利用人際關係辦私事。

[151] 〈莊士敦：一個孤獨終老的怪人〉，《山東往事》，山東廣播電視台公共頻道，2013年5月6日播出。

[152] 數字根據駱克的《年度報告1901》，轉載自張志超著：《習慣、規範與鄉村秩序 —— 以英租威海衛時期的華人民事訴訟為視角》(濟南：山東大學碩士學位論文，2009)，頁23。

[153] Reginald Fleming Johnston, *Lion and Dragon in North China* (London: John Murray, 1910), p. 108.

此以外，莊士敦還會對罪犯灌輸聖賢之道，向他們進行孔孟身教的「德治」。還有南宋儒學的「事功」，莊士敦認為要管治威海衛得宜，就須多做起橋築路等利民措施，特別是「救人助人之義」。[154] 莊士敦身份是英國殖民地官員，行為卻像個中國士大夫，以「父母官」的姿態施政，徵稅比之前的中國官吏少得多，仲裁糾紛公正嚴明，又不收任何費用，當然大受民眾的歡迎，在威海衛的民望非常之高。[155]

莊士敦的開拓性作為不限於此，為了中英兩國的共同福祉，他曾分別向兩國高層提出非常大膽的建議，例如1917年11月向英國當局提議把威海衛歸還中國，[156] 他的解釋是因為1905年日俄戰爭結束後，平衡俄羅斯佔領旅順的軍事勢力已經不再需要，所以英國在威海衛的中國軍團翌年已經解散，而英國花費大量資源管理威海衛已經再無好處。對莊士敦的言論，自由黨政府感到當頭棒喝，駐華

---

[154]　張志超著：《習慣、規範與鄉村秩序——以英租威海衛時期的華人民事訴訟為視角》，頁87。

[155]　同上註，頁37。

[156]　當時駱克外訪日本、香港和孟買，莊士敦利用代理行政長官一職之便，所以有機會直接與英國當局對話，又因為駱克已接近60歲，且身患痛風症，快要退休，所以莊士敦覺得大膽一點的言論，對駱克不會影響太大。但當莊士敦的建議未被英國當局採納，後者更限制外商在威海衛投資，莊士敦是一個非常有抱負的人，覺得在威海衛再難發展，所以萌生去意。雖然他申請了好幾次調職，但一直未能如願，直至1919年1月2日，可能莊士敦聽聞當局要他離開中國外調他處，所以在威海衛寫給駱克的一封信函表達了如下心跡：「我恐怕沒有機會在中國繼續工作了。如果去其他國家工作，我會像是離開了水的魚……如果這個國家和以前你我所熟悉的那個幸福的國家一樣，我將會很開心地退休，領著我的退休金，躲到西山，用我剩餘的時光來寫作，看著我種的樹長大、我種的花開。但是恐怕要一段時間，中國才能恢復以往的平靜和秩序。如果是這樣我只能返回英國。」轉載自崔瑩：〈帝師莊士敦：離開溥儀的日子〉，《騰訊文化》，2015年3月9日，進入網站日期：2015年12月22日，http://cul.qq.com/a/20150309/057065.htm。

公使朱邇典 (John Jordon，1906–1920 在任) 也非常贊同，[157] 為了表揚如此有用的建議，1918 年首相勞合喬治向王室推薦頒發司令勳章 (CBE) 給莊士敦。[158] 又例如 1919–1924 年莊士敦應邀進入毓慶宮，成為滿清末代皇帝溥儀的外籍帝師，他向溥儀三鞠其躬，跟足士大夫傳統行君臣之禮。[159] 在莊士敦的教導下，溥儀敢於打破常規，包括學習英語、數學、西方歷史、博物、地理等西方之知識，更把自己和宮中侍臣的辮子剪去，穿西服，配眼鏡，打網球，買汽車，裝電話，會見外國使節，改革宮廷財務制度，要成立皇室財產清理處，[160] 精簡宦官隊伍等等；最後更因宮廷經常失竊，徵詢了莊士敦的意見後，溥儀把全部太監趕出紫禁城，造成翻天覆地的變化。莊士敦把理想寄託在溥儀的身上，希望有一天重建大清皇朝，皇帝能根據他的理念和方法改革，令中國創出新的天地。[161]

赫德、駱克、莊士敦等洋儒皆有騎士型官員、顯公義官員、開拓型官員、英式士大夫等混合人格，深受儒學文化所影響，他們認為西方維護「消極自由」的施政方式，並不能解決中國獨特的社會

---

[157] 因為 1916 年 6 月袁世凱逝世後，中國軍閥割據形勢混亂，主權不明朗，英國交還威海衛要到 1930 年才可實現。

[158] Shiona Airlie, *Scottish Mandarin: The Life and Times of Sir Reginald Johnston*, p. 139.

[159] 資料來自莊士敦著作《紫禁城的黃昏》(譯者高伯雨) 1964 年 12 月 26 日的前言。

[160] 因為宮中各人大力反對，所以清理處後來辦不成。

[161] 做完帝師之後，莊士敦發覺小皇帝對自己的意見照單全收，感到開心不已，所以對中國依依不捨，改變自己之前的想法，希望延遲歸還威海衛，向殖民部提出許多延遲歸還土地的方案。但威海衛回歸已是大勢所趨，莊士敦惟有在 1930 年 10 月 1 日代表英國政府參加歸還儀式，然後卸任行政長官一職回國。資料來自高偉希著：〈英租威海衛末任行政長官莊士敦〉，《威海新聞網》，進入網站日期：2015 年 12 月 22 日，http://www.whnews.cn/news/2007-08/08/content_1203873.htm。

問題，反而中西合璧追求「積極自由」，才是治理社會不公不義的較有效方式。

　　讓我們把上述五類官員的品質和思維總結一下（見圖表3），成為本書繼續分析其他殖民地官員的標準和框架，特別是探究洋儒和中國通官員如何製造量度得到或看得到的社會公義。

圖表 3　洋儒與中國通官員的人格類型

官員類型	人格類型
騎士型官員	一種從軍心態的「德行論」人格，例如有無懼勇氣（courage）、自律忍讓（disciplined）、盡力而為（endeavour）、誠實不詐（integrity）、忠心耿耿（loyalty）等等
擺架子官員	一種崇拜理性的「後果論」人格，例如喜歡「古典經濟學」（classical economics）的自由放任，反對政府干預，贊同汰弱留強，為人高傲、固執、自負（arrogance, obstinacy and snobbery）等等
顯公義官員	一種屢敗屢戰的「責任論」人格，例如有體育精神（a sportsmanship to fight again）、公平競爭（fairness）、團隊精神（teamwork）、良好輸家（good loser）、友誼第一（friendship）、尊重對手（respect）等等
開拓型官員	一種勇於開拓的「政治倫理」（politics-ethics）人格，不界定事物對錯，有決斷能力（decisiveness）、肩負責任（responsibility）、無私奉獻（dedication）、有號令能力（the ability to command）、願意冒險（adventurous）等等
英式士大夫	一種跨越文化種族的「後設倫理」（meta-ethics）人格，對中國的傳統文化感到極大興趣，喜歡與西方文明相比，把自己的價值觀重新設定，愛用哲理深入分析事物對錯，按分析結果勇於推翻或保留傳統

第5章
兩代洋儒如何走出中式倫理困局

　　從莊士敦的事例看，他與「顯公義官員」赫德利用儒家文化、填補現代管理的灰色地帶來杜絕貪污不一樣，屬於「開拓型官員」的莊士敦把中西文化互相優化來開拓理想。換句話說，雖然他們一致認同利瑪竇的「適應策略」和「以德治國」，但他們對如何改善中國「管治專制主觀」和「道德流於表面」的問題有兩種不同反應，赫德採取以長補短、互相平衡、中西合璧的方式，莊士敦則以運用活學活用、靈活變通、時中時西的策略。不過，雖然兩人都十分欣賞中國的傳統學問，可是也發現了儒學幾千年積習已久的倫理困局。讓我們繼續看看，他們分別採用甚麼方法，去打破士大夫幾千年應付不了的問題。

　　對於中國皇權「管治專制主觀」和官員「道德流於表面」的問題，赫德注意到儒學曲高和寡、過於抽象和並不普及的方面，有學問的士大夫數量在官場上總是不多，[1] 他們往往處於有絕對權力的皇權之

---

[1]　根據瞿同祖按侯方域的資料指出，一個縣衙雇用的書吏小則幾百至一千人，大則兩三千人；但在清朝267年間，進士出身的士大夫人數只有兩萬六千多人。瞿同祖著，范忠信譯：《清代地方政府》（北京：法律出版社，1962 [2003]）。

下、腐敗不堪的中下層官吏之上，所以晚清有政令不達的尷尬，[2] 也有士大夫敢於直諫，卻落得開罪權貴的下場，例如翰林院的陳寶琛和梁鼎芬，因為得罪了慈禧太后，結果被剝奪權力地位，惟有辭官回鄉歸隱。如此忠言逆耳的例子，在歷史上多的是。不過，士大夫是抱擁理想主義的人，必然會以儒家的道德典範作為自己的行為標準，有一套嚴謹的辦事方式，不用別人督促或監管，也會遵從傳統道德禮教做事，正如孔子所言：「其身正，不令而行；其身不正，雖令不從。」可是，縱觀中國歷史，最高當權者往往不是憑科舉入仕的官員，而是皇帝、後宮、外戚、甚至宦官，負責執行政令的地方官吏也大多不是進士出身，而是靠世族門蔭進入官場。儘管歷代有識之士已不斷進行改革，堵塞了不少招考制度的流弊，但反而令士人變得更加高雅超脫、蔑視權貴的孤傲氣質，令他們幾千年來難以衝破孤掌難鳴的困局。

　　1866 年 2 月 2 日，在與總理各國事務衙門（下文簡稱為「總理衙門」）一眾士大夫（包括寶鋆、董恂、恆祺、崇綸、譚延襄、徐繼畬）商談恰克圖邊境電報、吳淞鐵路、[3] 使節派遣等事情的會議上，[4] 赫德向他們保證不會做任何令總理衙門不快的事情，並承諾會遵從孔子之道「不可則止」，[5] 但董恂卻勉勵赫德不要完全按照孔子的道理做

---

[2]　蕭武：〈晚清憲政失敗原因：精英要權力 平民只是旁觀者〉，《書屋》，2010年 4 月 30 日，進入網站日期：2016 年 1 月 13 日，http://news.ifeng.com/history/zhongguoxiandaishi/special/shehui/detail_2010_04/30/1474735_2.shtml。

[3]　英美商人向清政府總理衙門申請，修建由吳淞至上海的鐵路，以便船隻泊於吳淞再以陸路通往上海，避開黃浦江淤塞、大型船隻未能靠岸的問題。

[4]　總理衙門是《天津條約》簽訂後，西方列強公使進駐北京，為了應付新的需要，滿清政府在 1861 年 3 月成立總理衙門，作為中國的外交機構。

[5]　也可能意指《論語‧先進篇第十一》中的意思，即是說自己會做一名「以道事君」的大臣，而不是只會聽皇帝吩咐的具臣。

人，[6]他向赫德説：「哦，不，要按照前半句，『忠告而善道之』去做，但是不要以後半句，『不可則止』指導行動。」[7]當時同治帝載淳（1861–1875在位）未滿十歲，由嫡母慈安太后和生母慈禧太后共同掌權。在這個新的權力架構下，晚清士大夫不再秉承君臣倫理的愚忠，但他們卻不想自己提出改革，赫德正是他們心目中最理想的代言人，所以董恂向赫德説，如果別人不聽從，也不應罷休，不要理會孔子「毋自辱焉」的告誡。赫德當然明白董恂這番説話的含意，也發覺士大夫之間有黨派之爭，許多事情董恂等人不便公開發表意見。赫德因此在日記裏這樣寫：「今後在他們面前説話做事真的要謹慎小心。有一件事是肯定的，對一個人冷落，便激怒了所有的人……對一個人友好，便取悦了所有的人。」[8]赫德開始明白中國的官場生態，士大夫坐不穩，就是「不會做人」，最高級的士大夫能夠處於一人之下，萬人之上，就是皇權貴族看中他們的清高和愚忠。反過來看，一些能夠成為數朝元老的士大夫，其實是已經磨練到既謙謙君子、又圓滑老練的地步，英國駐華公使威妥瑪就説過董恂是「我所知道的最有成就的説謊者」，[9]不過太過圓滑老練的話，説話便不夠真心和直接，理想就會變成空談。就是這原因，滿清的改革遲遲未能進行，也是多年來士大夫心有餘力不足、充滿理想卻不敢行動的尷尬境況。不過，自從幾年前六歲小皇帝同治帝即位後，董恂

6　董恂就是受派遣代表滿清政府與歐洲各國簽訂通商條約的全權大臣。

7　出自《論語・顏淵》，進入網站日期：2015年11月20日，http://zhonghuawm.com/contentxuup8897。

8　司馬富等人編，陳絳譯：《步入中國清廷仕途：赫德日記（1863–1866）》（北京：中國海關出版社，2005），頁445。

9　〈董恂的待客之道〉，《時拾史事》，進入網站日期：2015年11月20日，http://chuansong.me/n/747702。

等人終於等到不用向皇帝婉轉說話的一天，也正是士大夫可以做一番大事的時候了，不過同治帝背後的皇權仍然專制主觀，1865年3月5日（同治四年）恭親王被彈劾，以「攬權納賄，徇私驕盈，目無君上」為理由，慈禧太后把恭親王的「議政王」頭銜革除掉，雖然各大臣求情為恭親王保住了總理衙門首席大臣一職，但自此一眾士大夫對改革不敢再公開表態。

面對這個中國幾千年來君臣倫理的困局，赫德覺得自己可以助總理衙門一臂之力，做一些總理衙門不敢做的事，藉此實踐儒家的「大同社會」和「天下為公」，追求比「社會公義」更高更大的理想。恭親王被革除「議政王」頭銜後不久，赫德在1865年11月6日向總理衙門呈上《局外旁觀論》，他認為中國官員「盡職者少，營私者多」，軍隊「平時拉弓舉石，只講架式，股肱怠惰，止得養鳥消遣」，知識分子「書籍非不熟讀，詩文非不精通，使之出仕，而於人所應曉之事，問之輒不能答」。[10] 因此，他建議中國應學習西方的長處，整頓財政和加強外交，而最關鍵之處就是提升官員的質素，例如高薪養廉、本省居官、明理為官等等。《局外旁觀論》對改善文武官員有以下方案：

> 文之要惟各官俸祿。各等官員，應予以足敷用度定數，不致在外設法得錢。陞官加俸，查明署內應用人若干，並准

---

[10]　詳細內容是：「政治上：『盡職者少，營私者多』。財政上：『官之下取於民者多，而上輸於國者少』。軍事上：軍隊『平時拉弓舉石，只講架式，股肱怠惰，止得養鳥消遣』；『兵勇之數，動稱千百萬，按名排點，實屬老弱愚蠢，充數一成而已』。知識界：知識分子『書籍非不熟讀，詩文非不精通，使之出仕，而於人所應曉之事，問之輒不能答』；『一旦身居民上，安能剔弊釐奸』。」轉載自李揚帆著：〈別了，羅伯特·赫德！〉，《晚清三十人》（北京：世界知識出版社，2008），第二部分，第27節。

開銷經費……武之要在兵精不在多，兵法兵數兵餉，均有應改，各省若有兵五千人，常留營內操練，不准出外謀生，十八省不過九萬之多。比此時百萬，得力而省，京都另養一萬之數，此費可於洋稅扣滿四成之後支銷。再文武應准本省居官，為官係明理之人，在本省熟悉風俗語言，若署內有舞弊，較外省來人，更易查出，其餘一切事宜，日後可隨時設法整頓，必致國安民富。

赫德敢膽向總理衙門呈上《局外旁觀論》，當然除了得到董恂等士大夫鼓勵之外，也因為自己有前英國官員的特殊身份。不過，這兩點只能幫助恭親王向上條陳奏請兩宮下旨，命令各沿海督撫及通商大臣研究改革建議。但如果赫德要真正令皇權和保守官員相信自己的話，就要讓朝廷上下看到《局外旁觀論》的作者，是個謙虛十足的(洋人)士大夫，也是個道德清高、一心為滿清政府做事的(英國)人。故此，赫德不時警惕自己小心做事不能犯錯，他經常在日記向上帝立志做個「思想純潔、說話誠實、行為正直」的人，[11] 也要向幾千名關員示範自律的重要性。例如1873年4月赫德就曾因為自己失察，沒有查驗出一個副稅務司失職令海關損失了23,000兩銀子，惟有用自掏錢包填補這個虧空。[12] 赫德除了要求每個關員按照海關規則嚴格執行任務，也設計了一套讓朝廷上下不用猜測中國海關有否如實上繳關稅的系統。正如司馬富、費正清、布魯納在《赫德日記》中指出：

---

[11] 司馬富等人編，陳絳譯：《步入中國清廷仕途：赫德日記(1863–1866)》，頁443。

[12] 袁騰飛著：〈晚清中國唯一的「零貪腐」衙門〉，《袁游》，進入網站日期：2016年2月12日，http://ding.youku.com/a/id_XNDAzNzY=.html。

> 每個口岸由一名外籍稅務司為首、配備外籍助手（洋班幫
> 辦）和中國文案、司事及其他下屬，組成海關內班，致力於
> 一個充滿吸引力卻十分有限的目標——確定按照稅則應納
> 關稅，並證明稅款已繳入清政府海關監督（通常為地方最高
> 官員道台）指定的海關銀號。外國稅務司署自身並不收款。
> 它只告訴北京各口岸每一季度收到若干。一直到1910年赫
> 德去世以後，事實上，到1911年清朝結束之時，這一做法
> 始終是海關成功的基礎。[13]

　　呈上《局外旁觀論》、廉潔管理中國海關、利用洋稅支持中國改
革等等措施，就是赫德幫助總理衙門巧妙避開慈禧太后的「管治專
制主觀」，讓士大夫的理想變相付諸實行，不再被困於被皇權操控
的尷尬局面，也可以自行招聘和培養關員，把德行實踐與職業升遷
掛鈎，避免「道德流於表面」的問題。

　　莊士敦對待中國的「管治專制主觀」和「道德流於表面」則另有
一套對策。他沒有把皇帝和士大夫不足之處放在心上，卻反過來把
他們優秀的地方發揚光大。莊士敦看見儒學其實是一套生活智慧，
對淨化人心和改造社會非常有效，只是中國幾千年來讀聖賢書並不
普及，有機會學習孔孟之道的人不多，而且大都以考取功名為目
的，並不是為了學習做人的道理。就算是1911年滿清被推翻後，
一群受過西方教育的知識分子竭力把知識普及化，提倡書報採用與
口語相似的白話文，認為如此可令更多人看懂文章，更有效普及知
識，但傳統道德卻變得空白，舊中國的禮教蕩然無存。莊士敦對此

13　司馬富等人編，陳絳譯：《步入中國清廷仕途：赫德日記（1863–1866）》，
　　頁18。

覺得非常可惜，中國正走向西方道德淪亡的舊路，雖然莊士敦不再相信基督教，但在公學的「宗教和道德最重要，紳士風度和男子氣概第二，知識才第三」理念下，他把中國傳統道德放在很重要的位置，認為學習白話文對改善惡習沒有幫助，民眾仍然缺乏公德意識，做事照舊依靠裙帶關係，社會不能進步，所以莊士敦認為要把中國傳統的仁愛、惻隱、正直、誠信等適用在社會人際關係的公德好好保存，不應把西方強調自私自利的「消極自由」硬套在中國人身上。中國落後的真正原因，不是被資本家剝削，也不是知識沒有普及，而是儒家的社會道德沒有真正的大眾化，孔孟之道沒有被視為人人應學的生活智慧。所以莊士敦有以下論述：

> 不僅在中國的文化及宗教中，而且在中國的社會結構中竟然存在著如此眾多的真正值得欽慕和保存的東西……無論東方還是西方都處在各自社會發展的試驗階段，因此，不管對哪個半球而言，把自己的意志和理想強加給另一方是不明智的，同樣，快速放棄自己的獨有的理想則是危險的。[14]

1912年，看見康有為和陳煥章組織「孔教會」，莊士敦如獲至寶，馬上以外國人身份捐款，對能夠加入「孔教會」覺得非常榮幸。與另一位加入「孔教會」的洋儒李提摩太 (Timothy Richard) 一樣，[15]

---

[14] 鄧向陽編：《米字旗下的威海衛》(濟南：山東畫報出版社，2003)，頁 37；王娞著：〈《1901年樞密院威海衛法令》與英國在威海衛的殖民統治〉，《華東政法大學學報》，第2期，總第57期 (2008)，頁155。

[15] 李提摩太是英國傳教士，他在《孔教論》作序，說中國有賴孔子，才成為「敦化最著之邦」。

莊士敦認為中國有賴儒學，故此成為「敦化最著之邦」。同一道理，莊士敦十分認同梅光迪、胡先驌等人的新人文主義理念，這群留美中國學生提倡以儒家道德構建理想社會，所以在1922年1月出版《學衡》雜誌後，莊士敦馬上把這本反對西方個人主義、抗拒極端自由主張的刊物給予溥儀閱讀。1934年，莊士敦回到蘇格蘭後買了三個小島，佈置成為一個中國陳列館，放滿溥儀賞賜給他的古玩、書畫、瓷器等中國藝術品，每當有親友到來探望，莊士敦便穿上清朝一品官服，把滿洲國國旗飄揚起來。要合理解釋莊士敦在蘇格蘭建造「小中國」的行為，從他在香港當總督私人秘書、威海衛當「父母官」、北京當帝師的行徑和作風來看，莊士敦不是精神有問題的人，也不貪慕虛榮或喜歡炫耀地位。所以與其像一些文章以「怪人」或「念念不忘」來形容莊士敦，倒不如說因為近距離見過拜金主義的英國社會、歐洲列強在中國的野蠻行為，英國透過帝國主義和殖民地政策欺負中國，莊士敦實在感到不好意思。故此他排斥西方崇尚物質的個人自由主義，多年來在威海衛過著非常樸素的生活，只因為抱著贖罪心態，希望以外國人身份做好榜樣，也藉此鍛煉佛家體悟本心的功夫，並身體力行以洋儒姿態出現。從1904年5月至1919年2月這14年多，莊士敦在威海衛實踐孔孟之道，為中國開拓精神文明，盡心盡力做個中式「父母官」，擔任裁判官審案時循循善誘，用心向民眾講解中國古代哲人的做人道理；又在北京擔任帝師的時候，教導溥儀成為一個開明的君主，希望小皇帝明白「以德治國」的好處，尤其必須從最高權力的階層先做起。莊士敦不斷為中國人多做點好事，晚年在家鄉建造「小中國」，只是延續「開拓型官員」的邏輯，向世人展示儒學如何補充現代科學的精神道德缺失。莊士敦幾十年的儒學實驗告訴全世界，相比英式管治用法律來約制

人的行為，用中式儒學來教化人心更為有效，如果人人都是儒生或文化人，知書識禮的心態，不再是為求官名利祿，而是改變這個世界，為人類謀求幸福，便能解開中國人「管治專制主觀」和「道德流於表面」的困局。

讀到此處，大家可能不明白的是，既然儒學的道德和理想如此偉大，孔孟的生活智慧對管治那麼有效，為甚麼晚清士大夫卻偏離孔子的道理，反而改推「洋務運動」？為何民國時期知識分子以為單憑知識便可以救國，不再重視儒學的生活智慧，把中國的傳統道德拋諸腦後？所以下文我們須要比較一下，中英兩國傳統文化的轉折點，便能解開儒學淪落之謎。

第 6 章
從兩國傳統中解開儒學淪落之謎

　　當然，清末士大夫之所以輕視儒學，大規模學習西方的工業發展，滿清被推翻後，知識分子極力反對傳統的文言文，全國上下改用白話文，是因為他們看見孔孟的理想國度，在洋人面前竟然不堪一擊，所以對實踐了幾千年的儒學感到灰心，驀然把孔孟學説成是洪水猛獸。對清末士大夫和現代知識分子拋棄祖先的文化，赫德和莊士敦當然不敢苟同，但到底儒學哪裏出錯了？是孔子的道理只屬做人道理，不適合治國？還是士大夫在演繹儒學的途中出了問題？換句話説，儒家學説在中國沒有像紳士文化般在英國普及，有志氣的士大夫不會像紳士官員般奪取王室權力，為甚麼有如此大的分別？是甚麼原因令中國儒生在官場上節節敗退，例如1861–1865年恭親王從28到32歲大權在握，又受到一眾熱衷改革的士大夫支持，1865年同治帝只有10歲，西太后慈禧30歲不到，為何同年恭親王卻任由比自己小兩歲的慈禧革職？反而同樣是國家精英的英國貴族和紳士，卻能在政治的鬥爭中脱穎而出？為何眾多士大夫眼白白讓年紀輕輕的慈禧弄權革走恭親王？要解答這些問題，我們不得不深入探討一下歷史，究竟中國士人和英國紳士的發展何時及何故

出現一些轉折點，令他們產生不同的命運？找出的答案可能會幫助我們進一步明白，中英兩國傳統文化各自的優缺點；把他們互相比較，尤其是各自的道德背景和類型，我們便能解開儒學淪落之謎，也明白為何西方的洋儒和中國通，比東方的儒生和士大夫更能領略儒學的優點。

首先，中國士人與英國紳士相比，兩者同屬封建社會的產物，地位介乎官民之間，也一樣為朝廷或貴族效力，只不過紳士源自八世紀法蘭克王國的騎士，然後演變成為有武者精神的文人，他們處於王室和貴族之下、平民與奴隸之上。士人則源自公元前約1000年的西周，在天子與諸侯或卿大夫之下、庶民之上，進入官場後就變成士大夫。春秋戰國時代（公元前770–221），孔子對士人有如此定義：「行己有恥，使於四方不辱君命，可謂士矣。」[1] 因為士人與中古時代的西方騎士一樣，是最下層的貴族，所以有資格佩劍，他們自小學習禮、樂、射、御、書、數等六藝，所以文武雙全，對修養、禮儀、風度等都非常講究，忠君愛國，萬死不辭，比西方騎士有過之而無不及。

可是，春秋戰國時代的戰爭非常殘酷，打敗仗的士人惟有各散東西，失去田地後貴族地位不保；也有大夫的次子和庶子沒有土地繼承權，變成高級平民，須要依靠自己的能力另謀出路，又或輔助其他大夫、諸侯或國君再次變成士大夫；也有獨立自主的士人，到處漂泊不臣服任何宗主，運用自己的能力和思想，為別人扶危解困，例如儒家的文士、墨家的武士、法家的謀士、道家的隱士等等。直至法家謀士李斯入秦仕官，扶助秦始皇嬴政（公元前219–

---

[1] 此定義出自《論語·子路》。

210 在位）統一中國，結束了春秋戰國五百年來諸侯割據的局面。可是，秦朝用法制來強迫國民繳付重稅和無償勞動，秦始皇死後，宦官趙高掌權進行更殘暴的統治，推出誤期者死的嚴苛法律，令遇雨誤期的陳勝、吳廣等低階軍官被迫揭竿起義。雖然兩人起義失敗，但惹來農民也紛紛起義，群雄起兵反秦，法家士人治國以失敗告終。

漢武帝劉徹（公元前 141–87 在位）對董仲舒的「天人感應」、[2]「君為臣綱」等意見十分欣賞，[3] 覺得把皇帝神化，百姓便會敬畏君主，以儒家倫理代替政治思想，百官對皇室效忠就會變成意識形態。如此做法，不但可以把自己至高無上的權力合法化，也能減低管治成本，不用雇用大量軍隊，亦能維持國家秩序。於是漢武帝無視孔子「君使臣以禮」的道理，[4] 以罷黜百家為手段，興辦「太學」學府，獨尊董仲舒所謂的儒家文化，[5] 正如中國社會科學出版社原副總編輯李凌（2014）所言：

> 歷代帝王所尊崇的則是經過董仲舒、朱熹等人改造過的孔子。他們適應統治階級的需要 …… 片面強調孔子說過的

---

[2] 「天人感應」的意思，是皇帝施政的態度會影響天氣的變化。最初來自《洪範》中記載：「肅，時寒若」；「乂，時暘若」。

[3] 董仲舒以「君臣、父子、夫妻」三綱並列，幾千年來成為了中國人的傳統倫理基礎。

[4] 即是說皇帝要依禮對待臣子，後者則以忠誠來事奉前者，這才是君臣應有的倫理關係。

[5] 許多文章不同意董仲舒的三綱論是儒家學說，例如孫景壇的〈董仲舒非儒家論〉，《江海學刊》，1995 年第 4 期；又例如李凌著：〈這是對孔子思想的誤解 —— 從「君君臣臣父父子子」原意說起〉，《北京日報》，2014 年 4 月 14 日。

「臣事君以忠」，而抹煞「君使臣以禮」這個前提，也不提孔子「勿欺也，而犯之」的事君之道，只是要求臣下對國君絕對的順從；把孔子「君君臣臣父父子子」這句話解釋成為「君為臣綱，父為子綱」；把孔子思想中的保守因素（糟粕部分）加以膨脹、發展；把三綱、封建倫理道德當作儒學的正宗，用來當作鞏固封建統治的思想武器。

無論如何，漢武帝自此招攬書生發展儒學，政府培養文士成為忠於國家的學者，儒家文化從此被嚴重扭曲。再者，雖然任用大量儒生為官，選賢所使用的方式是察舉制，即由地方長官向上級推薦人才，試用和考核合格後任命公職，但過程往往被門閥世族所操縱，令權貴子弟親屬容易憑關係得到官位。[6] 此外，因為漢武帝不想失去權力，於是建立由內臣組成的中朝，藉此削弱外朝丞相的權力，結果西漢外戚為患，東漢太監攬權，整個漢代文武雙全的士人自此被文人化、順從化和閒置化，所以東漢後期出現流行民謠〈舉秀才〉，老百姓以「舉秀才，不知書；察孝廉，父別居；寒素清白做如泥，高第良將怯如雞」等歌詞，諷刺當時官員上下裙帶關係嚴重，導致朝政非常混亂，真正的有識之士卻被拒之於門外。

到了魏晉南北朝，為了解決漢代官員的腐敗問題，朝廷以九品中正制取代察舉制，由京官在自己出身的地方，按品格學識選拔人才到中央任職。可是，這也好不了多少，因為選拔的標準十分主觀，[7]

6　門閥是一種貴族化的官僚家族。

7　最初是以二品京官對地方官員的家世、才德、鄉品等方面作出個人評鑒。咸熙二年（264）開始改以忠恪匡躬、孝敬盡禮、友於兄弟、潔身勞謙、信義可復、學以為己等六個標準來挑選人才。

而且人才又被分成九品，[8] 結果高級的職位都被世家大族所壟斷，剩下的地方官員又不是人才，精英被夾在中間，形成「上品無寒門，下品無士族」的格局。由於士人自東漢起長期受到儒家禮教所制約，統治者利用儒家的名教系統，令社會各階層不得做出超越自身階級應有的行為，否則就被視為「僭越」，例如諸侯不得僭越天子，大夫不得僭越諸侯，庶子不得僭越嫡子，[9] 總之尊卑有序，不得以下犯上。還有禮教森嚴的程度，早已到了喪失生命力的地步，結果變成繁文縟節，令人產生反感。加上漢末天下大亂，百姓生靈塗炭，有識之士開始蔑視傳統和禮教，到了魏晉時代的士族更作出反撲，例如魏末晉初「竹林七賢」之一的名士阮籍，[10] 因為三歲喪父，自小由母親撫養成人，本是一個很孝順的人，但他對理想非常執著，非常不滿禮教的虛偽、世俗的欺詐和文人的墮落，[11] 所以在母親去世時故意飲酒吃肉不守禮，結果因過分壓抑悲哀而吐血。可見當時在被嚴重扭曲的儒家文化下，士人是如何的悲哀和無奈。

　　為了改革九品中正制的流弊，隋朝採用公平考試來選拔賢能，於是設立科舉制度，由成績優異者當官，令出身寒門的精英也可憑科舉入仕。在如此的安排下，隋文帝楊堅（581–604在位）設立「秀才」，隋煬帝楊廣（604–618在位）增設「進士」。可是，「道高一尺，魔高一丈」，世族官僚卻勾結考官幫助子弟入仕，令士大夫的質素

8　　九品分別是上上、上中、上下、中上、中中、中下、下上、下中、下下。

9　　胡三元編：《白話呂氏春秋：經典古籍白話註解譯文系列》（谷月社電子書出版社，2006），頁23。

10　「竹林七賢」是魏末晉初時代活躍於河南地區的七位有名的士人，他們分別是阮籍、嵇康、山濤、劉伶、阮咸、向秀、王戎等人。

11　陳江敬著：〈阮籍精神世界探析〉，《中國論文網》，第1期（2008）。

仍然良莠不齊，精英不能一展所長。此外，因為頂級儒生講求清高優雅、道德高尚，令部分士大夫品性率真豁達、超然物外，如果沒有家族利益包袱的話，往往不肯與現實妥協，不願與貪官同流合污，也敢於向皇帝「犯顏直諫」，所以仕途未必順暢，典型人物包括唐代的韓愈和柳宗元等人。例如韓愈以耗費銀錢對社會無益為由，諫阻唐憲宗李純（805–820在位）迎佛骨入宮，導致龍顏大怒，韓愈被貶為潮州刺史。雖然當時的潮州是片荒蠻之地，但道德高尚的韓愈仍用心治理，為民興學，又除去惡溪的鱷魚之患，更以工抵債釋放奴婢。[12] 韓愈一生耿直，主張文以載道、宣揚儒道的復古觀點，反對佛教，為儒學爭取統治的地位，成為宋明理學的先驅。

為了杜絕勾結考官的漏洞，宋代從太祖趙匡胤（960–976在位）開始，科舉由皇帝親自主持殿試，[13] 以確保高級官員的質素，不會用錢買官魚目混珠。由於宋太祖削弱藩鎮權力，奪去了他們的兵權，[14] 改以文官治國，禁止辱罵公卿，令士大夫勇於批評政事，積極改革時弊。宋太祖更加大諫官和御史的權力，以增強言事和彈劾的力度，士大夫的品格因此進一步整固。可是，宋太祖卻低估了中低級官員的影響力，因為大部分官職多被權貴壟斷，憑著真材實料入仕者始終只屬少數，中下層官吏貪贓枉法嚴重。儘管宋仁宗趙禎（1022–1063在位）任命士大夫范仲淹進行「慶曆新政」，但馬上受到龐大的既得利益集團反對，令吏治改革不了了之。同樣道理，宋神

12　蔡東藩著：《歷史演義：唐史5》（台北：龍視界出版社，2013），頁92–93。
13　武則天也曾主持過殿試，但後來沒有成為唐代慣例。
14　即民間流傳「杯酒釋兵權」的故事。

宗趙頊（1067–1085在位）任命士大夫王安石進行「熙寧變法」，但同樣遭到利益集團的強大阻力，惟有把吏治問題排除在改革之外，但改革由地方污吏執行，令執行效果不佳，令反對新法的士大夫越來越多，朝野分裂成為新舊兩黨，通過御史台和諫院向對方彈劾朝政得失，大家互相攻擊的結果，當然令變法失敗收場。到了宋徽宗趙佶（1100–1126在位）期間，宦官童貫掌權，他聯同宰相蔡京設立「元祐黨人碑」，把司馬光、文彥博、蘇軾、孔文仲等三百名士大夫定為奸黨，子孫永遠不得為官，後代不得與貴族通婚，令許多士人意氣闌珊，於是淡泊名利，專注學術研究。從宋代的程顥、程頤、朱熹的程朱理學開始，精英不問政事，專心尋求學問，為社會發展和經濟轉型尋找出路。

從上述的一段歷史看出，中國自漢武帝開始，士人和儒學不斷被權貴利用，就好比歐洲中世紀黑暗時代的騎士和耶教一樣，中西兩地真正當權的不是士人或騎士，而是皇帝或國王等貴族，當權者的道德不是儒學對待社會的仁心，或耶教對待他人的愛心，而是以權謀私的自私自利之心。不過，中國在十一世紀初到十二世紀末，在宋代程朱理學出現之後，儒學增添了「理」的世界觀，程朱學者認為「理」是萬物的起源，先有「理」而後有「物」，是一種客觀唯心論。[15] 但程朱理學也推崇《大學》「格物致知」的方法觀，通過窮究事物來找出真理，[16] 相比英國十七世紀培根（Francis Bacon）的歸納

---

[15] 文碧芳著：〈六十年來中國大陸的程朱理學研究〉，《台灣東亞文明研究學刊》，第8卷，第2期，總第16期（2011），頁ii。

[16] 根據《現代漢語詞典》，「格物致知」的「格」有區分、探究的意思，所以「格物致知」意指窮究事物的原理法則而總結為理性知識。

法、[17] 洛克（John Locke）的經驗主義[18] 和十八世紀休謨（David Hume）
的懷疑主義，[19] 一樣具備科學起飛的格局，而且比英國超前六百
年，但是否能夠進一步邁向現代化，就要視乎管治精英能否順應發
展進行改革，令社會制度能人盡其才，釋放生產力和發展科技。中
西文化能進一步突破，並進入科學時代的關鍵，當然是與孔子同年
代的古希臘數學家歐幾里得所編著的《幾何原本》，這本二千年來被
奉為邏輯思維幾乎無懈可擊的數學巨著，[20] 在 1482 年被翻譯成多種
文字。英國科學能夠起飛的原因，就是牛頓（Isaac Newton）參照
《幾何原本》，在 1687 年寫成《自然哲學的數學原理》（*Philosophiae
Naturalis Principia Mathematica*）。[21] 換言之，《幾何原本》也是中國「格
物致知」所需要和多年欠缺的數學邏輯工具，可幸的是，在 1606 年
（明朝萬曆三十四年）由利瑪竇也為中國口譯、徐光啟編寫了《幾何
原本》。雖然利瑪竇翻譯了前六卷後去世，但是徐光啟已認定了幾
何學對中國發展的重要性，令明末的許多科學家把精力投放在科學

---

[17]　培根以觀察和實驗提出歸納法（induction）理論，從而認識自然界和其中的
　　　規律。

[18]　洛克的經驗主義（empiricism）認為人的心智本來是一塊白板（*tabula
　　　rasa*），後來對世界事物因經驗而產生觀念。

[19]　休謨以懷疑主義（scepticism）為科學研究打好思想基礎。他認為我們不能
　　　以因果關係認定一件事物造就另一件事物，它們可能只是「恆常連結」
　　　（constant conjunction），因果關係並不一定是自然的本質，只是因為我們
　　　的心理習慣和人性所視為理所當然而已。

[20]　後來，由俄國和德國科學家聯合研究出球面幾何學，取代了歐幾里得的幾
　　　何學。

[21]　未晞著：〈沿用了兩千年的傳奇教材 ——《幾何原本》〉，《蝌蚪五線譜》，進
　　　入網站日期：2016 年 2 月 19 日，http://story.kedo.goV.cn/legend/classics/
　　　745615_1.shtml?ynzargwqgmfbtmpe?eixuojqgtkegdgtm。

上。[22] 但《幾何原本》後九卷的翻譯工作，卻一直擱置到兩百多年後的 1857 年（咸豐七年），才由清朝數學家李善蘭和倫敦傳道會傳教士偉烈亞力（Alexander Wylie）共同譯出。此後代數、微積分等科學基本數理的中文翻譯也一一問世，但已經比牛頓在 1660 年代發明微積分推遲了近兩百年。究竟是甚麼原因令中西文明從領先幾百年變成落後數百年？徐光啟之後的兩個半世紀裏，中國發生了甚麼事？如果從洋儒和中國通的角度看中國，可能會更容易明白箇中原因。讓我們繼續看看另一個中英兩國精英發展的逆轉點。

漢高祖劉邦（公元前 202–195 在位）知人善任，重視儒生，[23] 又輕徭薄賦，讓人民有生產的意欲，令國家興盛繁榮，但皇帝如此寬宏大量總是曇花一現。我們從上文得知，儘管科舉制度不斷改善，士大夫的質素到了宋代已得到了保證，可是外戚、宦官、權貴、甚至皇帝自己，卻一直是阻礙改革的利益集團。北宋末年中國的管治精英的地位已到窮途末路，有理想的士大夫都被排擠出朝廷，而彼岸英國在 1382 年卻因溫徹斯特主教興辦公學，令騎士沒有被火槍的興起而遭到淘汰，反而透過公學轉型成為紳士繼續為國家效力，公學獨特的教學方法，就好比「借屍還魂」，令騎士精神得以延續在紳士的身上。他們不但沒有像北宋士大夫般被權貴排擠，反而因大家都有新教背景而放下世俗成見，在 1688 年在「光榮革命」中合作推翻了天主教的皇權，從國王奪取了治理國家的權力。自此以後，

---

[22]　例如清初數學家方中通師從耶穌會傳教士穆尼閣（Nikolaus Smogulecki），出版了《數度衍》，介紹對數的理論和應用。

[23]　知人善任出自漢代班彪的《王命論》：「蓋在高祖，其興也有五：一曰帝堯之功裔，二曰體貌多奇異，三曰神武有征應，四曰寬明而仁恕，五曰知人善任使。」

雖然英國的精英曾一度因公學貴族化而質素低下，但十九世紀又因阿諾德進行公學改革，令紳士的騎士精神和愛國主義重現。王室雖然不再賜予徽章給紳士來徵召他們走上戰場，但熱衷於保衛家園又愛走出世界的心態，令紳士紛紛加入殖民地政府，成為大英帝國的棟樑。正如 J. A. Mangan 指出：

> 大英帝國是由英國公學的學生所組成，他們是它的管治者和守護人，也不時是它的老師和傳道人。在十九世紀後期的新帝國主義中負責各個崗位，憑著相同的價值觀形成一種無形的合作關係。Mack、Honey、Wilkinson 和其他學者都分別在他們的文章中認為，十九世紀末的公學和帝國主義有密切的關係，大家都一致認同公學就是幾代帝國主義者的訓練場，學生都決心為了大英帝國永不落日而奮鬥。[24]

反觀同屬國家精英的中國士人，儘管他們也有像英國紳士般的愛國情懷，可憑科舉制度成為官員，但不斷被權貴利用或排擠，未

---

[24]　J. A. Mangan, *Games Ethic and Imperialism: Aspects of the Diffusion of an Ideal* (Viking Adult, 1986), p. 44. 原文是："The English public schoolboy ran the British Empire. He was its ruler and guardian, and not infrequently its teacher and its missionary. He was intrinsically linked, in an assortment of roles, with the New Imperialism of the late nineteenth century. Mack, Honey, Wilkinson and others give space in their works to the close relationship between the late nineteenth-century public schools and Empire. All are firmly of the opinion that the schools were the training grounds of generations of committed imperialists pledged to the survival of the Empire upon which proverbially the sun never set." E. C. Mack, *Public Schools and British Opinion since 1860* (Columbia University Press, 1941), p. 108; John Raymond de Symons Honey, *Tom Brown's Universe: The Development of the Victorian Public School* (London: Millington, 1977), p. 155; Rupert Wilkinson, *The Prefects: British Leadership and the Public School Tradition* (Oxford: Oxford University Press, 1964), pp. 100–109.

能像英國紳士般大幅削減王權，也沒有像公學改革般重建騎士精神
和學習現代知識，讓有品德和學識的精英真正當權管治國家。最令
人費解的三點是：第一，從人力資源的角度看，既然科舉為的就是
選拔賢能，中國皇帝是殿試的主持人，士大夫也多年受董仲舒「君
為臣綱」的洗腦，早已變得十分愚忠，但為甚麼他們不像英國的王
室特許開辦公學，把精英普及化來為朝廷效力，讓大量窮家孩子變
成國家棟樑，卻反過來以金字塔式篩選士人，還不時要拉要鎖，排
擠滿有理想的士大夫呢？為何英國的王室做得到，但中國的皇帝卻
沒有這個遠見？第二，從學術進步的角度看，既然大量士大夫淡泊
名利，專注學術，北宋以後更出現很多私人書院研究新派儒學，[25]
但為甚麼有士大夫品質江河日下之說，五四運動的知識分子更指責
宋代程朱理學是「吃人的禮教」？[26] 第三，從政治利益的角度看，既
然宋代士人組織了許多學社（例如「復社」、「行社」和「匡社」），令
大量有理想的精英團結起來，一起研究救國之道，但為甚麼他們沒
有像英國般在 1642–1651 年發生內戰，或在 1688 年發起「光榮革命」
推翻皇權？相反，中國幾千年來起來要推翻皇帝的，若不是手握兵
權的諸侯藩將，例如西漢七王之亂的劉濞、劉戊等人，西晉八王之
亂的司馬亮、司馬倫等人，唐代的安史之亂的安祿山，便是官逼民
反的山林豪傑，例如秦末擊敗項羽稱帝的劉邦、唐末進入長安稱帝
的黃巢、滅元稱帝的朱元璋、明末攻入北京城稱帝的李自成、清末
攻克南京自稱太平天國天王的洪秀全。他們全部都不是有理想的士

---

[25]　最有名是四大書院：湖南長沙的嶽麓書院、江西廬山的白鹿洞書院、河南
　　　商丘城南的應天書院、河南嵩山南麓的嵩陽書院。

[26]　朱熹說：「滅人欲，存天理。」但此道理落在封建貴族的手上，卻變成了男
　　　女授受不親、婦女纏足等極端禁慾主義或封建教條。

人，除了帶來慘痛的戰爭之外，推翻皇朝之後亦沒有令社會進步。正如柏拉圖所言，哲學家是最理想的統治者人選，但為何有理想的中國士人卻沒有手執最高權力的意欲？[27]

要解答以上問題其實並不困難，我們可以採用北宋司馬光、王安石、蘇軾、程頤等一群著名士大夫的事跡來說明。第一，關於權貴排擠士大夫的問題，中國士人與英國紳士的際遇並不一樣，因為後者在中世紀是武者，英國貴族可以依靠他們保護自己的領地，而前者是文人，中國貴族用不著他們保護自己，也不依靠他們繳交田稅，所以對士大夫可以呼之即來，揮之即去。司馬光、王安石、蘇東坡等人大起大落，只因為當宋神宗趙頊（1067–1085在位）、高太后、宋哲宗趙煦（1085–1100在位）等皇族，覺得這些文人謀士的意見不合己意的時候，就用權力貶去他們的職務，況且士大夫的君臣倫理觀善於服從皇帝，與騎士效忠上帝不一樣。英國國王地位不比教宗崇高，加上亨利八世（Henry VIII，1509–1547在位）脫離天主教之後，英國宗教分裂，王室為了要爭取進更多人的支持，於是把沒收天主教的大部分土地，以低價賣給圈地運動中躋身新貴族的資產階級，並在1535年頒佈法令，對新土地實行騎士「領有制」，為國王履行每年服役40天騎士義務。[28] 1640年9月，蘇格蘭人起義宣佈脫離自治，國王查理一世（Charles I，1625–1649在位）派兵北上平亂，但被蘇格蘭的軍隊大敗而回。查理一世被迫議和，根據停戰條約在英格蘭國會重開前每天須付蘇格蘭軍850英鎊，為了籌集軍

27　在中國歷史中，只有王莽比較接近柏拉圖的哲人王理想，但他是外戚出身，也是擁有絕對權力的皇帝，與柏拉圖的「混合政體」不一樣。

28　直到1646年，國會才取消騎士領有制度。

餉，向資產階級徵收重稅，查理一世被迫重開議會（即所謂的長期議會）。由於他多年前提出天授君權，1625年又與天主教背景的公主結婚，導致在1642年與國會的新教貴族發生內戰，1643年國會軍戰勝了查理一世的軍隊，沒收了主教、國王、封建貴族的大量土地。1646年，國會取消騎士的「領有制」和「庇護制」，從此土地變成私有財產，新貴族和資產階級再次購得大量土地。[29] 1649年，查理一世被貴族判處死刑，封建制度崩潰，資產階級與新貴族進一步壯大，國家權力由國會掌控，通過洛克提倡的教育改革，產生大量遵從新教道德和通曉古典學問的紳士，成為擔當英國政府和國會要職的領袖。反觀中國歷代貴族推翻皇權後，並沒有像十七世紀的英國新貴族般改由國會執政，卻一次又一次自立為皇，然後利用士大夫粉飾太平，假意放權由有學識的人管治，來掩飾自己利用儒家禮教來穩定國家的目的，所以每當皇室的利益受損或國家穩定出現問題的時候，士大夫通常是代罪羔羊，與英國國會新貴族逐漸現代紳士化有點不一樣。

第二，關於士大夫的品質時不我與的問題，唐、宋時代的科舉分別以明經和九經入仕，[30] 考生比試帖經，競誦詩歌，士大夫才華洋溢，雖然他們勤於習帖，卻不通義理，[31] 儘管王安石看穿此點，認為吟詩作對華而不實，於是在1069年把科舉改試經義，但士大夫已長期習慣了憑空想像，不懂窮究事物尋找原理。王安石於是提

---

[29]　陳曉丹著：《世界歷史博覽2》（北京：中國戲劇出版社，2009），頁6–17。

[30]　唐代儲除了明經之外，還有較難考上的進士科目。宋代除了進士和九經之外，還有五經、三禮、三傳、學究等科目。

[31]　《唐會要》卷七五對明經有如此批評：「比來相承，唯務習帖，至於義理，少有能通。」

出變法，但司馬光不同意內容自請離京，蘇東坡也因反對新法而求外職，[32] 令王安石成功編撰《三經新義》，作為科舉考試的標準答案，來統一國家的意識形態方便變法，但由於科舉只考一經，令士人不再鑽研其他四經或其他知識，學問變得非常狹窄。[33] 1487年，明憲宗（1464–1487在位）仿效王安石經義考試的格式，把經義變為八股文，嚴格限制內容，雖然參照程朱傳注解釋經典，[34] 但限制思想的效果與王安石的經義無異，把朱熹「存天理、滅人欲」的命題，演繹成為規範民眾行為的極端保守主義，例如父權婚姻，取消宋代婦女寡居再嫁的習俗，女子須要遵守三從四德、絕對貞潔，[35] 所以程朱理學被現代人諷刺是「吃人的禮教」，士大夫因循保守、品質每況愈下並不無因。

第三，關於士大夫沒有手執最高權力意欲或成立國會共同參政的問題，這與他們的價值觀有關。儘管文武百官覺得士人滿口仁義道德，令自己備受約束，甚至仕途受阻，所以極力排斥士人當官，這個現象在中國歷史中比比皆是，宋代尤為嚴重，但這是果不是因，原因是士人的情操高尚，旨在追求真理，例如程頤[36] 和朱熹[37] 皆認為「餓死事小，失節事大」，[38] 他們厭惡官場文化，不太喜歡當

32　1056年考取進士的蘇東坡，與王安石不和離京，又因「烏台詩案」無辜入獄，回京後不久被貶。

33　笑一著：〈「經義」考〉，《華東師範大學學報》，第6期（2002）。

34　除了引用程朱語句來解釋經典外，後來也加入《左傳》、《國語》、《史記》、《漢書》等書的語言來用於八股文內。

35　黃麗娟著：〈論「存天理、去人欲」與「禮教殺人」之曖昧〉，《第三屆中國哲學之當代詮釋學術研討會前論文集》（2007），頁93–118。

36　程頤曾是重要國家級教育中心西京國子監的教授。

37　朱熹曾是煥章閣侍制兼侍講，即皇帝宋寧宗的私人老師。

38　《程氏遺書》，卷二十二；朱熹的〈與陳師中書〉。

官，早年在官場屢次碰壁，仕途並不長久，但理想仍在，所以在書院結社只為議政，屬於學術組織多於政治團體。例如程頤曾是崇政殿說書，教導九歲小皇帝宋哲宗讀書，期間趁機議論時政，對不義之事直斥其非，希望皇帝撥亂反正，結果惹起朝臣不滿，程頤被迫離開皇宮。朱熹也做過皇帝的私人老師，曾是煥章閣侍制兼侍講，在職期間要求宋甯宗正心誠意、窮理讀經、慎用君權，結果不出個多月便被滿肚牢騷的宋甯宗罷免。程頤和朱熹的例子相隔108年，但兩人的遭遇如出一轍，可見士人骨氣之盛。雖然士人的心態積極向善，有治國平天下之抱負，但是在國君強勢、奸臣當道的宋代朝廷，屬於小眾又克己復禮的士大夫並無立足之地。在精神的本質上，士人原不為稱王而生，所以也不會勉強自己。而且在弱肉強食的社會中，中國社會不停改朝換代，皇帝的危機感非常強烈，隨時找士人做犧牲品，所以士人也頗有戒心，自然喜歡在朝外論政。

　　以上三點粗略解釋了中國宋代理學雖盛，心學也冒起，但士人被排擠，思想被限制，所謂文人相輕，士人雖有「學而優則仕」的傳統，但當上了士大夫卻常被以梃仗方式屈辱，造成他們產生「獨善其身」的觀念，精力集中在古代經典當中，沒有勇氣當權顛覆不理想現狀的願望，所以沒有像歐洲的思想家般為國家的進步鑽研學問（至於明代為何中斷了《幾何原本》的翻譯，稍後再談）。加上中國的貴族沒有像英國的貴族般，推翻皇權後懂得由議會集體當權，卻循環不息自立為皇獨攬大權，也沒有像英國新貴族或國會般容得下社會精英，令十七、十八世紀歐洲的啟蒙時代（Age of Enlightenment）可以在英國發酵。英國的紳士開始認為，應該運用自己的才智研究學問，不要再依賴別人的指導，用自信和勇氣進行思考，不再盲目相信宗教與封建思想，卻在公學改革中保留了宗教

的道德觀念和封建的騎士精神，令科學知識日益進步之餘，現代紳士繼續承轉著傳統的美德和勇氣。[39] 而且，雖然理性思考和世俗觀念冒起，但英國知識分子都備受國會的重用，沒有像中國朝廷般排斥士人當官，也沒有像中國士人般厭惡官場文化。例如培根15歲就擔任英國駐法國大使館最年輕的外交官，他也曾是伊莉莎白女王（Elizabeth I，1558–1603在位）的掌璽大臣（Lord Keeper of the Privy Seal），所以培根在《自然的解釋》（The Interpretation of Nature）一書中的序言就有如此表白：「我的家世、我的教養通通都把我推向了政治，而非把我推向哲學。」[40] 至於另一位啟蒙思想家洛克，他曾跟隨大法官兼輝格黨創立者之一的沙夫茨伯里伯爵（Anthony Ashley Cooper, 1st Earl of Shaftesbury）多年，參與過各種政治活動，所以他不斷思考怎樣利用理性和科學令新貴族進步，讓他們可以轉型，更好貢獻社會。因此，洛克在1690年撰寫《人類悟性論》（Essay Concerning Human Understanding），認為嬰孩出生後猶如一塊白板，當對外在環境產生感官或作出反省，才逐漸對世界形成各種觀念，根據這個「環境決定論」（environmental determinism），洛克在1693年撰寫《教育漫話》（Some Thoughts Concerning Education）一書向上流社會提出，教育是時候進行改革，針對日益發達的工商業，學生要有強健的體魄、獨立的人格，還有配合社會發展的專門學問。至於教學方法方面，要培育孩子的興趣，而不是主觀地塑造他們，也不須對孩子過度保護；幼童應生活於艱苦的環境，從小養成良好的體

---

[39] 古偉瀛著：《歷史的轉捩點》（國立台灣大學出版中心，2006），頁108。
[40] 李若虹編：《培根》（北京：中國社會出版社，2013）。

質，[41] 也絕對不許嬌生慣養，要盡快學會獨立照顧自己。在培養孩
子的道德方面，應讓他們從小習慣理性思考，養成自我克制的能
力，[42] 故此不須要訂立大量規矩要求孩童遵守，改而建立一個讓孩
童體驗尊重與恥辱的成長環境，取消獎罰分明的軍訓式學習方式，
因為獎罰令孩童只因感覺被刺激而守秩序，而不是發自內心的理智
而自動變得有規矩。[43] 學校的最大工作不是向學生灌注大量知識，
而是啟發學生對學習的興趣和對知識的尊重，還有要教導學生自學
和自強的方法。[44] 洛克的主張在社會上產生巨大的迴響，令英國教
育界產生「環境決定論」的教育理念，儘管沒有產生即時推動公學
改革，但社會開始注意教育和社會兩者關係的重要性，也令騎士從
武者演變成為有紳士風度、也有騎士精神的文人的步伐加快。

---

[41]　John Locke, *Some Thoughts Concerning Education* (London: Black Swan, printed for A. and J. Churchill; Early English Books Online, 1693) , pp. 11–12.

[42]　同上註，頁25。

[43]　同上註，頁34–38。

[44]　同上註，頁148。

第 7 章
洋儒不重蹈士人覆轍被權貴排擠

　　看來宋代士人的問題多多，他們不比英國紳士幸運，後者透過基督新教和教育改革與貴族互相靠攏，結果成為大贏家。而中國士人的道德和理想越是高尚，在政治上就越被貴族邊緣化，結果成為了大輸家。他們惟有遠離政治，寄情學問，但沒法產生令社會轉型的觀點，好像南宋發生了陸九淵的「心」和朱熹的「理」之爭，究竟修煉心性的內省工夫較好？還是探索萬物的外在體現較佳？還有朱熹的「義」和陳亮的「利」之爭，究竟以仁義為主的道德較好？還是以利益來做事的道德較佳？宋朝儒生產生了激烈爭論，他們都爭取得到朝廷和社會接受，結果程朱理學在南宋以後成為官方哲學，陸王心學在明朝中期以後得到廣泛的認同，可是士人的精力並沒有放在古代經典之外，學術研究只是集中在自修心性或實踐道德當中，沒有像英國啟蒙時代的思想家般，把自修心性與知識結合，將道德和科學並肩發展（儘管在資產階級和資本家把「自由主義」視為去道德化的放任自由，但科學家和思想家等社會精英並沒有放棄傳統道德）。無論如何，面對中國士人的如此情況，洋儒和中國通不禁要問一下自己：如果要做個有道德、有理想的洋儒，怎樣才不會重蹈

中國士人的覆轍被權貴排擠？如何把士人的「心」、「理」、「義」、「利」等學問更好實踐，才不會與皇權發生利益衝突，令社會不斷進步，科學得以發展？上述北宋的案例告訴我們，中國的傳統文化理論令人嚮往，但實踐起來並不容易，正如1582年來華傳教的耶穌會教士利瑪竇（Matteo Ricci）所言。這位精通漢語又親身與大量士人交往過的洋儒就認為：[1]「中國不僅是一個王國，中國其實就是一個世界……柏拉圖《理想國》中作為理論敘述的理想，在中國已被付諸實踐……（中國人）對醫學、自然科學、數學、天文學都十分精通。」可是他也發現：「在中國人之間，科學不大會成為研究對象。」[2] 由此看出，利瑪竇對中國文化的理論十分崇尚，但中國人集體實踐學問卻不太成功；歷史告訴他們，是因為中國的政治生態環境，並不有利士大夫集體實踐理想。這正是利瑪竇、赫德、駱克、莊士敦等洋儒的觀察結果，也是他們實踐中國學問的清醒態度，所以對儒學不會照單全收，而是採取以下三種方式：第一，知彼知己，以長補短，把儒學與己國的文化比較一下，所謂「他山之石、可以攻玉、己不善者而改之」，結果發覺中國文化所沒有的，是從

---

[1]　利瑪竇的著作《畸人十篇》就是1589–1607年間與十位中國士大夫對話的結集，可見他對士大夫有一定的認識。

[2]　引用自〈明末清初：中國和西方在火藥領域的分水嶺〉一文，該文章記者還訪問著名的普林斯頓大學歷史系教授艾爾曼（Benjamin A. Elman），後者指出：「中國科學與科技在16世紀已有相當成績，之所以在18、19世紀時發展緩慢，不是因為中國人本身封閉，而是由於當時作為中西交流的主要橋樑——17、18世紀的耶穌會士和19世紀的基督教傳教士，通常因為自身的宗教信仰與西方的科學有抵觸，未能把當時歐洲的科學原原本本地輸入。」他舉例說：「法國耶穌會士利用1742年出版的《曆象考成後編》向中國介紹牛頓，但該書只提及過牛頓的名字，並沒有系統地介紹他的學說。」《三聯生活週刊》，轉載自《新華網》，2008年9月25日，進入網站日期：2015年12月8日，http://news.xinhuanet.com/mil/2008-09/25/content_10107766.htm。

愛人如己的西方宗教觀衍生出來的「社會公義」，而西方國家所鼓吹的「自由主義」，是產生自對封建專制的解放，反而缺乏儒學積極釋放內心世界的強大道德力量。第二，不斷衡量政治風險和自身價值，因為太英國化便與中國國情格格不入，中國人就不會相信自己，反過來也須避免太中國化而忘記推動「社會公義」，沒有用客觀的角度看中國問題。第三，中國士大夫習慣由上而下的方式施政，從單一國家政策的角度看社會問題，導致「心」「理」不能共用，「義」「利」沒法相通，但洋儒喜歡由做好本分的方式做事，所以習慣從小市民多元化的角度看社會問題；如此範式轉移之後，「心」與「理」便不再是零和遊戲，「義」和「利」也不再互相矛盾。讓我們看看赫德和莊士敦以下的治理方法，便會明白洋儒實踐儒學的上述三種新方式。

　　就如盡忠職守四十年的洋儒赫德，郭嵩燾質疑他的英國人身份，能否做好中國海關的工作？赫德以「騎馬理論」回應，[3] 寓意專心練好騎術之餘，又要兩面兼顧，不能失去平衡，更要懂得駕馭。[4]赫德是個經常撫心自問的人，細閱他的日記就知道，沒幾天就有一些自責自省的文字，也不少提醒自己要多觀察多調查的語句。例如1863年12月24日有以下心跡，證明他「心」「理」共用：

　　　　我的生活已經取得非凡的成功：29歲不到，就身居一個機

3　　見〈光緒時期上〉，《郭嵩燾日記》（長沙：湖南人民出版社，1981），第3卷。
4　　儘管郭嵩燾追問在重要關頭二者須選其一的話，赫德衷心直說會選擇英國，但他在中國的四十多年的中國海關生涯中，無論是為清廷收取關稅、建立現代郵政系統或是購買軍艦也好，卻看不出他做事有為了英國多於中國的傾向，可見赫德高超的政治平衡術。

構的首腦，這個機構在中國這個排他性的土地上，向世界
各國徵收近300萬的稅款，它的地位既易招致譭謗中傷，
卻也可以用於促進公共的福祉。憂傷，沮喪：究竟為了
甚麼？只不過為了回首過去，儘管我得到成功，我卻明顯
看到時間虛擲，精力誤用，改進的機會忽略錯過，邪惡肆
意而入，是非顛倒，無論從哪一方面考慮，我畢竟成就很
少，而失敗很多，我必須改弦更張⋯⋯我必須知道有關中
國人、沿海省份、租稅和關稅的更多情況──為了這一切
對我很有用處，使我自己免得落入「圈套」。[5]

赫德說「我必須改弦更張」，就是修煉心性的內省工夫。事實
上，他多年來的日記也充滿了如斯的反省自問。「我必須知道有關
中國人、沿海省份、租稅和關稅的更多情況⋯⋯使我自己免得落
入『圈套』」，就是赫德懂得探索事物的外在體現，找出更多資料讓
自己更能掌握其中的道理。

赫德做事也「義」「利」相通，例如他在日記中如此記載：

我必須迅速使新關更趨完善，商人不但不應有不滿海關的
理由⋯⋯必須使他經營方便，而且以此增加營業，而營業
的增加結果將使帝國（即滿清政府）國庫充實⋯⋯我必須努
力盡我所能，影響中國人，喚起他們對外國人更為友好的
情感，處事正確；以這樣的方式，辨明是非，並且使和平
獲得保證。[6]

---

[5] 布魯納等人編，傅曾仁譯：《步入中國清廷仕途：赫德日記（1854–1863）》
    （北京：中國海關出版社，2003），頁60。
[6] 同上註，頁61–62。

讓（外國）商人「增加營業」和令滿清政府「國庫充實」，就是以利益來做事的道德，即「利」的表現，「影響中國人，喚起他們對外國人更為友好的情感……辨明是非，並且使和平獲得保證」，就是以仁義為主的道德，即「義」的表現。

駱克和莊士敦的行政方式，也是一種兩者兼顧的藝術。他們在威海衛的時候，除了採用英式法典之外，[7] 也用孔孟的道理來教化人民。[8] 例如1916年有五十多名民眾圍觀別人跳井而袖手旁觀，駱克就對此發出訓詞：

> 你們這般狠心人，生於孔孟之鄉，習聞聖言之教，竟無惻隱之心。不知尊重人命，不肯救人出危，所行既顯違孔孟之道，即不配生於聖人之鄉，就應該遷徙聖教不至之處……你們眾學生，讀書學理，自幼宜習仁民愛物之心，勉盡救人助人之義。[9]

一方面，駱克呼籲要有惻隱之心，正是陸九淵的「心即理」，就是由心所產生的道理。另一方面，駱克要求讀書學理，卻是朱熹「存天理」的主張，就是要遵從聖人所訓培養仁義。證明駱克「心」「理」共用來驅使民眾產生良好品格。

莊士敦在威海衛的時候，曾接受過駱克的訓練，學會中國禮儀

7　威海衛的行政、司法和管理權，是根據《1901年樞密院威海衛法令》憲法予以執行，它屬於英國實體法和英國法院程序。

8　張志超在英租檔案中有如此發現。張志超著：《習慣、規範與鄉村秩序──以英租威海衛時期的華人民事訴訟為視角》（濟南：山東大學碩士學位論文，2009），頁87。

9　張志超著：《習慣、規範與鄉村秩序──以英租威海衛時期的華人民事訴訟為視角》，頁87。

的含義和講究之處，令他後來去紫禁城做帝師沒有失禮，[10] 證明駱克和莊士敦不獨懂得紳士禮貌，連士大夫的禮儀也很注重，符合陸九淵所述：「禮者，理也」。至於審理案件的方式，莊士敦曾説：

> 無論做出民事判決還是刑事判決，我經常從儒家經典著作或者聖諭那兒載抄一些恰當的文句，目的是針對眼下的案件所提出的問題給我的聽眾一點道德教訓。例如，有兩個鄰居為一些小事爭吵，我就會給他們講講康熙引用過的箴言及其詮釋者們有關同村鄰里應和睦相處的大道理。[11]

懂得行士大夫禮儀，又在審案時用聖賢道理説教，證明莊士敦也是「心」「理」共用。此外，駱克和莊士敦也注重公益的實踐，例如起橋築路，赫德和莊士敦極少硬來，也不以勢凌人，莊士敦曾説：「政府強佔與政府不給錢的事，英政府決不辦。」[12] 駱克和莊士敦所採用的方法，是説服居民如果公眾有利益，其實對自己也有利。羊亭區與風林區之間的汽車新路，就是居民慢慢醒悟自願讓出土地而建成的，證明駱克和莊士敦「義」「利」相通。故此，1921年駱克離任威海衛時，當地鄉紳依依不捨，並送上頌詞：

> 大臣駱公，英邦之賢。來治斯土，計閱念年。倡興商業，猛著先鞭。利民生計，四境安全……大臣駱公，來自英邦。勤勞執政，不辭紛忙。謙和待士，德被村鄉。治民有

10　Shiona Airlie, *Scottish Mandarin: The Life and Times of Sir Reginald Johnston* (Hong Kong: Hong Kong University Press, 2012), p. 147.
11　張志超著：《習慣、規範與鄉村秩序——以英租威海衛時期的華人民事訴訟為視角》，頁86。
12　同上註，頁87。

術，化民有方。振興教育，勸植農桑。關心商業，遇事提倡。安撫良善，緝治猖狂。恩威相濟，雨露冰霜。[13]

1930 年莊士敦卸任回國時，威海衛商紳也以白碗注滿清水送給他，以表揚他為官清廉，是一位真正明鏡高懸的青天大老爺。[14]

上述眾多例證顯示，把中西文化互補長短、小心衡量政治風險、「心」「理」共用、「義」「利」相通，正是他們進入洋儒階段的做人處事態度，填補了士大夫幾千年來所疏忽的東西。這與他們早年的表現不一樣，因為初到中國的時候，只懂從新一代紳士的角度看中國，用便利執行任務的態度學中文，但當儒家學養較深之後，就懂得以西方的文化處理中國的問題，所以「顯公義官員」赫德管理中國海關的方法，是利用儒家文化填補現代管理的灰色地帶，結果杜絕了中國人幾千年沒法解決的貪污，而「開拓型官員」莊士敦治理威海衛的方法，是把中西文化互相優化來開拓理想，結果成功示範了中國人幾千來沒法做好的「父母官」。然而，過了一段日子，當學曉了更多的儒學道理，吸收了更豐富的中國經驗，逐漸成為更成熟的中國通。一方面，他們開始懂得把儒學不足的地方，使用西方的知識來填補，為的是幫助中國走出困境，例如赫德被總理衙門委任中國海關總稅務司的當天，他就在日記裏答應自己：「我必須盡力弄清我們西方文明的成果中，哪些對中國最為有利，通過甚麼方法使這些變革能夠最有希望得到引進。」[15] 後來不單止把李泰國的

---

[13] 周文菁編：〈新界與威海衛的殖民管治告訴我們甚麼〉，《紫荊雜誌》，2014 年 7 月 4 日。

[14] 張志超著：《習慣、規範與鄉村秩序——以英租威海衛時期的華人民事訴訟為視角》，頁 88。

[15] 布魯納等人編，傳曾仁譯：《步入中國清廷仕途：赫德日記（1854–1863）》，頁 62。

爛攤子收拾好，保護中國的利益，創設北洋水師，重新設計一套嚴謹的中國海關運作和人事制度，杜絕外商偷稅漏稅，令滿清政府的稅收大增多倍，得以足夠財力創建現代郵政系統及其他大量基建。[16]另一方面，他們把英國法律不能解決的治理問題，採用中國士人的道德來解決。在做人的道理上，中國通覺得中國儒學不比基督教義或西方哲學低下，所以莊士敦認為中國須要改變的並不是儒家文化，而是政治的結構和地方官吏的腐敗，英國的法治只可懲罰罪犯和產生阻嚇作用，但不能減少犯罪意欲或導人向善，執行法紀的高層官員更處於法網之外，正如《論語‧為政第二》所言：「道之以政，齊之以刑，民免而無恥；道之以德，齊之以禮，有恥且格。」故此莊士敦在威海衛當南區行政長官的12年多裏，就刪除了地方官吏的人治部分，結果沒有了貪污，也不再需要刑法，改為直接由自己以士大夫式的仁義道德管理。當時全威海衛312個村鎮劃分為南、北兩個行政區，各設一名行政長官 (district officer)，分別管理26個小區，每小區有一個總董 (headman)，負責12個村鎮，每個村鎮有一個代表村民的村董，總董的薪金由政府支付，是為政府協調村董的中介公職。殖民政府每季度召開一次總董會議，負責把政府的政令傳達到村董、徵收稅捐、發放契狀、維持治安、調解糾紛、向殖民政府提供施政意見。駱克的另一名副手沃爾特 (Robert Walter) 雇有一名翻譯，負責管理北行政區的9個小區約九萬人，莊士敦就管理南行政區的17個小區約十萬人，[17]但因為發現翻譯員受

16　當時建立中國郵政是為了矯正西方列強擅自在中國開辦郵政機構的問題。

17　Shiona Airlie, *Scottish Mandarin: The Life and Times of Sir Reginald Johnston*, pp. 67–68.

賄，[18] 莊士敦乾脆直接與民眾溝通，親自用中文仲裁居民之間的糾紛。因頭一年的狀書數目過千，開庭審理的案件數量也不少於400宗，令他不用一年時間就學會了本地方言，[19] 可以親身治理南區的一切事宜。

赫德、駱克和莊士敦的例子告訴我們，一方面做好本分，為滿清政府著想，和當權者做個朋友，便不會與皇權發生利益衝突，沒有被權貴排擠（也顧忌他們背後的西方列強而不敢排擠）；另一方面，從小市民多元化的角度看社會問題，效法儒生釋放內心世界比西方宗教更強大的道德力量，發覺更能彰顯「社會公義」。不過這兩方面須懂得平衡，赫德、駱克和莊士敦的「心」「理」共用、「義」「利」相通，就是這幾位洋儒「以德治國」的世紀大實驗，也就是日後中國通中西文化互補長短、小心衡量政治風險、從下而上看社會問題的基本管治模式。

---

[18] Report of Secretary to Government, p. 1, in Despatch no. 20, Annual Report for 1904, CO521/8; 轉載自 Shiona Airlie, *Scottish Mandarin: The Life and Times of Sir Reginald Johnston*, p. 46.

[19] Shiona Airlie, *Scottish Mandarin: The Life and Times of Sir Reginald Johnston*, p. 47.

第 8 章
洋儒不再透過信仰產生積極自由

　　多年來，赫德處處為滿清政府著想，莊士敦則以做「父母官」為榮。他們的事例告訴我們，除了現代紳士文化可以彌補中國的不足之外，洋儒也可在士大夫身上，看到如何解決自己的問題。因為洋儒一開始就研讀四書五經，沒有被扭曲儒學的文獻所影響，[1] 而且他們許多都自小在英國「阿諾德模式」公學的「社會自由主義」下長大，思想上沒有董仲舒的「君臣、父子、夫妻」三綱包袱，不會盲從附和贊成女子纏足，沒有把貫耳的封建枷鎖視為孔孟思想，[2] 更不可能把「君要臣死，臣不得不死」這種向皇帝表示忠心的說話，當作是儒家教義。洋儒熟讀《孟子》，當然知道「民為貴，社稷次之，君為輕」[3] 才是儒家所推崇的社會體系。好好對待妻子兒女，與他們

---

[1]　例如「君要臣死，臣不得不死」並不是儒家教義，其實是鍾惺在《混唐後傳》中的演繹：「君要臣死，不得不死；父要子亡，不得不亡。」

[2]　元代筆記《湛淵靜語》有如斯記載：「宋程伊川家婦女俱不裹足，不貫耳。後唐劉後不及履，跣而出。是可知宋與五代貴族婦女之不盡纏足也。」

[3]　《孟子集註》，卷十四。

感情和睦，就像彈琴鼓瑟一樣，才是孔子修身持家之道。[4] 所以洋儒對儒家經典的了解越多、實踐越久，就越佩服士人透過孔孟之道來提升個人意志。士大夫借助道德修為推動自己不斷想辦法令社會得到「積極自由」，與西方為解放封建專制要求政府不要干預的「消極自由」相比，洋儒發覺儒家的倫理和禮教，如果能按理想有效操作，比西方的「自由主義」更能令政府不用干預。儒家「天下為公」的思想，也比西方宗教更能令人從內部的約束中解放出來，所以漢唐盛世或歷代中興的士大夫，都放膽發表己見，無懼進行改革，因為儒學極之豐富的道德哲學，令士大夫產生極大的改革理想，也正如在《論語‧顏淵》中孔子說：「克己復禮為仁。一日克己復禮，天下歸仁焉。為仁由己，而由人乎哉？……非禮勿視，非禮勿聽，非禮勿言，非禮勿動。」這就是儒學充滿令人積極向善，勇於建立個人道德意志的自由。所以中國幾千年來，歷代不斷出現由士人推動的改革，例如「慶曆新政」的范仲淹、富弼、韓琦等人，「熙寧變法」的王安石、謝卿材、程顥等人，「一條鞭法」的役桂萼、劉光濟、張居正等人，「同治中興」的曾國藩、左宗棠、胡林翼等人，「百日維新」的康有為、梁啟超、林旭等人。[5]

可是，當皇族發現士大夫產生以天下為己任的超強責任意識，與當初利用儒學製造嚴於律己、效忠君主的文臣的原意相違背，於是把「三綱五常」等社會倫理作為規範士人和民眾行為的標準，就

---

[4]　在《中庸》中孔子如斯說：「《詩》曰：『妻子好合，如鼓瑟琴。兄弟既翕，和樂且耽。宜爾室家，樂爾妻帑。』子曰：父母其順矣乎！」

[5]　雖然「戊戌變法」失敗，但梁啟超不認為革命就此消失，他1907年在《新民叢報》的〈現政府與革命黨〉一文中如是說：「革命黨者，以撲滅現政府為目的者也；而現政府者，製造革命黨之一大工廠也。」原載於《新民叢報》第89期，《飲冰室文集》之十，頁48。

好比封建時代英國作為主要法源的「不成文法」一樣，把倫理關係
和道德觀念打造成看不見的制度框架和公共權力，結果變成約束人
民自由的無形工具。[6] 如果違反這些古典倫理或傳統道德的話，就
會被當權者施與懲罰，就好比英國愛德華三世 (Edward III，1327–
1377 在位) 建立的衡平法院 (equity court)，大法官 (Lord Chancellor)
是「王家良心保管者」(Keeper of the Royal Conscience)，他們代表國
王行使所謂「仁義」和「公正」，不過十七世紀就被法學家塞爾登
(John Selden) 就大力批評説：「有些法官腳長、有些腳短、有些中
等；大法官的良心也一樣如此。」("One Chancellor has a long foot,
another a short foot, a third an indifferent foot: it's the same thing in a
Chancellor's conscience."[7]) 而中國歷代封建社會的法律，是按照傳統
禮教和倫理等道德觀念來制定的，由於中國法律與傳統道德之間並
沒有明確的界定，[8] 所以當民眾觸犯法律的時候，小則由鄉親父老或
衙門縣官，大則由高級官員甚至皇帝來解讀法律中的道德觀點，從
而向肇事者定罪判刑，公正與否就看審判者的主觀道德修養，封建

---

[6] 三綱是《韓非子·忠孝》的「臣事君，子事父，妻事夫，三者順，天下治；
三者逆，天下亂。」五常是《春秋繁露》的仁、義、禮、智、信。五倫是《孟
子·滕文公上》的「父子有親、君臣有義、夫婦有別、長幼有序、朋友有
信。」八德是《關聖帝君明聖真經》：「孝弟忠信人之本，禮義廉恥人之根。」

[7] John Selden, "Table Talk," quoted in M. B. Evans and R. I. Jack (eds.),
Sources of English Legal and Constitutional History (Sydney: Butterworths,
1984), pp. 223–224. 不過今天英國就由講求程序正義 (procedural justice)
的習慣法 (common law)、追求自然正義 (natural justice) 的衡平法 (equity
law)、遵循先例 (*stare decisis*) 的案例法 (case law) 的專業法官來審理，
公正與否就憑公平的程序和客觀的證據。

[8] 中國歷代法律的制定多以社會禮儀和儒家倫理為基礎，例如有周代的《周
禮》、唐代以後的《三禮》、《唐律》、《疏議》、明代的《明律》等等。它們多以
違反「三綱五常」、「忠孝節義」等倫理道德觀念作為定罪量刑的準則，例如
「十惡」大罪包括謀反、謀大逆、謀叛、大不敬等對皇帝不忠的行為，惡逆、
不孝等對父母不考順的行為，不睦、不義等對長輩或丈夫不服從的行為。

社會的審判者就是如此被人行使沒法有客觀標準的道德，通過公共權力令民眾失去「消極自由」。歷代皇族騙得了士大夫，卻騙不了十九世紀的洋儒，因為西方中世紀的封建制度就是來這一套，但早在十七世紀就已被推翻，在西方世界已經真相大白，所謂傳統的道德觀念，其實是專制的當權者所製造出來的。洋儒沒有被中國的傳統政治文化混淆視聽，相反，他們認為儒學不能用來判斷他人的標準，而是用來自我鍛煉的學問。正如《大學》有云：

> 古之欲明明德於天下者，先治其國；欲治其國者，先齊其家；欲齊其家者，先修其身；欲修其身者，先正其心；欲正其心者，先誠其意；欲誠其意者，先致其知；致知在格物。物格而後知至，知至而後意誠，意誠而後心正，心正而後身修，身修而後家齊，家齊而後國治，國治而後天下平。

由此可見，儒學是教人逐步提高自己的能力，才能有條件去治國平天下。這明顯是用來修練自身的學問，而不是用來作衡量別人或懲罰他人的標準。[9]

故此，赫德、莊士敦等洋儒之所以要實踐孔孟之道，並不是盲目模仿，也不是被感情打動，更不是看到士大夫品格清高這麼簡單，其實是對比過西方的經驗。一方面，發覺中國的皇帝故意曲解儒學用來約束社會，令人民充滿外在的壓逼，除了當權者之外，大部分人沒法選擇自己喜歡的生活方式，這與中世紀歐洲的國王曲解

---

[9]　雖然有當年孔子擔任魯國司寇誅殺少正卯之説，但文獻和學術界對此並沒有統一認為這是個事實，也沒有否定孔子「道之以德，齊之以禮」的理念。

宗教教義來麻痺人心一樣。另一方面，儒學「天下為公」的「大同世界」觀念，主張天子之位傳賢不傳子，反對世襲的帝制，所以中國的皇帝沒有把儒學教育普及化，是恐怕民眾懂得修練自己，從內部的約束中解放出來。對比西方的紳士普及化，洋儒覺得中國的出路就是士人普及化，不過不是像西方世界般用武力來解放民眾的「消極自由」，而是利用儒學提升個人道德修養令社會產生「積極自由」，因為洋儒重新演繹孔孟之道的同時，他們發覺儒學沒有像西方宗教般，把道德與人死後的結局捆綁著，用天堂來引誘信眾服從教會所指定的行為準則（例如明末耶穌會士龐迪我這位洋儒，他當年所撰寫的《七克》只是善用儒家各種德行，來克服人內心的七宗原罪，如此提高道德認知能力的方法，並沒有強調從上帝而來），莊士敦也因此譴責西方傳教士，來華傳教實屬多餘，因為中國已有一套不用把落地獄來恫嚇人的精神信仰。士人清高的品格，並不是用超越世俗的價值來驅動的，而是用世俗中人性最美麗的一面來實行，例如報答父母養育大恩的孝道，在《論語‧陽貨》中，宰我問：「三年之喪，期已久矣！」孔子沒有強迫宰我一定要用三年，只是解釋自出娘胎以後，父母悉心用了三年時間來照顧孩子，所三年守喪只是一個比較公道的做法而已。[10] 還有，儒學沒有採取西方的邏輯推理作理智思辨，反而是觀察事物後提出做人的道理。「欲誠其意者，先致其知；致知在格物」，就是孔子研究學問的方法，與西方資產階級的機械觀唯物論（mechanistic materialism）不一樣，因為在《論語‧陽貨》中孔子認為「形相近也，習相遠也」，人性是隨環境而變化的，

---

[10]　子曰：「予之不仁也！子生三年，然後免於父母之懷。夫三年之喪，天下之通喪也。予也，有三年之愛於其父母乎？」

在《論語‧為政》中又有「立」、「不惑」、「知天命」等隨年紀而變化的心態。也有說「殷因於夏禮，所損益，可知也；周因於殷禮，所損益，可知也；其或繼周者，雖百世可知也」。孔子雖然用「可知也」來回答，但用「損益」二字正代表他認為社會是會隨時間有所變化的，所以有學者認為孔子用的並不是機械觀，而是辯證法（dialectics）。[11] 不過，孔子的辯證法與西方近代哲學家並不一樣，黑格爾（Georg Wilhelm Friedrich Hegel）用的是「唯心辯證法」（idealist dialectics），雖然後者在腦海中用邏輯辯證出來、主觀和客觀合一的「絕對精神」（absolute spirit）非常精細微妙，但因為過分抽象，相比孔孟清楚明確的道德法則，民眾實在難以在生活當中實踐。馬克思（Karl Marx）則是辯證唯物（materialist dialectics）主義者，雖然從歷史中辯證找出改善社會矛盾的法則，但無法像孔孟般把事物現象和人的精神連繫起來，產生改善社會的原動力，就如金觀濤所言：「無論馬列原典還是蘇聯教科書，都極少包括個人道德修身內容，不能做到宇宙論和道德修養之統一。」[12] 儒學認為人可以透過觀察現實世界來幫助內心的修煉而達到「天人合一」，相比基督教徒通過禱告與上帝溝通但無法明瞭世界的道理，又或與物理學和自然科學非人性化的唯物論比較，洋儒當然非常欣賞既懂天理又人性化的儒家學說。可是，孔孟之道被中國權貴扭曲，儒家學說被地方官吏利用，導致民眾的「消極自由」被三綱禮教所褫奪，士大夫為社會提供的「積極自由」因地方官吏腐敗而無法執行。此些現象在晚清非常嚴重，中國社會病入膏肓，已到了誰都可以看得出來的地步。

11　鄧偉著：〈試析孔子的辯證法思想〉，《文史藝術》（2010年4月）。

12　金觀濤著：〈「矛盾論」與天人合一〉，《二十一世紀》，第29期（1995），頁37。

　　從漢武帝和董仲舒開始，中國的「消極自由」不斷被皇室以國家的名義蠶食，不過幸運的是，儒學令士人內心充滿「共同之善」，從而產生正心修身、齊家治國、然後平天下的意志，不但抵消了封建社會的壓迫，而且敢於把心中理想付諸實現，例如把土地國有化、均產、廢奴的儒生皇帝王莽（公元9–23在位）。可惜儒學教曉士人的東西，就只有做人的道理和理想，缺乏治國所需的知識和本領，所以每當外戚、宦官、權貴等勢力過分膨脹的時候，儒家治國便處於下風，又或者受到天災人禍、外族入侵等因素所影響，皇權對社會穩定和財政收入的需要增加，向社會施壓的力度便會加大。士大夫愛莫能助，有時更孤掌難鳴，甚至陷入政治漩渦，中國的國力因此不斷下降，逐漸被西方國家趕上。分水嶺就在1500–1800年間，當時是中西文化交流的啟蒙時代，除了西學東漸之外，東學西傳也處於巔峰時刻，由於大家的文化水平相若，彼此都有珍貴的東西令對方感到興趣，文化交流保持著一個互惠平等的格局。[13] 英國國力超越中國，轉捩點就在十六世紀英國自立國教之後，當時宗教鬥爭無日無之，公學貴族學生的效忠對象變得模糊，忠於上帝的傳統騎士價值觀每況愈下。隨著消失的是社會精英的謙遜和理想，享有特權的上流社會控制著國家，藉著大航海時代的機會，大搞「殖民主義」（colonialism）和「帝國主義」（imperialism），以船堅炮利的優勢，強迫弱國進行不公平貿易和販賣黑奴，通過「保護主義」（protectionism）和「重商主義」（mercantilism），對進口產品設定極高的關稅來確保貿易順差，令資產階級增加了不少金銀財富。他們響應大商家托馬斯‧孟（Thomas Mun）的提議，放棄保藏金銀炫耀財

---

[13]　張國剛著：《從中西初識到禮儀之爭》（北京：人民出版社，2003），頁1。

富的舊思維，反過來把錢幣用於對外貿易，認為這樣做會令英國更加富有，如此道理自然得到政府的大力支持，讓商人在海外依靠軍事力量掠奪資源，英國的國力突飛猛進，其強盛的程度可稱世界之巔。去到十九世紀的維多利亞時代，工業革命如火如荼，越來越多中產階級見獵心喜，以「古典自由主義」（classical liberalism）做擋箭牌，要求政府不要干涉經濟活動，令自己可以在本土透過血汗工廠謀取暴利。可是，洋儒對英國的風光卻不以為然，反過來認為政府用軍力支援的和政府不干涉商人的自由貿易都是「消極自由」，讓英商自由在海外及國內胡作非為或不照料受苦低下階層其實非常不公義。例如 1845–1852 年，英國政府對愛爾蘭大饑荒的協助十分稀少，結果四分之一人口死掉；1831–1866 年，英國工廠污染環境導致四次霍亂大爆發，總共十多萬人死亡；1857 年，因長期對待印度西帕衣士兵非常不公平，結果爆發反英大起義。究其原因，是英國的宗教博愛道德不再，人人向錢看，以剝削弱勢社群的手段獲利，令社會現代化的代價高昂。非貴族出身的洋儒看在眼裏，自然愛上儒家的道德力量，見到英國貴族的惡行伸延到中國，當然感到痛心，但見到士人推動中國社會轉型卻經過無數次的失敗，所以洋儒決意要重新演繹儒學，直接或間接幫助中國以嶄新的方式「以德治國」，拯救東方文明的危機。

要更清楚理解當中的轉折，不如我們先看看明末士人的變化。當時西學東漸，明代儒生也出現了「唯物主義」（materialism），同時期也發生東學西傳，英國的紳士也吸收了中國的學問，兩國並沒有誰比誰更有文化，但不久以後英國的國力就不斷增強，中國的國力就每況愈下。當我們搞清楚明末發生了甚麼特別的事，我們便會更加明白箇中道理，更會清楚洋儒如何為中國開出藥方。

第 9 章
洋儒從明末士人看到西方的未來

十七世紀中後期的中英兩國，在社會結構、政治形勢和經濟狀況方面，都有許多相似的地方。當時兩國的資本主義開始萌芽，也不約而同挑戰封建主義，資產階級與社會精英攜手對抗專制皇權，但結局並不一樣。先看看英國，從事海上貿易的商人在殖民地獲得原料，然後運到本土加工致富；為了保護巨大的財產，他們與明朝的富商入仕一樣，開始靠攏權貴爭取政治本錢，於是與新貴族和清教徒結盟，合力在兩次內戰中對抗查理一世（Charles I，1625–1649在位），結果1649年國王戰敗被處死，成立英格蘭共和國。不久，受天主教支持的詹姆士二世（James II，1685–1688在位）稱帝，英國國教背景的傳統貴族與清教徒背景的新貴族聯合起來，在不流血的「光榮革命」中推翻了詹姆士二世，君主立憲制度和資本主義正式確立，令到更多民眾反抗封建壓迫，社會大眾立志要獲得解放，革命性的「自由主義」思想開始萌生。

反觀同時期的中國明朝中後期，葡萄牙商人定居澳門，外貿開始發展，加上京杭大運河不斷改造，令南北貿易非常旺盛，也促進了商品經濟，紡織業非常發達，江南一帶出現「機戶出資，機工出

力」的生產模式，資本主義萌芽，漢初以來的「重農抑商」觀念不
再，明代富有商人崛起，[1] 透過科舉的「商籍」和「捐納」，掀起商人
入仕之風，令當時四分之三的舉人和進士，都是商人家庭的子弟。
上海籍貫的內閣首輔徐階，與剛繼位的明穆宗朱載垕（1566–1572
在位）不咬弦，一氣之下辭去官職回鄉，雖然朝野皆稱徐階為「名
相」，[2] 但他的子弟卻橫行鄉里，挾著徐階的餘威成為江南大地主，
並與江南官僚連成政治集團，逐漸變成龐大的東林黨士大夫。[3] 商
賈與官員開始交往，東林黨成為富商的利益保護者，透過朝廷內彈
劾官員的機構，與保守的齊楚浙黨（後來併入閹黨）互相鬥爭。此
時中國的社會結構和政治形勢，與同期的英國相當類似，因為兩國
同樣在十六世紀後期資本主義興起，資產階級與商人為了捍衛自身
利益，不斷努力躋身建制之內，與守舊的保皇朝臣發生政治衝突，
出現兩黨之爭。不過，兩國的黨爭結果卻不一樣，英國兩黨合作推
翻皇權，封建制度開始瓦解，資本主義取而代之；反觀中國的黨爭
卻落得兩敗俱傷，政事失利，外族入關無法抵抗，導致明朝滅亡。

　　明朝黨爭禍國，有學者認為是儒學不能與時並進，又或因明神
宗朱翊鈞（1563–1620在位）三十年不上朝之故，但從上文分析所
見，事情未必如此簡單。因為明朝的儒學，把理想和禮教提升到一
個非常迷戀的地步，令到士大夫的行為極端矛盾，他們既充滿理

1　　明代商業繁榮的情況可見張瀚在《松窗夢語》卷四之〈商賈紀〉的描述：「北
　　　跨中原，瓜連數省，五方輻輳，萬國灌輸。三服之官，內給尚方，衣履天
　　　下，南北商賈爭赴。」

2　　徐階注重選拔，愛惜人才，革除嚴嵩弊政，取消朝中的許多浪費開支，所
　　　以被朝野稱為「名相」。

3　　比較著名的東林黨士大夫包括抗清烈士瞿式耜和夏允彝、抗清名將史可
　　　法、文學大家陳子龍、明末大儒顧炎武等等。

想，敢於坐言起行改革時弊，但也非常注重傳統，對禮教非常執
著。著名歷史學家黃仁宇就在《萬曆十五年》(1587, A Year of No
Significance: The Ming Dynasty in Decline) 一書的結尾中指出：「當一個
人口眾多的國家，各人行動全憑儒家簡單粗淺而又無法固定的原則
所限制，而法律又缺乏創造性，則其社會發展的程度，必然受到限
制。即使是宗旨善良，也不能補助技術之不及。」[4] 黃仁宇把明朝的
滅亡怪罪於儒學，例如張居正和李贄都是因久習儒學而充滿理想，
希望在人生的道路上更上一層樓；但張居正在奉行儒家倫理的政治
中找不到出路，於是依賴禪宗創造新的治國法則，李贄則在儒家思
想上找不到自由，於是借助佛學與心學自成一派，[5] 可是他們兩人卻
因此分別被政治和思想的既得利益者所反撲，張居正身故後被滿門
抄家，李贄噹啷入獄自殺身亡。故此，儒學令中國不能進步在表面
上當然是個事實，因為當時地理大發現，大航海時代來臨，海上民
間貿易開放，令到工商業興旺、資本主義萌芽，但中國的法律卻以
禮教來穩定社會，上層社會有田有地，子弟也定有人當官保護宗族
勢力的利益，如此的社會結構當然跟不上資本時代的發展和需要。
但更嚴重的是，從宋太祖趙匡胤 (927–976 在位) 開始，朝廷重文輕
武，[6] 讀書人不問家世，只要科舉考試及第便能做官，令宋代士大夫
數目大增，平均每年大約有三百人。[7] 明代也延續宋代以文抑武的

---

[4]　黃仁宇著：《萬曆十五年》(北京：生活・讀書・新知三聯書店，2006重
印)，頁279。

[5]　同上註，頁239–279。

[6]　因為宋太祖看到唐朝藩鎮割據，五代十國又有軍閥亂政，所以每當打完仗
之後，就削去武將的兵權，改為提倡文教；擁有最高軍權的樞密使一職，
改由文官擔任。

[7]　張希清著：〈士大夫與天子「共治天下」〉，《博覽群書》，2010年10月7日，

做法，明太祖朱元璋（1368–1398
在位）大殺功臣，官學推行程朱理
學，作為科舉制度的考試內容，
令儒學得到前所未有的發展；隨
著士人的理想越趨旺盛，但社會
容許個人理智上的自由卻非常之
小，結果令心學在明代中期興
起，先由士大夫陳獻章改研南宋
陸九淵的心學，隨後士大夫王陽
明（別名王守仁）除了尊孔孟之
外，也學習佛老結合儒學以陸學
傳人自居。他在嘉靖七年（1529）
卒後，陸王心學繼續在道統的士

王陽明畫像
圖片來自維基：http://bit.ly/2HMAcCP

人階層流傳，[8] 他們批評理學「先知後行」把良知和行動分開，認為
「知行合一」把良知和行動合併起來才對。王陽明借用禪宗重新演繹
「格物致知」，認為把對一切外物的感覺都隔絕開，內心才能有純粹
的良知，看見封建社會充滿著剝削及階級矛盾，為了安全人人失去
真我，每天戴著面具做人，所以王陽明強調「心即理」、「致良知」，
道德要有自覺性和主宰性。這與亞里斯多德自我實現的自由觀和休
謨的良知觀有點相似，但西方國家卻止於哲學概念，歐洲非常普及
的「自由主義」只是資產階級解除封建專制的「消極自由」，反觀中

進入網站日期：2016年2月21日，http://epaper.gmw.cn/blqs/html/2010-
10/07/nw.D110000blqs_20101007_2-02.htm?div=-1。

8　　杜大愷著：《多元視界中的中國畫》（北京：清華大學出版社，2006），
頁31。

國心學乃強調主體道德意識的能動性。儘管心學門人張居正和李贄高舉的「積極自由」被保守勢力撲滅，但到了中國明末清初卻是知識分子的共識和許多士大夫的行為模式。[9] 這當然令洋儒極之仰慕，從東方看到西方的未來。

程朱理學和陸王心學分別對當時的儒生影響深遠，宋明兩代幾百多年來，士人盡情辯證儒學思想，朝廷又極力維護綱常禮儀，令明末士大夫的精神提升到一個史無前例的高度，但人格卻出現了兩個前所未有的極端。一方面是士大夫除了自小習慣格物的思辨，正如建文二年 (1399) 的科舉榜眼王心齋所言：

> 格如格式之格，即後絜矩之謂。吾身是個矩，天下國家是個方，絜矩，則知方之不正，由矩之不正也。是以只去正矩，卻不在方上求，矩正則方正矣，方正則成格矣。故曰物格。吾身對上下前後左右是物，絜矩是格也。[10]

王心齋以「絜矩」來比喻格物的方式，「絜」是量度，「矩」是畫直角的尺，所以「吾身對上下前後左右是物，絜矩是格也」，意指對自己身邊的事物以畫直角的尺來量度，不過「吾身是個矩」，所以自

9　受到王陽明 (1472–1529) 的啟發，心學逐漸流行起來，大量士大夫和士人研究心學並付諸實踐，比較著名的陽明學者例如有冀元亨 (1482–1521)、王心齋 (1483–1541)、薛侃 (1486–1545)、徐愛 (1487–1517)、聶豹 (雙江) (1487–1563)、鄒守益 (東廓) (1491–1562)、劉邦采 (獅泉) (1492–1598)、歐陽德 (1496–1554)、錢德洪 (緒山) (1496–1574)、歐陽南野 (1496–1544)、王龍溪 (1498–1583)，還有較後期的羅洪先 (念菴) (1504–1564)、羅汝芳 (1515–1588)、張居正 (1525–1582)、李贄 (1527–1602)、屠隆 (1543–1605)、袁宏道 (1568–1610)、劉宗周 (1587–1645)、黃宗羲 (1610–1695) 等人。

10　王艮著：〈語錄下〉，《王心齋全集》(台北：廣文書局，1987 再版)，卷三，頁 73–74。

己的內心要像「矩」般公平中正、中庸合德，量度身邊的事物才會準確。

除了在外在格物之外，士大夫還會在內心格物，強調道德的自覺性，拋棄內心的枷鎖。根據王陽明所言，格物不須向外求，因為「意之所在便是物」，[11]「見聞莫非良知之用」，[12] 所以求知於外不如求知於心。王陽明在《傳習錄》有如下解釋：

> 「格物」如孟子「大人格君心」之「格」。是去其心之不正，以全其本體之正。但意念所在，即要去其不正，以全其正。即無時無處不是存天理。即是窮理。」「格者，正也；正其不正，以歸於正也。」「無善無惡是心之體，有善有惡是意之動，知善知惡是良知，為善去惡是格物。」[13]「隨時就事上致其良知，便是格物。」[14]

在內心格物令人心剩下善意，知行合一把善意付諸行動，充滿儒家對治國平天下的良知（這與休謨的「良知觀」和格林追求「共同之善」何其相似，不過陽明心學早在十六世紀初就出現了，而且更加有進取心），心學令士大夫對自己覺得正確的事情敢言直說，加

11　王守仁著：〈傳習錄〉，卷上，《王陽明全集》（上海：上海古籍出版社，1992重印），卷一，頁25–26。

12　王守仁著：〈傳習錄〉，卷上，《王陽明全集》，卷二，頁71。

13　儘管往後頗多儒生對此「四句教」有不同解讀，例如陽明弟子的同門之爭（錢德洪對王龍溪）、異門之爭（湛門弟子許孚遠對羅門弟子周汝登）、人性之辯（東林學派顧涇陽對泰州後學管東溟），但王陽明鍛煉心性的儒學路線自此大行其道。洋儒與中國通受陽明心學啟發，莊士敦就是典型例子，但他們有否如明末士人般，視心學為通往聖賢之路，鑽研如何徹悟甚至忘悟，就不屬本書的研究範圍。

14　王守仁著：〈傳習錄〉，卷上，《王陽明全集》，卷一，頁4。

上理學對周邊事物絜矩格物，也令他們勇於辯論批評別人的過錯，甚至連皇帝也不懼怕（與阿斯奎斯和勞合喬治夠膽要挾兩位國王冊封五百名自由黨員成為貴族一樣），這正是程宋理學和陸王心學的表現。在明武宗朱厚照（1505–1521在位）之前對外格物較多，之後則對內格物也不少，令各人意見紛陳，爭端更趨劇烈，如此現象在明代多的是，例如成化朝英宗慈懿皇太后「葬禮之爭」、嘉靖朝興獻王「名號之爭」、萬曆朝「國本之爭」等等。[15]

　　另一方面，士大夫卻有一個共同點，就是從小謹守的各種傳統禮儀，因為儒學強調「禮」與「理」相通，認為皇帝地位雖顯赫，但也應嚴謹守禮，才能合符「理」的要求，所以「禮」和「理」比皇帝的權威更高，士大夫不時會團結起來，合力要求皇帝緊守祖先傳下來的規矩，否則死不罷休。當然，其實這也是士大夫格物衍生出來的一種表現，只不過他們絜矩的對象，從朝臣和自己改向皇帝而已，加上宮廷禮儀是一個容易統一的絜矩標準，所以也會發生士大夫非常齊心一致的常見現象。李佳〈論明代君臣衝突中士大夫的政治價值觀〉一文就有如下解說：

> 在明代的君臣衝突中，「禮」被抗爭之情反覆提及。皇帝高居社會上層，其身份尊貴至極，卻亦受禮之約束，經筵、朝會、郊祀、廟祀等皆從屬於皇帝當行之禮的制度範疇。至於嫡後祔陵禮、尊崇先帝禮、庶長子冊封禮這些禮儀之事，則被士大夫在關乎天理人心的意義層面加以論說。[16]

---

[15] 李佳著：〈論明代君臣衝突中士大夫的政治價值觀〉，《西南大學學報》，第39卷，第1期（2013）。

[16] 同上註。

　　基於明朝士大夫上述的行為模式，皇權長時間被兩黨士大夫架空，與同期英國斯圖亞特王朝（The House of Stuart）輝格黨和托利黨合作奪去國王權力沒有分別。但是為甚麼兩個國家的命運卻各走極端？不如我們看看內閣首輔張居正的例子。1572年明穆宗朱載垕臨終前，因為太子只有十歲，所以託付張居正和另外兩名大臣輔政。[17]當時北方農民常因天災為患作物失收，導致食不果腹無力交稅，江南商賈雖然事業興旺富甲一方，卻行賄地方官吏不願交稅，[18]國庫又非常空虛，民生也十分凋敝，但充滿治國理想的張居正無懼利益集團的反對，提出「厚農而資商，厚商而利農」、「農商必應相互倚賴」等經濟觀點，推行「一條鞭法」稅收改革，以土地資產計徵，稅收來源從農民轉移到大地主身上，沒有田地的手工業者和商人則無須履行賦役。政府把社會利益再次分配，從來都會釀成政治鬥爭，江南大地主不願多交稅款，於是靠攏從江南出身的東林士大夫來保護自身利益，以「不與民爭利，藏富於民」的市場經濟論調與張居正鬥法。正如黃仁宇所指的「儒家簡單粗淺而又無法固定的原則」，在絜矩財富分配道德的時候，東林黨士大夫把孔孟道德作為「武器」，向皇帝說「不言利、只言義」，意指明神宗朱翊鈞（1572–1620在位）若能重德輕利才是明君，所以當時中國資本主義與封建社會誰勝誰負的關鍵，就是雙方如何格物，最終決定東林士大夫保護江南大地主是否成功不受皇權干涉，還是「一條鞭法」稅收改革者張

17　雖然還有高拱和高儀與張居正一起接受朱載垕的託付照顧小太子，不過高拱不久被太監馮保驅逐，高儀受驚嘔血致死，留下張居正一人獨攬大權。

18　李連利著：《白銀帝國：翻翻明朝的老帳》（武漢：華中科技大學出版社，2013），頁24。

居正能夠抵得住壓力。東林黨領袖顧憲成提出「天下之公」，認為政府應聽從商賈與百姓的意見，皇帝不應專權，國家大事應由內閣和六部判斷。這就像英國輝格黨的政治詞彙，參照培根和洛克的主張，說要發展科學崇尚知識社會才能進步，又要保障生命、自由和財產，讓人民享有「自然權利」(natural right)。托利黨內的保守貴族就如明末的齊楚浙黨，由於詹姆斯二世殘酷迫害清教徒，令托利黨內的一些新教徒不滿，所以放下成見與輝格黨合作推翻詹姆斯二世，[19]「光榮革命」後托利黨又缺乏改善國家命運的政治思想，所以一直處於下風，直至小皮特 (William Pitt the Younger，1783–1806 在任) 創出「新托利主義」(new Toryism)，[20] 才令托利黨得到民眾支持在十八世紀八十年代奪回執政權五十年。

　　反觀地球另一端的黨爭，東林和齊楚浙兩幫士大夫爭端不休，雙方各持己見，數十年來未能妥協，朝廷幾無寧日。要注意的是，雖然兩黨士大夫激烈相爭，但他們與張居正壓抑皇帝的態度一樣，例如東林黨領袖顧憲成不贊成由皇權專制，齊楚浙黨領袖沈一貫也對明神宗的態度強硬，兩批士大夫對皇權的態度，其實與英國「光榮革命」的貴族和紳士把國王架空無異，不過他們的「禮」、「理」和「心」或「格物致知」的「知」，是朱熹「窮究事物道理，致使知性通達至極」或王陽明「致良知」的道德觀，並不是英國知識社會的知識

---

[19]　輝格黨和托利黨聯手對付國王詹姆斯二世，攜手進行「光榮革命」，也是因為詹姆斯二世向法國靠攏，損害輝格黨的商人利益，又殘酷迫害清教徒，令托利黨內的一些新教徒不滿。所以輝格黨和托利黨推翻王權的行為，是為了保護自己的「消極自由」。

[20]　根據曹萍，「保守主義、集體主義和所謂愛國主義成為新托利主義的主要原則」。曹萍著：〈論迪斯累里的「新托利主義」〉，《世界歷史》，第 4 期 (2007)，頁 133–140。

觀。所以士大夫格物的後果，是誰的道德觀（或沒有客觀標準的天理）更加有道理、更加被其他士大夫所接受。明朝皇帝一直受制於士大夫，就算是張居正死後被明神宗抄家，其實與李植、羊可立、江東之、楊四知、阮子孝不斷上疏彈劾張居正不無關係，否則當時剛剛掌權、年僅21歲的明神宗，也不會夠膽准奏遼妃的伸冤。[21] 回想萬曆五年張居正「奪情」不回鄉服喪三年，[22] 許多士大夫都認為於禮不合，也違反明英宗朱祁鎮（1427–1464在位）「不許保奏奪情起復」的遺訓，於是群起抗議但卻紛紛受到嚴懲對待，張居正也從此開罪了許多正直守禮的士大夫，所以死後被抄家為他求情的士大夫不多，偶有工部尚書潘季馴為他說項，即被御史李植彈劾削職為民。[23] 因此，雖然資本主義和封建制度令士大夫分為兩黨，但明末極端的「禮」文化卻令他們聯合起來，歇斯底里對付不合禮教的事，在萬曆十四至二十九年期間（1586–1601）更達到峰巔。因為明神宗希望冊立次子為太子，士大夫聞言激烈反對，大量進言又不斷上疏，要求皇帝嚴格按照祖宗傳統，長子才可繼承皇位。雖然明神宗大動肝火，以廷杖、去俸或罷黜等懲罰回應，但對「禮」已經癡迷的士大夫並不懼怕，大量士大夫繼續苦苦哀求，萬曆十八年更集體要求冊立。這場在歷史上被稱為「國本之爭」的一直持續了三十年，

---

[21] 當時遼妃王氏上書申訴遼王府家產被張居正吞佔，但抄家完畢後發覺張居正的財產不及之前同被抄家的官員嚴嵩的二十分之一。谷應泰著：《明史紀事本末：歷代筆記叢編》（谷月社電子書出版社，2015）。

[22] 「奪情」是指如果朝臣因為國家大事而被奪去了孝親之情，便可以不用去職，僅以素服繼續工作便可以，但明英宗曾下令：「凡官吏匿喪者，俱發原籍為民」和「內外大小官員丁憂者，不許保奏奪情起復」。

[23] 十年砍柴著：《晚明七十年：1573–1644，從中興到覆亡》（西安：陝西師大出版社，2007）。

即從萬曆十四至四十三年（1586–1615），直至明神宗答應冊封長子、把二子常洵放逐到洛邑就藩為止，可見明朝士大夫忠心耿耿的對象並不是皇帝，而是傳統禮節。也因同樣的出發點，兩黨士大夫並沒有推翻三十年不上朝的明神宗，也沒有阻止身體非常虛弱的明光宗朱常洛（1620 年 8 月 28 日至 9 月 26 日在位）登基，更沒有加害 15 歲登位、未受過正規教育、年少無知的明熹宗朱由校（1620–1627 在位）之意。

士大夫對皇室的愚忠，在何冠彪的文章〈「得福不知今日想，神宗皇帝太平年」──明、清之際士人對萬曆朝的眷戀〉進一步得到證實。他列舉了數十名士大夫對明神宗的評價，發覺正面居多，負面很少，例如禮部尚書錢謙益說：「當盛明日中，君臣大有為之日。」何冠彪有如此結論：「萬曆朝卻是不少明（1368–1644）、清之際士人眷念的黃金時代……在清初的詩文中，痛斥神宗失政的篇章並不多見。」[24] 可見士大夫對皇帝本人並沒有不滿，再一度證明他們推翻皇權的意欲不大，只是希望皇帝恢復禮儀而已。因此，類似英國的「光榮革命」，在明末根本不會出現，明朝兩黨的士大夫沒有像同期英國的輝格黨和托利黨般，分別因商業利益和宗教分歧而推翻皇權，因為他們的動機只是希望皇帝謹守禮節而已。

在洋儒的眼中，士大夫對皇室的愚忠，其實是做好本分的道德觀念，對充滿團體精神和體育精神的公學畢業生來講，是一個容易明白的現象，所以用「禮」、「理」和「心」格物治國並不是壞事，明

---

[24] 何冠彪著：〈「得福不知今日想，神宗皇帝太平年」──明、清之際士人對萬曆朝的眷戀〉，《九州學林》，第 3 卷，第 3 期（2005），頁 85–115。

末士大夫對皇帝以禮相待，對朝臣格物致知，是他們對理想的表現，但士大夫追求的自由，不是西方國家的一種獲得解放、不受他人干涉的權利，而是依照自己的道德意志去思辨和實行的能力，所以有敢於付諸實踐的勇氣。例如「國本之爭」領袖沈一貫力主派軍保衛藩國朝鮮抗日，成為萬曆朝鮮之役末後策劃功臣，揭穿日本要求解禁寧波港的背後目的。張居正也是另一個好例子，他敢於壓迫皇帝，任用賢官，推行新政，打擊貪污，整肅特權，做出「萬曆中興」的局面，[25] 萬曆五年張居正提出奪情是逼不得已，因為他不能在改革的重要時刻回鄉守孝，否則不能實踐士大夫崇高的治國理想。不過到了一定時間之後，以「禮」、「理」和「心」格物治國便會變成一件壞事，因為「禮」講求秩序和形式，但孔孟之道是春秋戰國時代的產物，當兩千多年後資本主義和商業經濟興起後，社會秩序和道德觀念自然會起變化，不變的儒家禮節也必會與現實脫節，跟不上世界的新潮流，久而久之，做事就變得僵化，人心就覺得麻木；加上「理」強調要「存理去欲」，做事不能有情感欲望，像西方世界放在商業和科學的發展上比較對口，但用於處事做人就變成機器，朝廷上下缺乏人情味，所以王陽明發覺不斷以理學格物並不對勁，做人的良知倒不如從內心中尋找，強調心無外物，思想要摒棄世俗，不要理會外界的束縛。可是，依靠自己的制約，士大夫的良知自然未必一致，所以大家互不相讓爭吵不休，令在位最久的明神宗選擇退避三舍，數十年不上朝，避開士大夫的紛爭。

---

[25] 1582年張居正去世後，改革並沒有停下來，明神宗（1572–1620在位）維持張居正的政策多年。

　　到了崇禎帝朱由檢（1627–1644在位）登基，國家已無力處理明末不斷出現的嚴重瘟疫和旱澇災禍，[26] 加上陝西大旱發生大饑荒，河南又有蝗旱，大量民眾餓死和病死，疫疾更蔓延到北京，令四成人口死亡，導致大量農民軍起義，外有後金大汗皇太極入侵，令士大夫疲於奔命，國力耗損嚴重。還有宦官藉著開礦橫徵暴斂，[27] 導致工商業萎縮，民不聊生，東林黨士大夫群起反對，卻不敵專權宦官魏忠賢，令許多東林黨人被謀害。不過，東林黨人後來得到繼位的崇禎帝朱由檢平反，把宦官魏忠賢賜死，士大夫自然對崇禎帝產生感激之情，更加不會謀朝篡位，自然與英國新貴族推翻帝制的結果不一樣。

　　明代士大夫雖然擁有崇高的理想，可是他們格物致知是為了「存天理」和「致良知」，與尋找新知識推動社會轉型無關。相反，士大夫是舊有制度的有力保護者，這當然與明朝長期面對外族威脅、故此需要一個強大的中央政府和穩定的社會有關，而這些保護力量的來源，就是程朱理學和陸王心學的格物致知。洋儒看中的就是這些修心養性的儒家文化，希望可以補足西方維多利亞時代在「消極自由」下傳統個人道德的缺失。

---

[26] 萬曆八年（1580）有大同瘟疫，天啟三年（1623）有奢寅大疫，崇禎六年（1633）有山西瘟疫，崇禎八年（1635）有潼關、朱陽關瘟疫，崇禎十年（1637）有山西瘟疫，崇禎十二年（1639）有商洛瘟疫，崇禎十三年（1640）有邢台、河間、大名瘟疫，崇禎十六年（1640）有北京瘟疫和天津鼠疫，崇禎十七年（1641）有京師瘟疫。

[27] 宦官是宮廷太監，負責宮內雜務，但往往因為日夕靠近皇帝或皇后，加上被皇室利用抗衡士大夫，所以有機會被賜予權力變成宦官。從萬曆十六年（1588）起，明神宗向民間大肆徵稅，宦官也趁機斂財。

第 10 章
洋儒幫助士人提升道德認知能力

　　這場千年難得一見的士大夫氣節，是在一群洋儒近距離見證下
發生。因為在隆慶元年 (1567) 明穆宗宣佈廢除海禁，令耶穌會一
群傳教士有機會來到明末中國，在萬曆六年 (1578) 到達澳門的遠
東耶穌會監會司鐸 (Visitator) 范禮安 (Alessandro Valignano)，為了方
便傳教，決定以後來華的傳教士均要學習漢語，加上日本的豐神秀
吉將軍排斥天主教，范禮安被迫把日本的印刷機搬往澳門，[1] 在東方
世界傳教的焦點也轉移到中國身上。隨後在萬曆七年 (1579) 抵達
澳門的羅明堅 (Michele Ruggieri) 不負所託，編寫好《葡漢辭典》，翻
譯了《大學》成為拉丁文，也手繪出《中國地圖集》；加上萬曆十年
(1582)，利瑪竇和巴范濟 (Pasio Francesco) 也來到澳門，同年 12 月
他們三人應邀到廣東肇慶，滿腔熱誠希望拯救千萬中國人的靈魂。
可是，儘管羅明堅與利瑪竇在 1585 年出版了《新編西竺天主教實
錄》，成為第一本有關天主教教義的中文著作，希望吸引「文化低

---

[1]　　王國強著：〈早期澳門文獻與出版事業發展史〉，《澳門研究》，第 14 期
　　（2002 年 9 月）。

落」的中國人信教，但不用多久他們就發覺，以如此方式傳教的效果並不理想，[2] 因為中國人並不相信外來文化。利瑪竇在《利瑪竇中國札記》記載：[3]「在他們（中國人）看來，世上沒有其他地方的國王、朝代或者文化是值得誇耀的。這種無知使他們越驕傲，而一旦真相大白，他們就越自卑。」[4] 由此可見，當時中國人對西方文化的反應是抗拒，並覺得不比自己的文化先進。結果，1589年的新任總督劉繼文把天主教定性為「邪教」，利瑪竇等傳教士惟有離開肇慶，遷往廣東省北部的韶州暫避。

在韶州初期，除了曾在澳門接受過天主教教育的鐘鳴仁和黃明沙之外，[5] 願意信奉天主教的人仍然很少；唯一誠心來找利瑪竇的，是1590年從遠處來到韶州的陽明派士人瞿汝夔（又名瞿太素），但他的目的並不是來入教，而是聽聞利瑪竇懂得取銀之術，所以前來學習西方科學知識。[6] 不過利瑪竇也沒有拒絕，反正有的是時間，而且可以藉此機會向瞿汝夔灌輸教義，於是教他《同文算指》和《渾蓋通憲圖說》，又一起把歐幾里得的《幾何原本》的第一卷翻譯為中文。當時羅明堅已返回了歐洲，由於不適應韶州的生活環境和天氣的關係，1591年教士麥安東（Antoine d'Almeyda）和1593年石方西（Francesco de Petris）相繼辭世，剩下利瑪竇一人「孤軍作戰」，未來

2　俊余、王玉川譯：《利瑪竇全集》（台北：光啟出版社，1986），第2冊，頁428。

3　利瑪竇（Matteo Ricci）著，何高濟等譯：《利瑪竇中國札記》（北京：中華書局，1983），原名《基督教遠征中華帝國史》（*De Christiana Expeditione apud Sinas Suscepta ab Societate Iesu*）。

4　利瑪竇著，何高濟等譯：《利瑪竇札記》（北京：中華書局，1990），頁81。

5　利瑪竇著，何高濟等譯：《利瑪竇中國札記》，頁244。

6　劉聰著：〈利瑪竇《交友論》與陽明學友誼觀之關係〉，《湖南科技學院學報》，第33卷，第1期（2012年1月）。

日子可勝不可敗，令他不得不深切反省，詢問瞿汝夔究竟自己哪裏做得不好？中國人怎樣才會信奉天主教？瞿汝夔於是告訴利瑪竇，華人深厚的文化來自儒學，它是一種令人產生美德的「自然宗教」，使人變得溫純善良，中國社會以文人最受人尊重，所以只有精通儒家經典，官員和有文化修養的人知道你會格物致知，才會願意與你溝通，互相真心切磋學問。反之，中國人覺得不懂儒學的外來人皆為蠻夷，看到許多西方人都利用槍械在中國掠奪財物，[7] 所以覺得洋人才是要被救贖的野蠻人。利瑪竇聽後恍然大悟，回想耶穌會成立的原因，正是為了修復西方天主教的嚴重腐敗，也發現耶穌會士操鍛鍊內心神貧和貞潔的獨有神操靈修技巧，[8] 竟與日漸流行於士大夫之間的儒家陽明心學功夫有異曲同工之妙，大家都是設法修心養性卻用來積極入世創建功業的學問，於是他從此不再穿佛教僧服，換上絲綢儒裝，蓄髮留鬚以洋儒自居，更決定把中國經典四書翻譯成拉丁文，藉此了解儒學有何過人之處，結果在1593年把四書翻譯好，並託人從澳門寄回歐洲出版。翻譯過中國經典之後，利瑪竇對儒學非常讚嘆，認為它能媲美古羅馬的經典。看看利瑪竇寫信給總會長的內容就知道：

---

[7]　恩保德神父著：〈利瑪竇從澳門到北京福傳旅程中的演變〉，《逾越知音》，進入網站日期：2016年2月24日，http://eoc.dolf.org.hk/livingev/c_riccl.htm。

[8]　神操是西班牙天主教會神職人員依納爵‧羅耀拉（Ignazio Di Loyola，1491–1556）為了革新精神腐敗的天主教會而創造的一種洗滌內心靈修方法。羅耀拉為了徹底潔淨自己的內心，於是隱居在西班牙東北部的一個小山洞內十個月，專心祈禱反省，結果領悟出了一套叫「神操書」（Gli Esercizi Spirituali）的新精神操練方法。這也合理解釋羅明堅、利瑪竇等八十多名來華耶穌會士，儘管在華拓荒傳教歷盡千辛萬苦，但仍能一直保持不屈精神及堅持貞潔生活。

此外翻譯四書，必須加寫短短的注釋，以便所言更加清
楚。託天主的幫忙，我已譯妥三本，第四本正在翻譯中。
這些翻譯以我的看法在中國與日本為我們的傳教士十分有
用，尤其在中國為然。四書所述的倫理猶如第二位塞尼加
（Seneca）的作品，不次於古代羅馬任何著名作家的作品。[9]

　　明代中後期的程朱理學日趨僵化，心學取而代之，所以深受陽
明心學所影響的士大夫不僅瞿汝夔，還有早期允許利瑪竇到肇慶居
住的幾位陽明學士大夫，他們是兩廣總督郭應聘、肇慶知府王泮和
後來繼任肇慶知府的鄭一麟。[10] 還有1595年認識的兵部侍郎石星，
他也是一位陽明學者，利瑪竇答應為石星的兒子治病，令石星允許
他跟隨北上，趁機到北京尋找中國皇帝的支持。可是，當時正值萬
曆「朝鮮之役」（1592–1598），中國為救援朝鮮，於是派兵與日本交
戰，所以利瑪竇到了半途在南京，因為戰爭期間無人敢膽收留外國
人。1595年利瑪竇被迫折返暫居南昌，由於南昌旁邊的九江正是白
鹿洞書院的所在地，學生數目上千，瞿汝夔為利瑪竇在南昌大肆宣
傳，令利瑪竇成為當地明室樂安王和建安王的座上客，在南昌結交
了更多的陽明學士人，例如瞿汝夔的好友白鹿書院院長章本清、因
上書抗倭被降職而辭職回鄉的前福建參政王肯堂、剛回鄉守喪三年
的戶部主事馮應京等人。利瑪竇不但認識了這群明末士大夫的精神
和風采，也在他們的協助下，在同年應建安王之邀寫成《交友論》。[11]

---

[9]　　羅漁譯著：《利瑪竇書信集上冊》（台中：台灣光啟出版社，1986），頁
134–135。

[10]　　張奉箴著：《利瑪竇在中國》（台南：聞道出版社，1982），頁107。

[11]　　同上註，頁113。

在撰寫《交友論》的過程中，利瑪竇成功把西方文化植入儒家倫理觀的空隙，《交友論》在古希臘、基督教和中國儒家倫理觀的分歧中，找出各方都可以接受的定位，也為以後的洋儒和中國通示範了如何消除中西深層文化矛盾的方法。首先，古希臘亞里士多德（Aristotle）從哲人統治的理想國看交友，認為友誼需要長久和鞏固，所以不認同短暫和建基於物質的「利益之交」和「快樂之交」，而是推崇長久和心靈的「德行之交」。到了十三世紀，天主教神學家阿奎那（Thomas Aquinas）把古希臘的倫理觀結合宗教觀，他認為「德行之交」是一種愛自己便會愛他人的邏輯，愛自己的意思是令自己變成有善心、有品質的人，如此理想的一個人就不會對別人不好，所以就會愛人如己，但在現實世界往往做不到，所以阿奎那就教導信徒祈禱仰慕上帝來得到動力。至於儒學倫理觀的道德是單向和對立的，也沒有上帝的存在，但三綱五倫中的朋友一倫卻是例外，它是雙向和對等的。因為陽明學者多是在朝外論政，所以他們特別強調王陽明之說：「今世無志於學者無足言，幸有一二篤志之士，又為無師友之講明，認氣作理，冥悍自信，終身勤苦而卒無所得，斯誠可哀矣。」[12] 另一明末思想家羅汝芳認為，孝弟慈是經世治國的最好方式，他說：「一切經書，皆必歸會孔孟，孔孟之言，皆必歸會孝弟。以之而學，學果不厭；以之而教，教果不倦；以之而仁，仁果萬物一體，而萬世一心也已」，也正如王陽明說：「仁者以天地萬物為一體，使有一物失所，便是吾仁有未盡處。」[13] 有見及此，利瑪竇一方面把西方倫理不能與明末士人共通的元素去掉，即把古

---

[12] 王守仁著：《王陽明全集》（上海：上海古籍出版社，1992 翻印），頁 158。
[13] 同上註，頁 25。

白鹿洞書院外觀　　圖片來自維基：http://bit.ly/2BQGyjJ

希臘以維繫城邦制度為德行去愛他人和天主教的上帝愛人排除在
《交友論》之外，另一方面把陽明學士人的共同當以天下為己任的理
想擴大到師友之外，豐富了德行內容和超越儒學血緣親情的傳統。
《交友論》最終變成古希臘、天主教和陽明儒學的倫理結合成果，[14]
所以深得明末士大夫的普遍讚賞，也令當時的中國儒生更容易接受
西方文化，奠定融匯中西文化成功的第一步。

　　除了《交友論》之外，另一本融匯中西文化的耶穌會士著作，
是在萬曆二十四年（1597）到達澳門的龐迪我（Diego de Pantoja）所撰
寫的《七克》。徐光啟認為《交友論》沒有把天主教修煉精神的具體
方法說清楚，《七克》正可補充陽明心學把儒學價值觀主體化後還未
盡的工作。他對儒學的不足有如此評價：「空有願治之心，恨無必

───────────

[14]　張奉箴著：《利瑪竇在中國》（台南：聞道出版社，1982）。

治之術。」[15] 這就是徐光啟以過來人道出自己的經驗，陽明心學的「致良知」，是假設悟道以後人就會自然行善，可是現實告訴我們並不是這樣，不然王陽明也不會強調「知行合一」，可是行善仍然不太容易。明末當官、敢於直諫的劉宗周，聽到清軍攻陷杭州後決定絕食二十天而亡，他生前對成為聖人之難也有同感，發覺明理和行善是兩回事，唯一可做的就是不斷改過，但好像沒有一條必然成聖之路。他說：

> 人雖犯極惡大罪，其良心仍是不泯，依然與聖人一樣，只為習染所引壞了事。若才提起此心，耿耿小明，火然泉達，滿盤已是聖人⋯⋯自古無現成的聖人，即堯舜，不廢兢業，其次則一味遷善改過，便做成聖人。[16]

而《七克》所介紹的天主教為治理七罪宗（seven deadly sins）的七克工夫，正是徐光啟和劉宗周期待已久的必治之術，也剛好解決明末儒生修心乏術的尷尬，耶穌會士的貞潔，也是靠如此修心而煉成。龐迪我說明天主教的七罪宗，即傲慢（pride）、嫉妒（envy）、憤怒（wrath）、懶惰（sloth）、貪婪（greed）、暴食（gluttony）及色欲（lust），可以由相對的七種德行化解，[17] 不過關鍵是如何做得到，《七克》在這方面有深入的探討。在中國文化當中，導人向善的道理甚多，例如被稱為「古今第一善書」的《太上感應篇》，就以「善有善報、惡有惡報」的因果觀念，叫人行善積德，才能長生多福，甚至

---

[15] 徐光啟著：〈辨學章疏〉，《徐光啟集》（香港：中華書局，1963），卷九。

[16] 劉宗周著：〈人譜〉，《劉子全書》（台北：華文書局，1968），卷一。

[17] 這七種德行是謙虛（humility）、寬容（charity）、耐心（patience）、勤勉（diligence）、慷慨（sufficiency）、節制（sobriety）、貞潔（chastity）。

得道成仙，否則必有報應，並列舉行二十六條善行和一百七十條惡行，讓善眾有清楚根據來實行。其善行與儒學的「三綱五倫」倫理觀相通，例如「擾亂國政」、「違逆上命」、「用妻妾語」、「違父母訓」、「男不忠良，女不柔順，不和其事，不敬其夫」都是惡行；又要尊重大自然和各類動物，例如「唾流星、指虹霓、輒指三光、久視日月」、「無故殺龜打蛇」也是不可做的惡行。

可是，《太上感應篇》與儒學經典一樣，缺乏修煉向善思緒和心志的方法，沒有進入清心寡欲的步驟，所以此書未為能幫助讀者到達一個能控制欲望的精神狀態。相反，在《七克》的論説框架中，龐迪我把宗教的元素低調處理，即是沒有太多談及道德存在的來源和道德實踐的目的，因為天主教認為這兩個問題的答案就是上帝，所以若要按陽明學以人心為本，作為道德來源和目的的話，荀子把道德作為在群體生活中的各種義務，看來是比較合適的處理。但為了保持天主教的道德觀，又要沒有天主教信仰的儒生容易接受，龐迪我在《七克》中如是説：

> 一謂謙讓以克驕傲，二謂仁愛人以克嫉妒，三謂舍財以克慳吝，四謂含忍以克忿怒，五謂淡泊以克飲食迷，六謂絕欲以克色迷，七謂勤於天主之事以克懶惰於善……有真德，則榮贊益報兼配之。榮贊歸上帝，益報歸我矣。若以榮贊自歸，並益報俱失也。故誠德之士，有美德善功，聞讚譽則瞻仰上帝，而頌謝轉歸之。是以功德愈盛，益報愈定。[18]

18　龐迪我著：《七克》，四庫全書存目叢書，子部，第93冊（台南：莊嚴文化事業，1995 [1604 原版本]），卷一，頁 521、734。

　　龐迪我把謙讓、仁愛等東方哲理説成是西方七罪宗的剋星，又把行善的目的説成是善果可與上帝對分，令徐光啟等儒生和士大夫容易明白也樂於接受。因為此觀點有墨子「相交利」的入世意味，所以《四庫全書總目》就形容《七克》有「其言出於儒墨之間」之説。但也因為部分善果歸上帝所有，所以也與中國佛家的「只問耕耘不問收穫」的情操相似，正如在《阿彌陀經》中説：「不可以少善根福德因緣，得生彼國。」佛家之所以在世俗的生活中行善不問收穫，是因為耕耘的善果，在將來的西方極樂世界會得以實現，令深受佛學影響的儒家學子覺得有其道理，也符合中國傳統思想。可是，龐迪我認為佛家的因果論卻往往適得其反，因為善信覺得今世的許多不如意事，是前世行善不足的報應，既然命運使然，所以縱使行善也是徒然，因為對改善今世的命運沒有幫助，也覺得來世的回報遙不可及。龐迪我説天主教的天國論卻沒有這種效果，就是上文也講過的，與上帝對分的善果是入世的，所以是今世的行善動力。例如《七克》卷五有以下解説：

> 遇事之變，不反諸己，不省行事，不疑道術。惟曰前因不善，受今果報矣。目前顯明之罪惡，棄置不顧，不復改圓，而轉目視未經之冥世，未犯之虛罪，豈非邪魔陷人于萬罪之阱，而不令自覺之至計哉。[19]

　　還有極其重要的一點，也是中國文化比較弱的一環，就是如何修煉意志。儘管王陽明提出致良知的意志修煉功夫，但沒有明確交待清楚如何具體修煉，令王陽明往後的陽明學者眾説紛紜，分裂出

---

[19]　同上註，卷五，頁 986–987。

江右、浙中、泰州等學派。但無論他們如何各自鑽研，卻總是離不開儒學道統的兩個標準，一視堯舜為榜樣的理想領袖，二視人性本善為目標的內在聖賢，否則就是儒學的異端，並堅持凡人可以透過自我修練，良知不再被蒙蔽而變成聖人。[20] 相反，龐迪我並不認為自力可以達致完全境界，因此他把天主教的聖靈 (Holy Spirit) 概念放入《七克》裏。聖靈就是真理的靈，是上帝的力量，人若充滿了聖靈，就會懂得分辨是非和道德情感。龐迪我如是說：

> 愛惡之用，恒居明悟之後。明悟者，以為美好順便；愛欲者，遂眷戀慕悦，幾欲獲之。如以為穢惡鄙陋，即增疾厭惡，趨欲避之。二能既滿，二願既足，加之綿互不已，則靈神所欲得者，既全得矣。[21]

天主教相信人有原罪，所以人性本惡，雖然明白在世須要行善，但時常抵受不住肉身享樂的欲望，惟有借助內心聖靈來恢復行善的動力。不過行善需要一步一步來，這謂之「循節次」。與《論語》的「非禮勿視、非禮勿聽、非禮勿言、非禮勿動」的行善方式相比較，《七克》的七罪宗無疑更具指導性，而且瞄準人性的弱點，以「循節次」逐步消滅。[22] 雖然《七克》的七罪宗比《太上感應篇》的一百七十條惡行數目少得多，但《太上感應篇》的因果論和缺乏令

---

20 黃天生著：《從王陽明「致良知」觀念探討自力與他力問題之亮光》（香港：香港中文大學，2011）。

21 龐迪我著：《七克》，四庫全書存目叢書，子部，第93冊，卷七，頁1097。

22 何俊著：〈《七克》：克性之謂道，論傳教士龐迪我倫理學著作《七克》〉，進入網站日期：2016年2月25日，http://www.chinacath.com/article/other/jiaoyou/sacram/2009-01-18/2473.html。

人產生精神力量的聖靈，令人感覺是許多牽制自由的枷鎖，多於是自己有責任要行善的使命。《太上感應篇》指出：「如是等罪，司命隨其輕重，奪其紀算，算盡則死，死有餘責，乃殃及子孫。」[23] 看來行善的邏輯是若不行善就是犯罪，在中國儒生必讀的《三字經》的第一句是「人之初、性本善」，在人本善的前提下，《太上感應篇》卻要善人遵守大量的行為規則，否則「殃及子孫」，令人心有不甘，實行時並不心甘情願。相反，天主教的《七克》把人本善的範式倒轉過來，提醒人行善才能擺脫醜惡的人性，令人如坐針氈，不禁提起精神希望盡快成為義人。有趣的是，士人和洋儒的行善動機從此可以互換，一方面，在「人之初、性本善」的中國文化下，願意成為天主教徒的士大夫例如徐光啟、王徵、李之藻、楊廷筠、孫元化、李天經等人，如果覺得性本善卻要遵守大量禮教，結果心有不甘抵消了自力的話，便可通過教會各類的聖靈修煉，來提升分辨是非的能力和道德情感。另一方面，在「人出生就有原罪」的西方文化下，如果洋儒與中國通覺得害怕被上帝懲罰下地獄才行善，其實不是真心行善的話，他們就會積極學習儒學的「格物致知」，嘗試把對外物的感覺隔絕開，令內心得到純粹的良知，讓自己自願做出人性最美麗的行為，不是被教會恐嚇下地獄才做。

龐迪我在1604年寫好《七克》的前三年，因利瑪竇成功被士大夫接受和認可，30歲的龐迪我終於可以跟隨利瑪竇在萬曆二十九年（1601）進入北京，並一起得到明神宗的接見，之後被允許在北京居住，當時利瑪竇49歲，自此耶穌會一群洋儒廣結士大夫為友。更

---

[23]　李昌齡、黃正元、毛金蘭合編：《太上感應篇圖說》（上海：學林出版社，2004），頁1177。

重要的是，從利瑪竇等人在1585年在肇慶寫好第一本書《新編西竺天主教實錄》的翌年開始，直至1614年即利瑪竇在北京過身後的第四年，這群洋儒近距離見證了明末的「國本之爭」。令他們不解的，不單是士大夫為何集體為禮儀而與皇帝意見不合，還有士大夫為何可以為禮儀而性命也不要，而中國「以德治國」的社會集體文化，正是歐洲所沒有的。相比之下，中國的社會非常和諧，從「國本之爭」的角度看，士大夫的人格非常高尚，利瑪竇在他的《中國札記》就有如下描述：

> 中國這個古老的帝國以普遍講究溫文有禮而知名於世，這是他們最為重視的五大美德之一……對於他們來說，辦事要體諒、尊重和恭敬別人，這構成溫文有禮的基礎……如果要看一看孝道的表現，那麼下述的情況一定可以見證世界上沒有別的民族可以和中國相比。孩子在長輩面前必須側坐，椅子要靠後；學生在老師面前也是如此。孩子們總是被教導說話要恭敬。即使非常窮的人也要努力工作來供養父母直到送終……他們很滿足於自己有的東西，沒有征服的野心。在這方面，他們和歐洲人很不相同，歐洲人常常很不滿足自己的政府，並貪求別人所有的東西。[24]

利瑪竇的《交友論》和龐迪我的《七克》，以士人容易接受的方式，填補了儒學實踐道德的不足之處，為士大夫「以德治國」的理想加添動力。可是，利瑪竇等耶穌會士來得太晚，明朝從1368年開始到1601年利瑪竇入京之日，以禮治國已經運行了233年，禮儀

---

[24]　利瑪竇著，何高濟等譯：《利瑪竇中國札記》，頁11–12。

在朝廷和社會已去到非常僵化的地步，國力也已經減弱到一個難以挽救的狀況，當萬曆三大征（寧夏、朝鮮、播州之役）結束後，朝廷的太倉庫已經所剩無幾。雖然明朝開始允許商人子弟參加科舉考試，[25] 令國家可以分享社會進步的成果，也讓新晉士大夫推動國家的發展，可是程朱理學和陸王心學卻有反效果，因為這些學問是教人提升道德修養，令士大夫有寧死不屈的節氣，[26] 對偏離傳統禮教的新生活方式不感興趣，例如方孝孺、陳獻章、黃尊素等士大夫，皆擁有剛直忠誠、不徇私情的典型士人情操。明朝清流的數目之多，在歷史上非常罕有。

耶穌會是反思歐洲天主教會腐敗的產物，利瑪竇等人看到士人高尚的情操，自然如獲至寶，覺得心學的自力功夫，可與聖靈他力相輔相成，以解決歐洲道德敗壞的問題，於是積極鑽研儒學。翻譯好的《大學》、《中庸》、《論語》和《孟子》拉丁文譯稿，從1593年一家意大利出版社剛收到的一刻開始，中西文化交流開始出現，自此耶穌會士不斷向中國灌輸西方文化之外，西方世界也不停收到耶穌會士從中國寄來的文化訊息。儘管我們不知道誰人把這些珍貴的異國文化為己用，但中英兩國此段時間社會精英提出的政治經濟等新主張，竟然極為相似。首先，因為有風骨的士人難以在官場上一帆風順，他們惟有埋首在私人書院研究新派儒學，當時頗多供士人讀書的私人書院陸續翻新或擴建，與英國十六世紀相繼出現的公學相似。若與英國溫賈斯特（Winchester，1382建校）、伊頓（Eton，

25　在宋代或以前的士大夫，在官場上往往身不由己，因為當時只有顯赫家族或世襲精英階層才有資格和能力把子弟送到朝廷學府讀書。

26　小野和子編：《明末清初の社會と文化》（京都：京都大學人民科學研究所，1983）。

1440)、聖保羅（St. Paul，1510)、舒茲伯里（Shrewsbury，1552)、西敏（Westminster，1560)、商人泰勒（Merchant Taylors，1561)、拉格比（Rugby，1567)、哈羅（Harrow，1571）和查特豪斯（Charterhouse，1611）等九大頂尖私立學校相比，明代的私人書院例如石鼓書院(1413重建)、鵝湖書院(1456重修)、[27] 嶽麓書院(1494重建)、應天書院(1531重建)、白鹿洞書院(1585重修)也開始活躍起來。當時中英兩國的許多精英都不是在朝廷學府讀書，雙方都不屑宮廷的治國質素低下，為了更好切磋學問、砥礪品格，許多明末士人更興辦文社，其中最為有名是東林黨士大夫張溥在天啟四年（1624）興辦的「復社」，晚明三大思想家的其中二人顧炎武和黃宗羲，早年就在「復社」求學，「復社」招收廣納子弟前後共二千多人，在張溥認真辦學的氣氛底下，「復社」學生相繼登第，名震朝野，也逐漸變成政治黨派，對明朝日益衰敗非常關心，更武裝與南下清兵對戰。還有另一位明末三大思想家之一的王夫之，早年在四大書院之一的嶽麓書院求學，並在崇禎十二年(1639)與同學組織「行社」和「匡社」，一齊關心國家大事，與「復社」一樣立志改善社會。

其二，與以往的儒生學問止於嘴巴不一樣，明末清初的讀書人多是行動派，因為在眾多民間學社當中，顧炎武提出「實學」代替「理學」，黃宗羲承接陽明學的「心學理路」也有唯物論特色，當然還有重振古代「唯物主義」的王夫之，都不約而同反對明朝皇帝的獨裁統治，形容這是「敲剝天下之骨髓」。士人看見明朝中下層官吏腐敗不堪，外族入侵而無還手之力，滿清入關後的殖民統治使用高壓手段，於是更加摒棄空談心性的宋明理學，覺得不應只重理論而

---

[27] 這是估計的重修年份，確實年份發生於明帝朱祁鈺時代。

不實踐，不能再盲從附和缺乏己見，所以王夫之主張「不以天下私一人」，顧炎武反對「獨治」提倡「眾治」，概念與西方的民主制度相似，他們二人都反對土地兼併，贊成自佔、自耕與均田等民產制度。黃宗羲則推崇法治來監督君權，在康熙元年 (1662) 出版的《明夷待訪錄》中提出類似歐洲「虛君共和」的政治概念，又提出「授民以田」、「工商皆本」的經濟原則，皆與英國的君主立憲制度頗為雷同，也與亨利八世把沒收的教會領地賣給資產階級無異。[28]

其三，在相似的政治、經濟和社會結構低下，英國大思想家洛克與明末清初三大儒家學者的政見不謀而合，前者在 1689 年出版的《政府論》(*Two Treatises of Government*) 駁斥君權神授。在清教徒家庭長大的洛克也如明末士人一樣，不滿封建專制統治，反對天主教會束縛人民思想，支持資產階級站起來，提出以「自由主義」為中心的財產權理論和利息貨幣理論，[29] 就好像清初士人反對程朱理學和陸王心學，主張經世實學，以江南士大夫為主的東林黨與別號「小東林」的「復社」，皆與江南地主、商人結盟合作，認為應該發展實用的科學技術。[30] 洛克認為政府的權力只能建立在民眾的認受性上，如果政府違反這個社會契約的話，人民就有權推翻它。雖然《政府論》在 1690 年面世，比 1688 年發生的「光榮革命」遲兩年，但其實洛克撰寫《政府論》的時候，「光榮革命」還未發生。[31] 令人驚訝

---

[28]　英國 1381 年發生農民叛亂，自此貴族開始推動封建制度的改革，圈地運動的力度也越來越大，令大量牧場、毛織工場和手工業出現，也開始產生資本主義。

[29]　申建林著：〈洛克經濟思想的政治含義〉，《武漢大學學報》，第 5 期 (1998)，頁 38–41。

[30]　實學例如工程、水利、鹽政、軍事、天文、地理、農田等科學技術。

[31]　Peter Laslett, "Introduction," in John Locke, *Two Treatises of Government* (Cambridge: Cambridge University Press, 2005), p. 61.

的是，北京外國語大學的學者韓凌，在牛津大學圖書館的洛克「中國筆記」(*Notes on China*) 手稿中發現：

> 洛克在構建自己的哲學體系時使用了來自中國的材料，並依據「禮儀之爭」的文獻親筆寫下關於中國宗教的讀書摘要──「中國筆記」，因而從中西文化交流史的角度講，洛克「中國觀」是 16、17 世紀之交「禮儀之爭」背景下啟蒙思想家對中國文化接受史的一部分；而從學科歸屬來看，洛克「中國觀」是世紀後半葉英國早期啟蒙思想的一部分，屬於歐洲思想史的範疇。[32]

在洛克的「中國筆記」中，光是在第一部分就參考了 39 篇有關「禮儀之爭」的文獻，[33]「禮儀之爭」是利瑪竇為首的一群耶穌會教士，看見中國明朝的儒家文化根深蒂固，對祭祖、祀孔、拜祖先甚為重視，與天主教教義有直接抵觸，成為傳教的最大阻礙。為了令中國人入教，利瑪竇採用折衷辦法，於是穿上士大夫服飾，學習各種儒家禮儀，以「西儒」並非「西夷」自居，藉此消除華人對他的隔膜感，[34] 又利用朱熹認為「天」只是一種義理的儒學角度，[35] 解說中國人的

---

[32] 韓凌著：〈洛克與中國：洛克「中國筆記」考辨〉，《中國博士學位論文全文數據庫》，第 7 期 (2015)，頁 22，進入網站日期：2015 年 12 月 7 日，http://big5.oversea.cnkl.net/KCMS/detail/detail.aspx?filename=1015582309.nh&dbcode=CDFD&dbname=CDFDTEMP。

[33] 同上註，頁 229。

[34] 澳門的一些天主教堂，例如在路環（今天改叫路氹）的一所至今仍保留許多中國化的佈置和裝飾，包括中國觀音外表的聖母畫像和穿上唐裝的耶穌孩童畫像。

[35] 陳慶偉編：〈龍華民 (Huamin Long, Niccolo Longobardi) 1559–1654〉，《華人基督教史人物辭典》，進入網站日期：2015 年 12 月 8 日，http://www.bdcconline.net/zh-hans/stories/by-person/l/long-huamin.php。

「天」等同洋人的「上帝」，在本質上沒有分別，令王忠銘、葉向高、徐光啟等士大夫釋疑，覺得加入天主教後，仍可心安理得繼續祀孔拜祖先，反過來向羅馬天主教會辯稱，華人信徒祭祖祭孔只是緬懷祖先和景仰哲人，與信仰並無抵觸。

當1610年利瑪竇病逝後，同年龍華民（Niccolo Longobardi）接替耶穌會中國教區會長一職。可是，與利瑪竇大約30歲來華不同，龍華民抵達澳門時已經38歲了，學習漢語不比當年的利瑪竇容易，而且他不再像利瑪竇般向上層官員傳福音，反而喜歡招攬中下階層為信徒，所以龍華民也無須學習士大夫的儒學；這位非洋儒的傳教方式，與洋儒利瑪竇的方式截然不同，龍華民反對華人教徒祭祖拜祖先，嚴格規定必須放棄傳統中國習俗，華人才可入教。結果龍華民遭到諸多刁難，包括民眾對他非常不友善，韶州和山東濟南的和尚又先後要殺害他和告到官府令他入獄。萬曆四十四年（1616）更發生「南京教案」，被沈㴐等仇教派官員三次參奏訴說天主教不尊重皇帝和中國文化，甚至勾結白蓮教，結果朝廷下令拘捕耶穌會士並遞解出境，沒收教會財產。龍華民的遭遇令耶穌會教士更加相信利瑪竇的傳教方法，可是像龍華民般反對利瑪竇的教士陸續有來，1643年道明會傳教士黎玉范（Juan Bautista de Morales）甚至向教宗申訴，令羅馬天主教會發佈通諭禁止中國教徒祭祖祀孔。雖然耶穌會士據理力爭，但爭議越演越烈，終於演變成為滿清皇朝和羅馬教廷對禮儀文化之爭，最後在康熙四十五年（1706）康熙帝玄燁（1661–1722在位）下令禁教，歐洲各天主教國家和教廷也分別宣佈驅逐和解散耶穌會。

第 11 章
士人的骨氣從清末開始每況愈下

　　隨著1611年英國九大傳統公學的最後一所查特豪斯公學落成，英國由紳士當官的格局開始形成。他們與同年代的中國明末士人非常相似，雖是平民出身，但學富五車、才高八斗，而且人格高尚、盡忠職守。例如溫徹斯特公學最初的70名學生皆來自貧窮家庭，雖然也有些來自大戶人家的自費學生，但嚴謹樸素的英國公學生活是最好的修行，經過多年窗下苦讀練就一身清風、不染惡習。不過他們與中國士人尊崇聖人的道德觀 (virtue ethics) 不一樣，英國紳士的騎士精神則講求忠誠與責任 (deontology)。士人與紳士就是如此採用不同的價值觀，來與唯利是圖 (consequentialism) 的富商和貪官劃清界線。可是，從之前的章節所見，士人只是被中國權貴利用的工具，但紳士卻被英國政府重用，因為當權的貴族也都一樣，在公學受過講究權責的紳士教育，特別是在1768年英國設立殖民地部之後，1856年又參考中國科舉制度，停止東印度公司書院 (East India Company College) 由董事推薦考生的取錄方法，改用公平考試招考殖民地官員，自此各殖民地政府的效率逐漸改善，沒有受過高深教育、只憑關係入職的子弟，不再成為全球大英帝國的骨幹，殖民地官員的招聘來源，改為一般家庭出身的公學和古典大學畢業生。

　　反之，明清兩代有學識、有理想、有骨氣的士人的遭遇就不一樣，他們大都不能攀上最高的決策階層，例如明朝的李善長、徐達、汪廣洋、胡惟庸等全因是開國功臣而被封為中書丞相，後被明太祖朱元璋（1368–1398 在位）剝奪權力廢除中書省，政治制度變成君主專制，明朝再無丞相，雖然還有內閣制，士大夫尚能公開議政，但從此無法進入權力中心。清代雖有議政王大臣和內閣大學士這兩個決策機構，但不久就被康熙帝玄燁（1661–1722 在位）削弱權力，儘管康熙帝和雍正帝胤禛（1723–1735 在位）先後設立南書房和軍機處召見士大夫商討決策，但兩者並不是決策機構，士大夫只會在非正式的場合被召見議政，在決策上還是由皇帝獨攬大權，與同時期的英國君主立憲制非常不一樣。1688 年「光榮革命」之後，英國紳士貴族通過議會掌控權力，中英兩國精英分子的命運從此各走極端。從明初不設丞相開始，中國士人「治國平天下」的理想雖有，但在實現方面停滯不前。反過來在英國，從「光榮革命」之後，英國紳士的步伐卻越行越遠。此外，還有以類似中國科舉的方式招考殖民地官員，他們自小在公學讀書被灌輸社會公義責任感，到了殖民地當官後掌握真正實權，社會得到的「積極自由」不斷得到實現。

　　中國清朝士人沒法「治國平天下」還有一個原因，就是大權在握的皇帝不喜歡文人論政，例如在順治四年（1647）就發生文字獄「函可案」事件，翌年順治帝更向全國府學和縣學頒下三大禁令：「第一，生員不得言事；第二，不得立盟結社；第三，不得刊刻文字，違犯三令者，殺無赦。」[1] 結果順治年間還發生了「明史案」、康

---

[1]　吳曉波著：〈如果乾隆與華盛頓在小吃店會面〉，《海德網》，進入網站日期：2016 年 2 月 26 日，http://tw.jiapujidl.com/content-124306.html。

熙年間有「南山集案」、雍正年間發生「查嗣庭試題案」和「呂留良案」、乾隆年間出現「偽孫嘉淦疏稿」等文字獄事件多達一百多宗。反過來，在同年期的英國，1689 年國會通過了《權利法》(An Act Declaring the Rights and Liberties of the Subject and Settling the Succession of the Crown)，從此威廉三世 (William III，1689–1702 在位) 和以後的國王不得干預議會的自由辯論，在法庭上的訴訟中也享有言論自由。

唯一令清代士人有點安慰的，就是科舉不再被貴族和富家子弟壟斷。順治九年 (1652) 清政府禁止興建私人書院，改由政府建立大量學校，使科舉終於開放給大眾，晚清由政府控制的書院有四千多所，比明代多二至四倍，比宋代更多至八到十倍，[2] 令應試的士人數目大增。此外，清代的選官制度也與前朝不同，考試的舉行從京師擴大至 1,200–1,500 個縣。[3] 科舉與學校結合，考生在三至八歲的兒童期用記憶學習，通過童試成為生員或俗稱秀才，才可進入官學參加省級的鄉試，合格後成為舉人。在學習期間，老師非常注重學生品德，所謂先修身齊家，才可以治國平天下，如此的儒學觀念從小實踐，在家裏的日常生活中不斷練習。因為清代儒家禮學興起，以「實學」代替「理學」，[4] 針對程朱理學不能學以致用的問題，認為明代以義理註解經典的禮是倒行逆施，[5] 社會應該講求「慎終追遠」

2　張仲禮著：《中國紳士的收入》(西雅圖：華盛頓大學出版社，1962)，頁 105–106。

3　Benjamin A. Elman, *A Cultural History of Civil Examinations in Late Imperial China* (University of California Press, 2000), pp. 150–163.

4　用實學來代替理學，是由明末清初儒學大師顧炎武首先提出。

5　高明士編：《中國文化史》(台北：五南出版社，2007)，頁 84。

的家族情義，即是要慎重辦理父母喪事，虔誠祭祀遠代祖先，把人情視為禮制秩序的重要元素，[6] 所謂「禮由情起，人情之所不能已者，先王勿禁」。[7] 與明代的禮教不同，清代禮學的重點是不脫離現實，強調因事立言，不會空談心性，因為士人數目大幅增加，所以社會非常注重典禮和禮儀，認為此乃人情之表現，成為清代士人實踐道德的規範。[8] 就如許紀霖所言：「從士、大夫、公卿到諸侯、周天子所形成的宗法性分層網路，有一套嚴密而複雜的周禮得以維繫。」[9] 總而言之，清代禮儀風俗旺盛，在社會生活的各方面，上至國家軍政，下至衣食住行，都有詳細的禮節規定，儒生自小遵守大大小小的各種禮儀，人情關係長年根深蒂固，學生成長後把儒學經世致用，變成人格的重要部分，所以正宗的士大夫品格端正，對禮儀十分講究，人情味也極為豐富。例如曾國藩、[10] 左宗棠、郭嵩燾、文祥、沈桂芬、李鴻藻、張之洞、陳寶琛、張佩綸等晚清名臣

---

[6]　劉永清著：〈清代禮學研究的特點〉，《齊魯學刊》，第3期（2008），頁25。

[7]　萬斯同著：《萬季野先生群書疑辨》（供石廳藏板，1861），十二卷，進入網站日期：2017年2月16日，https://books.google.com.hk/books?id=o9gpAAAAYAAJ&printsec=frontcover&dq=%E7%BE%A4%E4%B9%A6%E7%96%91%E8%BE%A8&source=bl&ots=KQdUB4KluH&sig=4LMBDgO1MW6KqfiqHT33x4Q5zzc&hl=zh-CN&ei=hZmITZC3CZLcvQPDvJmLCg&sa=X&oi=book_result&ct=result&resnum=2&ved=0CB8Q6AEwAQ#v=onepage&q&f=false。

[8]　劉永清著：〈清代禮學研究的特點〉，頁27。

[9]　許紀霖著：〈「土豪」與「遊士」──清末民初地方與國家之間的士大夫精英〉，《華東師範大學學報》（2002），頁41，進入網站日期：2015年12月4日，http://www.zhongdaonet.com/NewsInfo.aspx?id=13282。

[10]　張宏傑指出，曾國藩雖然身為兩江總督，位高權重，但一生儉樸，為官非常相當清廉。張宏傑著：《曾國藩的正面與側面》（北京：國際文化出版公司，2011）。

或清流派，都是進士出身，[11] 一生清廉，為官正直，重情重義，所謂人情難卻，人家對己不薄，必須禮尚往來。反觀明代最大貪官劉瑾本職太監，並不是科舉出身，也沒有從小浸淫在禮教情誼的世界裏；清朝大貪官和珅科舉落第，對儒家哲理沒有透過禮學身體力行，只是憑先祖的軍功而世襲三等輕車都尉上位，做事沒有從感受他人的情感出發，故此缺乏同理心和同情心，人際關係只是方便自己斂財的工具。

從上述的道理看，若以明、清兩朝為例，士人出身的滿清官員比較清廉，[12] 這與他們深諳儒學、實行禮儀、學以致用有莫大關係。但值得注意的是，清代士人的道德觀不再以性格作為倫理行為的標準，而是換上以情感作為履行責任與義務的根據。所以，當晚清「中國士大夫」遇上英國「顯公義官員」的時候，大家均覺得有惺惺相惜的感覺，例如莊士敦在紫禁城做帝師的五年時間裏，親眼看到朝廷士大夫的儒家氣節，直接感受到朝臣對國家的仁義忠誠。以弘道為使命的中國士人，相比起效忠殖民主義販賣黑奴的英國紳士商人，當然會令莊士敦覺得前者的層次更為高尚。所以當他返回英國到倫敦大學教書後埋頭寫作，在1934年出版了《儒家與現代中國》(*Confucianism in Modern China*) 一書為中國傳統文化辯護，[13] 指出儒

---

[11]　儘管左宗棠的進士身份是由光緒破格敕賜。

[12]　有個別反例，譬如進士出身的明代華蓋殿大學士嚴嵩。但他是否大貪官，至今仍爭議不休。

[13]　莊士敦的原文是："In these lectures I will endeavour to justify the faith that is in me and to explain the grounds on which I base my belief that Confucianism is still a living force among the Chinese people and has a message of great value for the China of the present and future and provide and answer to the question. What is Confucianism? If we wish to form an adequate idea of Confucianism we must make an effort to look at it from

教就是最好的宗教，西方傳教士沒有必要在中國傳教；一般西方人覺得中國落後，其實是沒有深入了解過中國，也沒有近距離看清楚儒學的優點而已。[14]

事實上，不僅莊士敦這樣講，許多親歷過中國儒家文化、與士大夫有交往過的香港紳士官員，都會產生與莊士敦同樣的看法。例如同時期在香港擔任總督的卜力（Henry Blake，1898–1903在任），在任內經常到中國考察，親身體驗中國文化和民情，對中國傳統文化的推崇，在他於1909年出版的著作《港督話神州》（China）表露無遺。此書是卜力在1898–1903年間，走訪北京、上海、廣州等大城市以及中國南方諸省後的遊歷見聞，看到的都是貧苦落後的景象，令他不禁想起自己五歲以後的苦況。因為在1845–1849年間愛爾蘭的土豆失收，當地發生嚴重饑荒，此後愛爾蘭的經濟一落千丈，直至卜力遊歷中國的期間也沒有改善過，所以他對中國人的苦難身同感受，也不期然與愛爾蘭比較。看到中國的孔子學說和儒家的教育理念，儼如愛爾蘭國王威廉公學訓練現代紳士一樣，都是通過禮樂來教化及規範子民的行為，令人產生文化涵養，不會動輒用武力來懾服他人的意志。儒家思想有三千年歷史，在漢、唐、宋多個朝代的文化非常鼎盛，但中國晚清國力卻大不如前，卜力認為晚清封建落後的原因，只是進步的種子長期受到無知和偏見的壓抑，但如果

within, and to approximate as closely as possible to the standpoint of those who are themselves among the loyal guardians of the great Confucian heritage." Reginald Fleming Johnston, *Confucianism in Modern China* (Soul Care Publishing, 1934 [2008 repr.]).

14　高偉希著：〈英租威海衛末任行政長官莊士敦〉，《威海新聞網》，進入網站日期：2015年12月3日，http://www.whnews.cn/news/2007-08/08/content_1203873.htm。

這些負擔他日一旦消除，儒學定會令中國社會的巨大進步潛力爆發出來。[15] 如果以上文清代士人的遭遇來看，卜力所指的無知，就是八股文的結果；所說的偏見，當然是皇帝一言堂的見解。

清朝的儒生數目比任何朝代都多，禮儀也比歷代社會更為講究。當然，實用知識也很重要，不能聘用只懂知書識禮的人，所以清朝的儒生也要學習政府財政政策、軍事組織和政治制度等知識，通過刻苦學習、考試、推薦、任命這四個步驟，才能成功當官。[16] 然而，由於科舉不考詩歌，為了公正客觀評審考卷，1668 年康熙帝恢復八股文考試，要求考生只用八股文詮釋經典，但副作用是士人缺乏創意，也對社會了解不足。此外，科舉不考數學及現代實用科目，[17] 也令士人對聖賢書以外的知識一竅不通，一旦為官，只能憑個人智慧和經驗解決，有遠見者才會不跟潮流，主動學習八股文章以外的知識，例如左宗棠雖然八股文縣試（童試的第一階段）的成績第一，但在學期間不顧八股文同學竊笑，兼讀顧炎武的《天下郡國利病書》，還有地理、軍事、經濟等其他書籍。[18] 與左宗棠同是晚清名臣的曾國藩雖是鄉試正考官，但對程朱理學和陸王心學皆有深入研究。

---

[15] 卜力的如此言論是他在 1898–1903 年間，走訪北京、上海、廣州等大城市以及中國南方諸省後的遊歷見聞。詳情見他於 1909 年出版的著作 *China*，後來經余靜嫻翻譯成為《港督話神州》，在 2006 年出版。

[16] Benjamin A. Elman 著，顏軍譯：《劍橋清代前中期史》(*Cambridge History of China*, Volume 9, No. 1)，頁 1，進入網站日期：2015 年 8 月 19 日，http://www.princeton.edu/~elman/documents/Chinese%20version%20--%20Cambridge%20History%20China%20article.pdf。

[17] 錢大昕著：《潛研堂文集》（台北：商務印書館，1968），卷三十三，頁 94–95。

[18] 曾國藩後來更先後研究申韓及老莊的學問。

　　無論如何，眼界廣闊的左宗棠和曾國藩只是罕有例子，晚清士大夫普遍創意貧乏、學識偏窄，直接影響了國家治理的效果。當時朝廷士大夫保守迂腐的情況，可從以一甲第二名考中進士、後獲授翰林院編修的洪亮吉，在 1799 年向嘉慶帝顒琰（1795–1820 在位）上書看出端倪。他的《乞假將歸留別成親王極言時政啟》道出：「人才至今日消磨殆盡矣。數十年來，以模稜為曉事，以軟弱為良，以鑽營為進取之階，以苟且為服官之計，由所遭者，無不各得其所欲而去，以定衣缽相承牢結而不可解……士大夫漸不顧廉恥……。」[19]可是，嘉慶帝並不接納意見，直至 1902 年清政府才終於廢除八股文，但為時已晚。隨著「洋務運動」的出現，維新派官員崛起，把中國被列強侵佔沒法抵禦的問題，歸咎於士大夫身上，結果矯枉過正，當西方紛紛參考中國科舉招聘最優秀的人做公務員，中國卻在 1905 年廢除科舉考試，結果士大夫變成代罪羔羊，儒生從此化作歷史陳跡，「以德治國」的理念在中國失去立足之地。

---

[19]　　呂培等人著：《洪亮吉年譜》（上海：大陸書局，1933），附錄。

第12章
中國通重新思考如何再以德治國

1911年10月10日武昌起義成功，16個獨立省份代表推舉孫中山成為臨時大總統，翌年2月12日隆裕太后被迫授權袁世凱組建臨時政府，大清帝國正式滅亡。威海衛和香港一群洋儒和中國通緊張萬分，但因他們不在中國治權之內，所以不是太擔心自己的利益和地位受損，反而是寄望已久的「以德治國」，是否終於能夠通過政權的更換在中國落實。隨著袁世凱當選為第一任中華民國大總統之後，洋儒和中國通對他抱著半信半疑的態度，因為雖然袁世凱受的是傳統科舉教育，學的是儒家四書五經，應該有「修身齊家治國平天下」的士人理想；可是，袁世凱並不是士大夫出身，屢次鄉試不中，連舉人的資格也沒有，進入社會棄筆從戎，一生過著打打殺殺的生活，德行沒有保證，「以德治國」無從談起。

由於滿清政府被推翻，中國政治形勢不明朗，但港督盧吉（Frederick Lugard，1907–1912在任）和代理港督施勳（Claud Severn）不懂中文，未能分析中國的最新局勢，英國政府於是急召離港年半的中國通、前輔政司梅含理（Francis Henry May，1912–1919在任）回來出任港督。自此以後，由中國通做港督或輔政司的安排越來越

多，從梅含理和金文泰 (Cecil Clementi，1925–1930在任)，一直到尤德 (Edward Youde，1982–1986在任) 和衛奕信 (David Wilson，1987–1992在任) 為止。這群二十世紀的中國通多從香港官學生做起，有些雖然是海峽殖民地調過來的官學生，但他們在入職前一般也在廣州學過中文，而且新加坡和其他馬來半島殖民地也有大量華人，所以他們對中國文化也十分了解。不過，當1905年科舉制度結束之後，儒生和士大夫無以為繼，中國通最仰慕的「以德治國」模式從此幻滅。

不過，二十世紀的中國通並沒有絕望，就如洋儒莊士敦回國後仍對儒學念念不忘一樣，他們努力把中國的文化遺產繼續承傳，認為士人性格並不是短期現象，而是經過幾千年洗滌和薰陶的結果，就此告終實在非常可惜。歷史告訴他們，士人的風骨是真實存在過的，與習慣隨意及自由的現代人性格有天淵之別。晚清的清流派士人秉承明代士人的優點，做官以天下為己任，喜歡指點江山，撰寫激揚文章，對不敢苟同的政策評頭品足，對以權謀私者更大力鞭撻，在官場上敢於開罪他人。可是在清代皇權非常強勢和專制的政治環境底下，士人顯得決心不足，缺乏像西方騎士般勇往直前、不怕冒險的膽量，因為士人已變得謹慎圓滑，只懂八股文的讀書人開始與社會形勢脫節，[1] 文弱、敦厚、內斂的書生性格，令士大夫有謀無勇，例如在馬尾領兵對法軍時棄陣潛逃的張佩綸，遇到不公不義的事，近代士人不再挺身而出；頂多是洋務派，例如以英美兵器經驗創立淮軍的馮桂芬，提出「中體西用」這種不離安身立命的傳統

---

[1]　楊國強著：《晚清的士人與世相》(北京：生活‧讀書‧新知三聯書店，2008)。

儒家人生哲理，[2] 但只要有飯吃、有屋住、精神有所寄託的話，社會要怎變也沒關係。正如楊國強指出：「實事實功與道德衰退在洋務裏的深深膠結和難分難解。」[3]

反而，一群讀過番書、深受西方騎士精神影響的中國近代知識分子，對晚清衰落的解決方法另闢新路。著名歷史學家陳旭麓指出：「近代知識分子解決民族危機的『義理』不再是返回到古代經典或者理想中的三代之治，而是向絕然陌生而抽象模糊的西方『追求真理』。」[4] 早期的近代知識分子摒棄八股試帖，不再考取進士進入仕途，改而致力研究西方實學，他們包括清朝外交官薛福成、擔任輪船招商局總辦的唐廷樞、引發五四運動的梁啟超、中華民國臨時大總統孫中山等等。儘管也許是因為科舉落第而轉研西學，又或因緣際會接受西方紳士教育，但中國的近代知識分子發現，西方騎士勇於冒險、執著追求理想的精神，可補晚清士大夫面面俱圓、風骨不足的問題，英國紳士文官對異己不會直斥其非，表達不滿的態度保持禮貌和謙虛，基督教背景更懂得原諒他人，甚至有化敵為友的器量，這與清流派士大夫對政敵激烈批評的態度有巨大分別。

諷刺的是，正當士大夫沒落的時候，英國政府竟看上了士人從仕的制度，在本土建立公務員考試制度，又讓殖民地官員學習儒生價值觀。事緣 1854 年《羅富國－特里維廉報告》(Northcote-Trevelyan Report) 出爐，建議英國要通過考試公平招聘公務員，雖然遭到既

2　唐小兵著：〈知士論世的史學：讀楊國強《晚清的士人與世相》〉，《二十一世紀》，總第 166 期（2009 年 12 月），頁 130。

3　楊國強著：《晚清的士人與世相》，頁 185。

4　陳旭麓著：《近代中國社會的新陳代謝》（上海：上海人民出版社，1992），頁 180。

得利益者的反對，但適逢同年10月駐上海領事館官員威妥瑪提出
「中國學生譯員計劃」，英國對華全權代表寶靈於是通過考試，聘用
了一批成績最好的學員，安排他們入職前在香港或中國各口岸學習
中文。1857年，印度又爆發第一次獨立戰爭（Indian Rebellion of
Nationality），翌年東印度公司倒台，透過貿易商走私鴉片到中國一
事由英國政府接管，導致第二次鴉片戰爭，中國割讓九龍半島，令
香港政府的翻譯工作大增，加上懂得中文的高官高和爾發生醜聞，
新任港督羅士敏聽從傳教士理雅各的意見，以「中國學生譯員計劃」
為藍本，自行訓練通曉儒學的的官學生。香港自此出現一批懂得四
書五經的英籍官員，漢學成為殖民地的寵兒，十九世紀的洋儒和二
十世紀的中國通就是如此誕生。在他們的管治下，十九世紀的香
港、威海衛和海峽殖民地的政績驕人，成為世界奇葩。

故此，進入二十世紀的中國通認為，洋儒如何把騎士精神補足
士人文化，殖民地政府又如何吸取科舉考試和儒學的精華，對自己
如何與現代社會的中國人打交道非常有幫助。讓我們總結一下洋儒
的寶貴經驗：（1）利瑪竇和龍華民的不同路線證明，前者大受中國
人歡迎，後者則無法立足於華人社會，如此大的反差，對後來的中
國通是個很大的教訓，令他們明白「利瑪竇規則」的重要性。（2）利
瑪竇的《交友論》把西方以德交友的標準，透過以天下為己任的士
人理想擴大到師友之外，令中西倫理觀互相結合。（3）龐迪我的《七
克》把中國人「性本善」的範式倒轉過來，告訴人行善其實是用來擺
脫醜惡的人性，教人利用內心的非凡精神，來提升分辨是非的能力
和道德情感，令人產生盡快脫離醜惡成為義人的願望。（4）赫德、
駱克和莊士敦的例子告訴我們，一方面做好本分，為中國政府著
想，和當權者做個朋友，便不會與中國人發生利益衝突或被權貴排

擠；另一方面，從小市民多元化的角度看社會問題，效法儒生釋放內心世界的強大道德力量，「社會公義」便能更好彰顯。不過這兩方面須懂得平衡，赫德的「騎馬理論」，駱克和莊士敦的「心」「理」共用、「義」「利」相通，既實踐成為官方哲學的程朱理學，也認同成為社會思潮的陸王心學，這就是中國通中西文化互補長短、小心衡量政治風險的參考材料，成為他們為官之道的雛形。

因為遠在歐洲的洛克也熟讀過「禮儀之爭」，試問身在中國的中國通又哪會例外？他們多是英國古典大學高材生，不會沒有讀過大名鼎鼎的洛克經典著作，他們也多讀過有教會背景的公學（儘管不一定是耶穌會），沒可能未看過利瑪竇的見聞錄，更不會不知道大清皇朝與羅馬教廷的「禮儀之爭」；亦因為工作需要，在外交部或殖民地部的安排下，他們到中國內地學習漢語的時候，不會不參考以往西方人在中國的遭遇，尤其是十六世紀中到十七世紀末，在華的八十多名耶穌會士的文獻和著作，作為自己如何與中國人更有效打交道的指引。上文十個章節討論過幾代洋儒的故事之後，我們發覺利瑪竇、赫德、駱克、莊士敦等人，都不約而同創出中西合璧的做事風格，這些風格可以歸納出一個共通點，就是二十世紀中國通重新思考如何以德治理殖民地的藍本。由 1905 年取消科舉和 1912 年宣統帝溥儀（1908–1912 在位）被迫退位開始，分別不再有應舉儒生和朝廷士大夫，所以精通漢學的外國人再沒有必要以「洋儒」自居，人們也逐漸改稱他們為「中國通」，而中國通的管治模式，也比洋儒更加成熟和完善，因為他們總結了洋儒的經驗和教訓，對治理社會開始產生一套新的意識形態，也就是下文討論的「中國通模式」。

中國通總結前人經驗，當然會把英國的「自由主義」與中國的「以德治國」比較一番。首先，十七世紀中英兩國國力出現逆轉，因

為1688年英國的「光榮革命」推翻了皇權，貴族利用洛克的「自由主義」為自己辯護，認為革命只是為了保護生命、自由和財產的「自然權利」。可是，當輝格黨政府上台之後，卻把「自由主義」斷章取義，對內推行鼓勵出口和限制進口的「重商主義」（mercantilism），對外則奉行掠奪殖民地資源的「帝國主義」（imperialism），結果積累了大量貨幣財富。但同期的中國卻朝著反方向走，1688年輔佐兩位幼主的孝莊文太皇太后逝世，34歲的康熙帝開始正式獨攬大權，清朝又一再返回封建的皇權，1717年康熙帝再頒佈南洋禁海令，停止對外貿易，與英國越走越遠。但在中國通「以德治國」的眼中，國力下跌的不是中國，而是英國，因為洛克《政府契約論》的「自由主義」思想，在十八世紀已經面目全非，變成了主張個人權利、政府不應干預的「古典自由主義」（classical liberalism），維多利亞時代表面是英國最輝煌的時代，但缺乏道德的工業革命把城市污染至極，泰晤士河不但發出巨大惡臭，還出現嚴重瘟疫，大量民眾死於霍亂和傷寒，資產階級不顧公眾利益不止於此。因為技術進步令童工可以操作機器，工廠雇主於是聘用大量廉價童工，以代替高薪的成年工人，加上工時長，工作環境惡劣，童工不斷被剝削甚至被折磨至死，社會道德淪亡到如此地步，引發了一系列的社會問題，除了環境污染和童工問題，還有酗酒、偷盜、賣淫等等，例如倫敦塔橋就聚集了許多妓女和小偷。反觀康熙帝崇尚朱熹理學等儒家哲理，親臨曲阜拜謁孔廟，標榜仁政治國。為了改善百姓的生活條件，康熙帝減免社會賦稅，免除錢糧和地區欠賦，不但讓民眾休生養息，也令地方官吏無法上下其手、從中斂財。康熙帝又積極向傳教士學習數學、天文、醫學等方面的現代知識。基本上康熙帝也容許宗教自由，政府沒有干預佛、道、耶等宗教活動，只不過羅馬教廷不許中

國教徒拜祖尊孔，如果要違反傳統道德倫理的話，就會打破儒家克己復禮的原則；為免影響民眾的道德修養，康熙帝才與天主教決裂。無論如何，在康熙帝的仁政下，不許祠堂族長引用家法處死族人，[5] 大力推行儒學文化，禮教全面復興，國家文化昌盛，社會治安良好，令十七世紀的中國出現國泰民安的局面。[6]

故此，中國通心目中最理想的管治方式，並不是十八世紀後期出現的「古典自由主義」，因為資產階級的自由以犧牲無產階級的自由為代價，令社會不公不義。[7] 中國通更不會喜歡「重商主義」和「帝國主義」，因為兩者的在政府的干預下，貿易全無公平可言，反而看到的是販賣黑奴和鴉片貿易，講求公義的道德蕩然無存。至於十九世紀後期出現的「社會自由主義」，雖然政府為民眾提供實現自由所必需的條件，幫助他們得到「積極自由」，但是在政府的干預下，經濟的市場力量不單止被削弱，更因為議會增加了大量的工人代表數目超越了自由黨的現代紳士，政府不再由社會精英領導，令政策逐漸向「福利主義」（welfarism）傾斜，由政府大量提供教育、醫療、房屋等等福利。1909年，在一群自由黨「社會自由主義」者的努力下，國會終於成功通過人民預算（The People's Budget），英國正式成為「福利國家」（welfare state）。自此國家干預的想法日益強大，自由黨的「自由主義」變得落伍，結果1922年工黨正式取代了自由黨，

---

[5]　常建華著：〈試論乾隆朝治理宗族的政策與實踐〉，《清史所》（2013），進入網站日期：2016年3月2日，http://www.iqh.net.cn/info.asp?column_id=8245。

[6]　孟昭信著：《康熙評傳》（南京：南京大學出版社，1998），頁198–199。

[7]　儘管大思想家邊沁（Jeremy Bentham）為自由主義辯護，認為道德不道德，應以整體有沒有「功利價值」（utilitarian value）為準，穆勒（John Stuart Mill）則認為「利他主義」（altruism）是道德的重心，在這個前提下，每個人的幸福就是每個人的利益，因此利己主義者所追求的幸福，必然成為每個人的幸福。不過事實勝於雄辯，中國通看到的與邊沁和穆勒所講的並不一樣。

成為英國兩大主要政黨之一，英國的經濟從此每況愈下；「社會自由主義者」也慢慢發覺，「福利國家」並不等於可實現「積極自由」，因為民眾已經產生了依賴心態，反正政府會提供「從搖籃到墳墓」（cradle to grave）無所不包的社會福利，結果引發社會出現「道德危機」（moral hazard）。

　　說到尾，洋儒與中國通受古希臘和中國聖賢所影響，認為由哲人和德行治國，政府根本不需太多介入，管治者不須干涉社會，以身作則啟迪國民便可以；加上從小培養意識、鍛煉學童意志的基礎教育，長大後成為資產階級的話也不會罔顧「社會公義」和「共同之善」，他們便不會像維多利亞時代般製造不公不義，不會不顧他人死活，反會互相扶持，守望相助。所以「積極自由」不一定由政府提供，如果推行如此的道德教育有方的話，「積極自由」反而可以在政府不干預的狀態下出現 —— 這就是「積極不干預」的概念。如此一個「似非而是」的管治思維，並不是某人在某地一瞬間想出來，而是一大群被夾在中西政權之間的有識之士，一方面為了治理惡劣的社會環境，另一方面希望發揚文化的精彩，於是不斷嘗試新的管治方式，經過好幾代長時間發酵和續養，結果出現一套有完整體系的思想和信念，從赫德、駱克、莊士敦等人尚在雛形的「積極不干預」，發展到葛量洪、柏立基、麥理浩等人比較成熟的「積極不干預主義」。「積極不干預」促進社會幸福的手段，是取決於被管治者生活在有公義的德行社會之中，所以會集體自願遵守社會公義原則。用如此的「積極不干預」概念，可以更好解釋赫德的管治方式：滿清政府總理衙門的中國海關就好比一個小社會，而高級關員都受過現代紳士教育，也有一定的儒學道德修養，所以雖然每天徵收大量關稅，但總理衙門與赫德不用擔心他們有否中飽私囊，因為關員一

般都品德高尚，不會貪污腐敗，還會處處為清廷的福祉著想，做了
很多幫助中國發展的工作。因此赫德時代的中國海關，可以被視為
「積極不干預」的代表機構。至於莊士敦時代的威海衛，英國政府與
駱克也沒有太多干涉這個租借地的內政，莊士敦不斷用儒學教化人
民，自己也以理想中的「父母官」姿態施政，所以威海衛不需要太
多的官吏或警察，也可得到長安久治的太平日子；駱克和莊士敦也
不斷間接幫助當地人民得到「積極自由」，例如殖民地政府建造的皇
仁學堂。[8] 值得強調的是，儘管1905年滿清政府廢除科舉制度，學
校改為西學教育，但駱克和莊士敦卻反而在皇仁學堂推行舊式教
育，並加以保護儒家教育。[9] 駱克又大力遊說香港友好投資和捐助
發展威海衛，但殖民地政府並沒有直接參與經濟活動，所以當時的
威海衛也可以被視為「積極不干預」的代表政權。

　　當然，赫德、駱克和莊士敦的具體管治方式，只是促進社會幸
福的不同手段，但他們異曲同工的「積極不干預」意識形態，正是
二十世紀中國通管治的中心思想。按照如此思維，中國通參考赫
德、駱克和莊士敦對道德的定義、培養和修煉方法，令總理衙門和
英國政府不用干涉（「消極自由」自然產生），中國海關和威海衛殖
民政府也可以憑著傳統道德教育的推廣，令社會產生「積極自由」。
我們可以用消極和積極自由、政府干預和不干預，來拼成政府處理
自由的四個意識形態（見圖表4）。中國通「積極不干預」的意識形
態、操作方法和具體成效，也將會在第十四章的五個管治招數，和
第十五章的七個行業範疇進一步說明。

8　　還有1902年為歐洲人子弟而建的威海衛學校。

9　　張華佳著：〈威海衛近代教育一瞥〉，《威海新聞網》，進入網站日期：2016年
3月2日，http://www.whnews.cn/news/2007-07/10/content_1193332.htm。

圖表 4　政府處理自由的四個意識形態

	政府不干預	政府干預
消極自由	・古典自由主義（經濟自由主義） ・社會幸福：取決於政府不干涉經濟活動 ・開始時間：十八世紀末 ・代表人物：亞當・斯密	・晚期重商主義 ・社會幸福：取決於政府保護對外貿易 ・開始時間：十六世紀末 ・代表人物：托馬斯・孟
積極自由	・積極不干預 ・社會幸福：取決於社會自願遵守公義原則 ・開始時間：十九世紀中 ・代表人物：赫德、駱克、莊士敦等中國通	・新自由主義（社會自由主義） ・社會幸福：取決於政府直接實現個人潛能 ・開始時間：十九世紀末 ・代表人物：托馬斯・格林

第 13 章
官學生被培養成為洋儒和中國通

　　十九世紀六十年代，第一批官學生來到香港學習粵語（1870 年代後期轉往廣州學習兩年），課程範圍與一般書塾無異，官學生須要研讀三字經、四書五經等中國經典。在學習期間，他們看見中國傳統文化博大精深，與英國古典文化相比有過之而無不及，自然如獲至寶，對中國文化非常感到興趣。例如駱克 1882 年完成廣州的中文課程返港入職後，仍然在工餘時間勤修中文，希望進一步提高自己的中國文化修養，在 1893 年更推出翻譯著作《成語考》（*Chinese Quotations*），不時在學術刊物《中國評論》（*The China Review: Or, Notes and Queries on the Far East*）發表對中國文化的研究成果。1881 年入職的梅含理，也是比較早期進入港府的官學生之一，完成了兩年在廣州的粵語會話和漢文課程後，梅含理繼續深造中文，除了在「領事事務官話通譯高級考試」中獲得優異成績之外，更出版《粵語指南》（*Guide to Cantonese*）一書，[1] 可見梅含理對學習中國語言的毅力與熱

1　夏思義（Patrick H. Hase）著，林立偉譯：《被遺忘的六日戰爭：1899 年新界鄉民與英軍之戰》（香港：中華書局，2014），頁 32。

誠。好像駱克和梅含理一樣，多年仍對中國文化孜孜不倦的官學生，其實大不乏人，除了負責天天與華人直接打交道的華民政務司和理民官之外，他們多在負責執行港府政策的輔政司署當官。莊士敦還未遷往威海衛之前，就是署理助理輔政司，雖然莊士敦的官話不是在當官學生的時候學懂的，但他的學生溥儀如此形容他的洋老師：「他的中國話非常流利，比陳師傅的福建話和朱師傅的江西話還好懂……他通曉中國歷史，熟悉中國各地風土人情，對儒、墨、釋、老都有研究，對中國古詩特別欣賞……看見他像中國師傅一樣，搖頭晃腦抑揚頓挫地讀唐詩。」[2] 1897 年履新的官學生夏理德在職進修漢語的方式是學習欣賞粵劇，他與一眾伶人例如蛇仔禮、新金王、新白菜、豆皮梅等人，跟隨名伶薛覺先父親、晚清秀才薛恩甫學習漢文。[3] 1899 年入職的金文泰則是公認的漢學家，為青山禪院以墨寶寫下「香海名山」四字，書法不比一般華人遜色，印度有名詩人泰戈爾更形容金文泰是「我在東方遇見過最有涵養的歐洲人」。[4]

官學生熱愛中國傳統文化之餘，對華人的人際關係學問也非常推崇，不過他們沒有照單全收，而是活學活用。首先，與舊一輩在「野蠻人模式」讀書出來的傳統紳士並不一樣，從「阿諾德模式」或「體育競技模式」出身的官學生，並沒有不屑與商界和中下階層來

---

[2]　愛新覺羅‧溥儀著：《我的前半生》(北京：群眾出版社，1964)，第三章〈紫禁城內外〉，第五節「莊士敦」。

[3]　張潔編：〈著名粵劇藝人薛覺先〉，廣州市文史研究館，進入網站日期：2015 年 11 月 30 日，http://www.gzzxws.goV.cn/gzws/gzws/ml/19/200808/t20080829_5775.htm。

[4]　Russell Spurr, *Excellency: The Governors of Hong Kong* (Hong Kong: Form Asia Books, 1995), p. 153.

往；相反，他們愛與不同類別的人打交道，令施政更為順暢。例如時任輔政司的駱克，他不但與香港社會各界領袖保持良好關係，1902年調職到威海衛擔任行政長官後，仍然與香港政界及商界華人領袖有大量的書信來往。[5] 駱克的人脈關係豐富，令他在1919年威海衛發生旱災向外界求援時，得到香港社會領袖的大力支持。[6] 駱克也不時與不同時期的山東巡撫會面，[7] 促成山東省與威海衛的緊密合作關係，例如讓威海衛華人報讀山東新式學堂、[8] 清政府同意讓威海衛成為華工到南非做礦工的出口港等，都是駱克與山東巡撫保持互訪的政績。[9] 不過，儘管駱克愛用人際關係，但不會因私人感情而徇私或損害「共同之善」。[10] 中國式人際關係善於建立廣泛的人脈網絡，鑒於網絡太大無法經常聯絡或見面，單對單建立友誼的成本也相當高，所以會透過血緣、地緣、趣緣和業緣成立社團，故此在中國的團行、[11] 鋪行、[12] 會館、[13] 公所[14] 等同鄉會或行會比比皆是。

---

[5] 香港歷史博物館著：《甲午戰後：租借新界及威海衛》（香港：香港歷史博物館，2014）。

[6] 同上註，頁140。

[7] 同上註，頁122。

[8] 同上註，頁125。

[9] 同上註，頁123。

[10] 同上註，頁119。根據香港歷史博物館資料，孔子後人衍聖公孔令貽曾致函駱克，詢問是否能為他的一位朋友安排一官半職，結果如何雖然沒有文獻記錄，但按照赫德的一貫作風，孔令貽應該不得要領。

[11] 團行按行業由當地商戶組成，流行於宋代。

[12] 鋪行按行業由當地商戶組成，流行於明代。

[13] 會館是同鄉或同地域的外來商人在某地經商時的聯誼組織，流行於清代較早期。

[14] 公所是行業內的商人及手工業者的組織，成員不分外來或本地，流行於清代較後期。

　　香港開埠初期，政府對華人不太干涉，但對行業公所訂立行規控制售價牟利就非常反感，[15] 因為對英國的輝格黨和後來的自由黨來講，這是違反自由貿易的行為，就算是較後期出現的跨行業華人商會，例如在1900年成立的華商公局 (The Chinese Commercial Union)，也是集體從事保護主義，對「共同之善」的貢獻不大。這段時間的香港輔政司長期由駱克 (1885–1902) 和梅含理 (1902–1910) 擔任，他們是「阿諾德模式」時期的公學畢業生，對損害「社會公義」和「共同之善」的事情特別不滿，所以華商公局長期不獲港府批准註冊成為法團，[16] 例如在1905年華商公局參與抵制美貨運動，就遭受港府的強烈譴責。[17] 直至1906年由劉鑄伯出任華商公局主席，中央書院畢業的他明白何謂「社會公義」和「共同之善」，故此任內致力投入公益事業，例如協助政府登記市民人數、告訴政府隨街搜煙非常擾民等等，故此華商公局終於得到港府的承認。1912年劉鑄伯更與抵制電車運動發起人談判，[18] 成功幫助港府解決危機；還有1922年他請纓前往廣州擺平海員大罷工。[19] 民國成立後，香港各行業紛紛成立商會，並加入華商公局成為會員，會員數目近千；有見及此，華商公局在1913年改名為香港華商總會 (The Chinese General Chamber of Commerce)，中國通港督梅含理當然機不可失，馬上邀

---

[15]　徐承恩著：《城邦舊事：十二本書看香港本土史》(香港：青森文化，2014)，頁116。

[16]　蔡惠堯著：〈深港聞人劉鑄伯：生平、志業與意義〉，《台灣師大歷史學報》，第50期 (2013)，頁15。

[17]　同上註，頁212。

[18]　起因是電車公司於1911年11月宣佈不接受質量不佳的廣東輔幣。

[19]　劉智鵬著：〈劉鑄伯——面面俱到的香港大老 (4)〉，香港人香港史，《am730》，2012年7月6日。

請劉鑄伯加入立法局成為議員，以便利用香港華商總會的人脈關係，一方面成為訂立商貿政策的最佳諮詢對象，另一方面幫助政府穩定社會，希望通過香港華商總會，令各大商會注重社會公義，多參與公益事業。[20] 例如1934年《旅港潮州同鄉會會刊》的第7頁就指出：「外人批評中國人只有鄉里觀念，而無國家意識，殆非虛語……本會產生之社會意義，謂為愛鄉心之表現也可，謂為愛國心之表現，亦無不可。」還有，1947年吳在橋編《香港閩僑商號人名錄》的序四中，福建同鄉會就指出：「今後吾人更應奮發精神慷概義囊，將從救濟同鄉事業中，擴展到社會福利教育事業，冀期達成福利人群而後已。」[21]

　　把官學生說得這麼本事，話說回來，如果港府官員沒有中國通，不懂中國人心思，又沒有人脈關係，管治效果又會如何？儘管官學生自1870年代開始陸續在港府當權，但碰巧1910年代幾名官學生先後離任（只剩下華民政務司夏理德），高層由不懂中國文化的官員接任，這時華人突然出現民族主義，港府錯估形勢闖了大禍。事緣於1911年中國通輔政司梅含理離開香港，調往斐濟群島擔任總督，先後署理輔政司一職的中國通譚臣和蒲魯賢又分別退休，署理輔政司中國通金文泰也外調到英屬蓋亞那，結果由施勳（Claud Severn，1912–1925在任）和修頓（Wilfrid Thomas Southorn，1926–1936在任）先後正式擔任輔政司一職。長期在馬來亞地區工作的施勳雖然懂得馬來語，但因為不是官學生所以沒有學習過中文，1912

20　陳學然著：《五四在香港 —— 殖民情境、民族主義及本土意識》（香港：中華書局，2014），頁99。

21　吳在橋編：《香港閩僑商號人名錄》，序四。

年調來香港時已經43歲，過了學習中文的最佳年齡。1912年2月滿清政府倒台，儘管英國政府急忙在1912年7月把梅含理調回香港擔任總督，但他在1919年卸任。殖民地部派出43歲的司徒拔接替梅含理接任港督，但一直在英國本土供職的他與施勳一樣，對中國文化不甚了解，1919年5月4日國內爆發「五四運動」的四個多月後（即9月）上任。司徒拔和施勳兩人初到貴境，一來不懂中文，二來對中國國情一竅不通，三來缺乏人脈沒渠道打聽內情，自然對內地複雜多變的權力鬥爭難以掌握，對香港變幻莫測的工人情緒更一頭霧水，聽到北京出現年輕人請願罷課，以為學生運動只是不滿北洋政府，看見國民政府提出打倒孔家店的口號，料想只是反傳統思想抬頭。沒想到「五四運動」更重要的前因，是1919年5月1日李大釗在《晨報》副刊「勞動節紀念專號」中〈五一節MayDay雜感〉一文所播下的種子。五一國際勞動節是紀念1886年5月1日芝加哥等地工人團結起來大罷工，對資產階級的殘酷剝削說不，更不惜流血與之戰鬥，最後終於反撲成功。三年後，恩格斯召開第二國際成立大會，宣佈每年5月1日定為國際勞動節。李大釗在5月1日撰文肯定工人階級直接參與的力量和成效，多家報紙紛紛轉載，馬上成為社會的熱論話題。[22] 翌年（1920）5月1日，北京學生聯合會向鐵路、工廠等工人派發了幾千張《五一歷史》傳單，馬克思主義的共產黨理論自此在中國的工人階層萌芽，工人階級也產生了無產階級暴力革命的思想。李大釗也聯同陳獨秀接受蘇俄第三國際的金錢援助，在1921年7月成立中國共產黨。

　　1921年底，因為與外籍海員工資相距甚遠，香港的華籍海員

---

[22]　姜義軍著：〈李大釗的「五一」情懷〉，《光明日報》，2012年4月21日。

兩次致函船公司要求加薪，卻被渣甸和太古船務公司一口拒絕，中華海員工業聯合總會於是發起罷工，以1922年1月13日為最後通牒，反對被雇主剝削。港府的兩名最高級官員對中國文化並不認識，港督司徒拔認為海員罷工滲入了政治因素，看看工潮後他向英國上級的報告便知道：「海員罷工不單純是一場經濟運動，而是一場政治運動⋯⋯孫中山領導下的國民黨是此次罷工的幕後組織者。廣州政府已完全處於這一個具有布爾什維克主義性質的組織控制下。」[23] 司徒拔於是採用武力威嚇、戒嚴、封閉海員工會等強硬手段應付工潮，拆走孫中山書寫的「中華海員工業聯合總會」招牌，[24] 2月27日更通過《1922年緊急則例》，宣佈香港進入戰爭狀態，調來16艘軍艦，封鎖邊界及各口岸，禁止火車通行，加崗巡查街道，離港者要鋪保。司徒拔和施勳錯判形勢，令香港謠言四起，盛怒的罷工海員放火燒了香港三個貯藏糧食的貨倉，令全港市民更加恐慌。海員工會說：「這次罷工，香港政府不但不居中調停，反而採用高壓手段，封閉我工會，逮捕我工人，野蠻之極！我們只有堅持到底！」[25] 司徒拔和施勳不是官學生出身，對中國人的性格完全不了解，與國民黨交手處處碰釘，在騎士保衛家園的思維下，通常以暴易暴的方式希望解決問題，3月3日英軍更向群眾開槍射擊，造成沙田慘案，令海員罷工惡化成為全港大罷工，司徒拔和施勳最後惟有向海員工會讓步，加薪15%–30%，釋放被捕者，向死難家屬賠

23　張俊義著：〈20世紀初粵港政局之互動〉，《嶺南近代史論：廣東與粵港關係（1900–1938）》（香港：商務印書館，2010）。

24　莫世祥著：《中山革命在香港（1895–1925）》（香港：三聯書店，2011），頁329–348。

25　鄧中夏著：《中國職工運動史（1919–1926）》（北京：北京人民出版社，1930）。

償，才能解除經濟與社會的癱瘓狀態。1925年6月發生的省港大罷工也是一樣，司徒拔和施勳仍然用以暴易暴的方式希望解決問題，6月23日英軍向廣州遊行群眾開槍射擊，造成61人死亡、百多人受傷的沙基慘案。國民黨中央執行委員廖仲愷對港府採用暴力非常火光，呼喚香港工人返回廣州居住，下令封鎖香港，令香港斷糧斷物資，情況相當嚴峻。英國惟有召回中國通金文泰返港代替司徒拔做港督，派出中國通夏理德帶領港府代表團前往廣州與國民政府談判，夏理德表現出較為友善的態度，事情才慢慢緩和下來。[26]

司徒拔與施勳不擅與中國人相處，不懂治理華人社會。如果換轉是利瑪竇、赫德、駱克、莊士敦等洋儒的話，他們一方面會做好本分，為受到不公平待遇的海員著想，和國民政府做個朋友，便不會與他們發生衝突。另一方面，從小市民多元化的角度看社會問題，不會從上而下判斷對錯，而是效法儒生釋放內心世界的強大道德力量，敢與船公司談判，「社會公義」便能更好彰顯。不過這兩方面須懂得平衡，因為船公司是一群有勢力的英商，港府官員因此會面對一定的阻力，所以就要像赫德的「騎馬理論」，駱克和莊士敦的「心」「理」共用、「義」「利」相通一樣，如何平衡就要考考官員的政治智慧了。事實上，中國通慣用平衡術來治理香港，關鍵是採用的是甚麼類型的倫理觀念，此點極為重要，因為「針無兩頭利」，為官者敢為被剝削者出頭當然是件好事；但騎士有勇無謀的缺點也不宜當官，因為社會複雜人心險惡，為官者容易被謊言和幻象蒙蔽，只憑一股為民請命的勇氣，往往未能為民伸張正義，只是不怕艱難勇於冒險，也未必能化險為夷。騎士向目標勇往直前的世界觀，正是

---

[26] 還有與廖仲愷在1925年8月被暗殺，國民黨內部分裂，蔣介石得勢有關。

德國社會學家韋伯 (Max Weber) 所提出的「心志倫理」(the ethics of conviction，屬於倫理學強調善良意志的義務論)。抱有如此倫理觀的人認為，宇宙是理性的，所以遲早能夠實現道德理性的偉大理想，理想愈高愈可不擇手段達到理想，決策應取決於道德的動機。可是，騎士這種「要就全有，不然全無」的政治道德觀念，不管現實有多阻滯，但堅持以達到理想為目的，少不免會出現強人政治、國家為重、民生為次，為了理想總要付出一點代價。

司徒拔與施勳等騎士型官員的「心志倫理」，也是清末洋務派士大夫被西方思想感染的精神狀態，正如華東師範大學教授楊國強指出：「洋務所主導的種種更張天然地是一個與民本和民生日去日遠的過程。這個過程用國家的名義營造富強，而後是自成本位和主體的國家因致富致強而層層擴張。」[27]另一方面，湖南師範大學研究員段煉則認為，自從洋務派提出「中體西用」之後，晚清有部分士大夫已把儒學的「德性倫理」(virtue ethics，屬於以道德主體性格來推動言行的倫理學) 局限於「體」，付諸行動的政治倫理觀已不再以聖人為榜樣，反而「由現實的利害關係、生活的功用效果」成為了他們所示的準則，所以除了他們的行為動機產生「心志倫理」之外，他們的行為表現與韋伯的「責任倫理」(the ethics of responsibility，屬於倫理學的效果主義) 如出一轍。[28]究竟洋務派士大夫決策時所持的價值觀，是楊國強說的「心志倫理」？還是段煉說的「責任倫理」？若我們重溫韋伯的〈政治作為一種志業〉，便知道這兩種倫理應要共

27　楊國強著：《晚清的士人與世相》(北京：生活・讀書・新知三聯書店，2008)，頁182。

28　段煉著：《「世俗時代」的意義探詢 —— 五四啟蒙思想中的新道德觀研究》(上海：上海人民出版社，2015)，頁64。

存，因為他認為「心志倫理」出自高潔人格（即「德性倫理」），但若
欠缺「責任倫理」，就不是稱職的政治家，所以此兩種倫理須要相輔
相成，才能夠完成從政者的使命。[29] 韋伯的言下之意，是指「心志
倫理」、「責任倫理」可以共存的先決條件，必須以「德性倫理」為基
礎。可是，美國著名漢學家列文森告訴我們，「十九世紀『體用』模
式，不僅體現了外來因素所造成的儒教衰落，而且也是儒教本身衰
落的象徵」；[30] 楊國強也說，「以此（以往歷代皇朝的士大夫）作對
比，是曾經代表最穩定的東西正在變作最不穩定的東西。於是士人
的分裂便醒目地標示出深刻的社會分裂」。[31] 由此可見，儘管洋務
派士大夫嘗試以「德性倫理」為體，把「心志倫理」和「責任倫理」為
用，但「心志倫理」和「責任倫理」卻排擠「德性倫理」，令「心志倫理」
與「責任倫理」變得水火不容。晚清自強運動的倫理整合過程，顯
然與韋伯所認為的並不一樣。

然而，同樣從十九世紀末開始到二十世紀，也同樣是以華人為
主的社會，更同樣是以人格主導的「德性倫理」為體，「心志倫理」
和「責任倫理」為用，不一樣的只是地方換轉指殖民時代的香港，
當英國的騎士精神遇上了中國的士人氣質，兩種古典人格合一，以
中西混合的德性推動心志和責任，效果卻非常不一樣。開埠後的香
港資源缺少、人流混雜，社會問題不比中國大陸少，港英政府官員
也與中國的士大夫一樣分開兩派：一派是傳統紳士，他們與洋務派

29　韋伯(Max Weber)著，錢永祥編譯：〈政治作為一種志業〉，《學術與政治：
韋伯選集(1)》(台北：遠流，1991)。

30　列文森(Joseph R. Levenson)著，鄭大華、任菁譯：《儒教中國及其現代
命運》(廣西師範大學出版社，2009)，頁53。

31　楊國強著：《晚清的士人與世相》，頁305–306。

士大夫一樣，決策時按「心志倫理」判斷是否正確，決策取決於是
否為民除害、懲惡鋤奸，主張以暴易暴鎮壓暴亂，不理會後果，因
為身為基督徒的他們，後果可委諸上帝，貫徹騎士精神的特徵；另
一派是現代紳士，他們與清流派士大夫一樣，按照「責任倫理」行
事，因為「自由主義」來自商界，決策取決於結果是否能促成自由
貿易和經濟效益，主張和平教化殖民地，習慣心思熟慮判斷後果，
正好彌補騎士「心志倫理」在責任方面的不足。而「心志倫理」與「責
任倫理」沒有互相排擠的原因，是因為當他們維護「社會公義」的理
想（「心志倫理」），須要付出例如效率下降或經濟損失等代價的話
（「責任倫理」），中國通官學生就會在兩者之間找出平衡點，並以
西方宗教的七德或中國儒學的中庸等「德性倫理」樂觀面對。然而，
因為他們處身於兩大文明的夾縫之間，當沒法解決政治和社會重重
矛盾的時候，惟有從「政治倫理」和「後設倫理」尋找出路，向中英
兩國政治權威強調殖民地官員去政治化的重要性，也敢於跳出中西
文化傳統價值觀的框框。因此，港英政府所實行的「積極不干預」
意識形態，是按上述五種道德倫理觀做決策的管治平衡術，繼而衍
生出以下第十四章的五個平衡術招數。

第 14 章
港英政府中國通的五個管治招數

招數一：分隔補充，一地兩制，分隔確保消極自由，補充令華人得到公義

　　香港開埠以來，英國人一直都不習慣南中國的天氣，加上瘧疾猖獗，洋人紛紛病倒，尤其在黃泥涌谷軍營英軍的死亡率甚高，導致四分之一軍人死亡，所以誤以為是低窪沼澤冒出的瘴氣所致。洋人紛紛搬上較不炎熱和潮濕的山頂居住，而華人並沒有不適應天氣的問題，而且財富、文化和社會地位遠遠比不上洋人，所以多不會居住在山頂，反而因為是苦力或小商販的關係，為了工作方便，他們多聚居於上環、西環、下環（即今天的灣仔）、油麻地等鄰近貨運碼頭或貨物倉庫一帶，與洋人居住和活動於山頂、半山區、中環、尖沙嘴等地方分隔開。港督寶靈就曾如此形容：「本地人和歐洲人幾乎完全隔離，兩個種族之間並沒有社交來往。」[1]

---

[1] G. B. Endacott, *A Brief History of Hong Kong* (Hong Kong: Oxford University Press, 1973), p. 122.

可是，因為兩個種族的財富、權力和地位十分不相稱，華人失去了許多自由。例如1863年，政府通過法例及交通條例，要求上山的轎子須要領取牌照，自此山頂地區逐漸變成洋人的領域，1904年更因鼠疫為患，政府立法規定山頂區保留為非華人的居住地。根據第一任香港行政官義律（Charles Elliot，1841年1–8月）的告諭：「官廳執政治民，概依中國法律風俗習慣辦理」，[2] 加上沒有街燈，海盜猖獗，警察又非常不足，所以自1842年開始，政府實行宵禁，華人由晚上11時不得上街，1843年又規定華人在晚上8時至10時外出，必須提著燈籠。不平等的措施還有對華人罪犯公開笞刑，根據傳統紳士港督戴維斯的解釋：「惟有施行中國刑法，包括笞刑、剪辮、戴枷及放逐，才能使華人罪犯恐懼，從而阻遏罪案，改善治安。」[3] 所以在香港開埠的首三十年間，雖然華洋各自生活，雙方也沒有興趣融入對方，但因為衛生、權力、經濟、風俗、治安、警力不足等原因，早期香港的一地兩制，雖然華人社會可以自由按照自己的風俗習慣生活，但仍然存在著頗多歧視華人和對他們不公平的事情。

不過，1860年代後期開始，英國「社會公義」的概念傳到香港，1862年陸續入職、並先修兩年四書五經的官學生，也開始成為港府高層，例如第一批三名官學生之一的杜老誌（Malcolm Struan Tonnochy），1876年成為監獄長，期間也做過布政司、財政司、司

---

[2]　蔡思行著：《香港歷史系列：教學及活動資源套》（香港：CACHe及長春社文化古跡資源中心，2015），頁31。

[3]　周子峰著：《圖解香港史：遠古至一九四九年》（香港：中華書局，2010），頁31。

法長官等職位，1882年更成為代理港督。第一批官學生的另一人田尼（Walter Meredith Deane），1867年成為了警察總長，一直負責維持治安25年。至於第一批官學生的第三人史密斯（Cecil Clementi Smith），在1868–1878年間也歷任了總登記官、署理輔政司、庫務司等要職。當然還有1865年入職的官學生李士達（Alfred Lister）、羅士（Russell James），1867年入職的屈厚仕（Henry Ernest Wodehouse），1879年入職的駱克，1881年的米個軒（Norman Gilbert Mitchell-Innes）、梅含理（Francis Henry May），1882年的史米夫（Thomas Sercombe Smith）等人，都在十九世紀中後期於港英政府擔任要職。

首先發現香港華人社會存在著不公義的，是1869年擔任助理登記官的李士達。他發現廣福義祠把末期病者安置在祠內的死人旁邊，李士達把衛生惡劣和極不人道情況的細節逐一繪畫在報告裏，立即得到政府高層的關注，馬上召喚華人領袖商討解決辦法，結果由政府津貼和撥地，催生了東華醫院的興建。[4] 1870年9月，《香港孖剌西報》（*Hong Kong Daily Press*）出現了一篇署名「公道」（Fair Play）的文章，作者對廣州和香港提燈籠的情況作比較，認為香港的道路寬闊整齊，又有煤油街燈照明，質疑港府要華人提燈的合理性。還有一篇署名「很不幸的中國人」（Poor Unfortunate Chinamen）的文章，作者直斥提燈「帶來不必要的限制」，而且是華人「長期不快和不便的來源」。[5] 結果，官學生田尼大肆擴充警隊和1890年代電燈公司成立後，政府在1897年取消宵禁。港督堅尼地（Arthur Edward

---

4   Steve Tsang, *A Brief History of Hong Kong* (London: I. B. Tauris & Co. Ltd., 2004), p. 68.
5   蔡思行著：《香港歷史系列：教學及活動資源套》，頁32。

Kennedy，1872–1877在任）也一改以往港督不與華人接觸的作風，在官學生的穿針引線下，堅尼地經常邀請華人領袖到港督府出席活動，他任內還在西區填海建造堅尼地城，讓東華醫院設立義莊。至於山頂不許華人居住的問題，由於1894年發生鼠疫開始，而且延續三十年沒法解決，[6] 加上兩次大罷工、中國內戰和日軍佔領香港等困擾，令山頂不許華人居住的政策一直未有放寬，直到二戰後港督楊慕琦才正式取消。早期港英政府不是由中國通當權，歧視和不公平對待華人比比皆是，不過隨著中國通的數量和權力日增，維護「社會公義」逐漸成為港英政府制定政策的重要考慮因素。最低限度，中國通基本上不干涉華人的日常生活，但每當發現有違反「社會公義」的事情的話，官學生例如李士達、田尼等人總會設法補救。這種既分隔、又補充公義不足的華洋關係，港英政府不用干預太多，但卻積極維護公義，貫徹「積極不干預」的概念，更多例子如下。

審案參考大清律例：早期香港採用兩套法律，一套是港府按照本地情況而制定的英式法律，另一套是讓在港華人繼續採用大清律例，就算在清朝已滅亡了半個世紀也繼續沿用。港英法庭審理華人案件，會參考大清律例來了解中國人的風俗習慣，當發現華人在法庭手按聖經宣誓卻仍然說謊話，於是容許沒有基督教信仰的華人，改用斬雞頭、燒黃紙、砸泥盤等中國傳統來宣誓，接納成為可信的口供。[7]

6　港英政府在十九世紀末開始的二十多年間如何應付鼠疫的詳情，見黃兆輝著：《新後現代管治：從市政管理看最深層矛盾》（香港：上書局，2011）。

7　葉靈鳳著：《香海浮沉錄》（香港：中華書局，2011），頁67–77。

　　放權給華人半自治：雖然僱有自己的外籍警察隊伍，但港英政府讓華人自行組織四環更練館，又讓華商成立南北行公所設立「更練團」，且由政府出資津貼，但所有華人更練團須由中國通總登記官批准，並兼任團防局主席。[8] 又例如港督金文泰委任新界鄉紳出任諮議和鄉長，讓他們組成鄉議局，負責簽發鄉民籍貫證、審裁民事案件，並擔任政府理民官的地方行政顧問。[9]

　　尊重華人風水儀式：港英政府接收新界時，答應保持泮涌等村落風水佈局。又例如戰前華人的白事儀式多在家中進行，中國通官員理解華人風俗，容許在建築物外牆臨時搭建天梯運送棺木出入，出殯隊伍在大街上沿途繼續進行儀式。也例如每當新界鄉民提出因政府工程破壞風水，要求進行「蠆符」法事邀請神靈降臨保護，理民官會與鄉民商討，在工程動工前給予鄉民法事費用。

招數二：化敵為友，不指摘華人也不打壓反對者，反而與他們做個朋友

　　香港開埠後港英政府軍人當政，在各種事務上歧視華人，例如1844年3月制定法律，對不執行僱主命令的華人以刑事入罪。[10] 同年，當局又規定中國修路工人不得遲到、吃飯不得超時，挑泥不滿

8　　何家騏、朱耀光著：《香港警察：歷史見證與執法生涯》（香港：三聯書店，2011）頁31。

9　　薛鳳旋、鄺智文著：《新界鄉議局史：由租借地到一國兩制》（香港：三聯書店，2011），頁82。

10　　英國國家檔案館：《香港法例彙編》（倫敦：英國殖民地部檔案），頁37。

筐或打石不合尺寸，雇主可以不發工資；[11] 又規定僕役每天工作12小時以上，從早上6時至晚上6時為一日，工作時間十分之長。[12] 華人的工資微薄，例如華人海員的薪金待遇，只有白人海員的五分之一。華人若然反抗必遭港英政府用武力鎮壓，在如此高壓統治底下，1856年11月終於發生了開埠以來第一次罷市風波，華人抗議當局所頒佈的《華人屋宇及妨害公安條例》太過漠視民情。1858年2月大罷工再起，此次是抗議港督寶靈帶領的英法聯軍佔領了廣州，令全港約十萬華人當中，有兩萬人離開香港趕到廣州支援，香港各行各業被迫癱瘓。

華人社會對港英政府的積怨日深，直至第一批官學生在1870年代開始擔綱要職，情況才開始有所好轉。正如上文所說，因為「顯公義官員」李士達對廣福義祠的衛生和不人道的做法，向港督麥當奴 (Richard Graves Macdonnell，1866–1872在任) 呈交了一份非常深入的報告，令港英政府願意出錢批地，為華人興建東華醫院，官民關係得到緩和。堅尼地 (Arthur Edward Kennedy，1872–1877在任) 也向華人領袖示好，經常邀請他們到參加賽馬、郊遊等活動，又開始聘請華人做警察，這當然是當時擔任警察首長官學生田尼的功勞，令官民關係進一步拉近。往後例如軒尼詩等港督，也開始關心社會下層，取消許多歧視華人的規矩。還有港督梅含理特赦刺殺他的李漢雄，港督貝璐兩次不顧行政局反對而赦免死刑，[13] 港督麥理

11　英國國家檔案館：《英國外交部文件》，F. O. 233/185，1844年中文檔，第26號文件。

12　英國國家檔案館：《香港政府憲報》，1887年7月2日，第33卷，第30號。

13　李雲龍、沈德詠著：《死刑專論》(北京：中國政法大學出版社，1997)，頁72。

浩在警務處和廉政公署衝突事件中的局部特赦令，這三位中國通港督所給予的寬恕，都是化敵為友的好例子。

由於洋儒騎士心態仍濃，化敵為友這個招數到中國通才得到背書。話説官學生出身的輔政司駱克陽奉陰違，不理會英國殖民地部大臣張伯倫 (Joseph Chamberlain) 和港督卜力 (Henry Blake，1898–1903 在任)的和平不流血策略，[14] 反而率領英軍大開殺戒，導致五百餘新界原居民死亡。張伯倫和卜力發現駱克的做事風格，與英國自由紳士官員的風格大異其趣，因為駱克是個典型的英國舊式紳士，曾在國王威廉公學接受過獎罰分明的紳士教育，並不似卜力般對所有人都友善。駱克疾惡如仇，認為人沒有受過教訓不會改過，若不嚴懲對被欺負者便得不到公義。駱克認為儒家也有如此思想，正如孔子擔任魯國的大司寇時誅少正卯，認為是對少正卯的五種惡行進行適當的懲罰，所以洋儒駱克對反英的滋事分子沒有好感，例如卜力把滋事村民稱呼為「民眾」("the people") 或「被誤導的農民」("misguarded peasantry")，但駱克就稱呼他們為「造反者」("rebels") 或「敵人」("the enemy")。[15] 卜力認為須要依法辦事，要提前舉行接收土地儀式，來給予軍警執行任務的合法性，但駱克就覺得非常時期要用非常方法，在沒有物證和通過法律程序之下，主張懲罰那些造反的村民，[16] 所以對卜力的吩咐只做了一半，只善待沒有參戰的村民，但驅逐帶頭滋事的村民出境，燒毀了他們的房屋，又把他們

14　黃兆輝著：《港產紳士：治港百年的半山區上文化》(香港：超媒體出版社，2014)。

15　Patrick H. Hase, *The Six-Day War of 1899: Hong Kong in the Age of Imperialism* (Hong Kong: Hong Kong University Press, 2008), p. 138.

16　同上註，頁 140。

的財產充公，拆走有份參與暴亂的村落。張伯倫和卜力覺得不能讓駱克如此治理香港，於是翌年把他調往威海衛為首任文職行政長官（Commissioner of Weihaiwei，1902–1927在任）。威海衛是一個還未有法制的英國新殖民地，亦是英國海軍訓練基地，可以讓以暴易暴的駱克盡情發揮（赫德和莊士敦等洋儒也是愛恨分明的人，例如前者對待官員的嚴謹態度和後者在倫敦大學當教授拂袖而去的行徑）。沒有駱克的香港，卜力可以專心執行張伯倫的懷柔政策，與新界人化敵為友，於是在1905年制定《新界土地條例》（*The New Territories Land Ordinance*），承認中國習俗和傳統權益，又讓新界自治，只由駐守大埔的助理田土官（Assistance Land Officer）、助理警察司（Assistant Superintendent of Police）和警察裁判司（Police Magistrate）分別負責土地、治安和裁判事宜，其他一切事項和問題皆由新界人自理，更一再承諾保障新界人的商業和土地利益，甚至許多不合時宜的傳統習俗也不作改動（儘管在中國大陸已陸續取消），例如一夫多妻制、婦女無權提出離婚、妹仔（婢女）買賣制度、原居民及其家屬安葬於山邊、在無遺囑的情況下遺產承繼權屬男丁所有，甚至保留僑居海外的新界原居民的回鄉居留權和分享祖業權；如此優待新界居民，當然得到本地鄉民的歡迎，自此以後，新界原居民從六日戰爭的敵人，化為永遠和平的朋友。深受現代紳士港督卜力的影響，進入二十世紀後的許多中國通官員都是接受現代公學教育，深信和平教化的一套，所以十分認同卜力的管治風格，把化敵為友視為對整個香港（不僅在新界）甚至中國的慣用招數。

儘管與敵人或反對者做朋友談何容易，但中國通現代紳士官員都有一套做人哲學，就是要改變別人的話，並不是強烈指摘他們的

不是，而是要與他們做朋友。[17] 就以1920–1930年代的港英官員為例，當時工潮此起彼落，繼而日本侵華引起港島和九龍一連五天發生縱火和搶掠，既不是中國通也非現代紳士的官員例如港督司徒拔（Reginald Stubbs）、輔政司施勳（Claud Severn）等人主張以暴易暴，派出軍警鎮壓，但中國通現代紳士官員例如港督金文泰（Cecil Clementi）、華民政務司夏理德（Edwin Hallifax）、理民官傅瑞憲（John Fraser）等人，則用心了解中國人的內心世界，深信只要處理得宜，不要排擠華人，耐心取得他們對自己的信任，工潮便會慢慢解決，暴動也會逐漸放緩。在這個管治理念之下，中國通現代紳士為了爭取社會對港英政府的認同感，經常設法讓民眾對統治者有同坐一條船的感覺，方法涵蓋各種層次，包括給予身份、賜予權力、皇恩大赦等等，許多歷史片段有上佳的示範。因此，雖然中國通不用干預，但他們化敵為友的態度卻是一種積極凝聚社會的力量，是另一種姿態體現出「積極不干預」的意識，更多有關例子如下。

對華人給予社會身份：雖然早在開埠不久已開始委任洋人為太平紳士，但從港督軒尼詩開始，也對華人賦予公職；除了成為太平紳士之外，也有團防局局紳、潔淨局和立法局議員，藉此把他們與政府的距離拉近。除此之外，又頒授勳章，不過不會亂頒，對社會有真正重大貢獻者，才頒授騎士、爵士等勳章（俗稱「荷蘭水蓋」，可在姓名前加上一個「Sir」或「Dame」），令受勳者感到無上光榮。

對平民賜予一定權力：除了讓上流社會的華人通過太平紳士、團防局、潔淨局和立法局、鄉議局等擁有權力外，港督柏立基也通

---

[17] 正如美國暢銷作家謝爾頓（Sidney Sheldon）在1972年出版的《子夜的另一面》（*The Other Side of Midnight*）一書中說："To be successful you need friends and to be very successful you need enemies."

過「市民－市政局－政府部門」的合作關係，讓更多華人參與市政決策。港督戴麟趾也按照新界民政區委員會、觀塘和黃大仙的市鎮管理委員會為藍本，在各地區設立地區管理委員會，讓普羅大眾參與地區的管理工作。港督麥理浩更破天荒委任九巴站長王霖為立法局議員。

對政治敵人皇恩大赦：中國通容許雙重效忠，不反對為港府籌謀的華商也參與中國政府的工作。例如雖然港府資助東華醫院，卻容許醫院總理擁有清廷官銜，又例如新華社香港分社前社長黃作梅獲得英國MBE勳章，港督梅含理甚至特赦釋放行刺他的李漢雄。港督麥理浩向文憑教師罷課運動讓步，也頒佈局部特赦令，平息了警務處與廉政公署的衝突。

招數三：上滲扶貧，不派錢也不教釣魚，
窮人只需機會和階梯

戰後國內難民不斷湧入香港，人口從1945年的50萬，大幅增加至1950年的220萬，以後每年仍不斷增長，他們在各處山嶺搭建寮屋，許多難民更一貧如洗，所以連墳場、洞穴也有人居住。看見如此狀況，騎士精神充沛的港府中國通官員自然想盡辦法應付，例如布政司署就成立政府廚房，1950年社會福利官黎敦義（Denis Campbell Bray）負責到處奔走，為難民和經常發生火警的寮屋災民配給糧食。[18] 由於深受公學的教學模式所影響，中國通官員對扶貧之道有獨特見解，戰後面對幾百萬湧港難民採用三個辦法：(1) 對

18　黎敦義影音講解：《記錄與回憶》（香港：電影資料館，2003）。

窮人不派錢，與前財政司司長曾俊華在 2011 年向一次性發放 6,000 港元的做法大異其趣；(2) 不教窮人「釣魚」，與前財政司司長梁錦松説「授人以魚，不如授人以漁」的看法不一樣；[19] (3) 採用一種「上滲財富觀」(wealth diffuses up)，[20] 這與前特首曾蔭權所理解的下滲經濟學 (trickle-down economics) 剛好相反。[21] 根據格林的「積極自由」概念，中國通官員認為設法為低下階層建立向上流的條件和機會，先讓窮人富起來，就會減少社會不公義的程度。[22]

儘管羅爾斯 (John Rawls) 的社會正義論在 1970 年代才出現，卻與中國通官員的扶貧政策不謀而合。例如羅爾斯的「無知之幕」(veil of ignorance)、[23]「差異原則」(difference principle) 和「極大化最小原則」(maximin rule) [24] 等概念，皆與港英政府的房屋、醫療、教育、社福

---

[19] 資料來自〈梁錦松轟曾俊華亂派錢〉，《東方日報》，2011 年 3 月 16 日，進入網站日期：2015 年 9 月 2 日，http://orientaldaily.on.cc/cnt/news/20110316/00176_040.html。

[20] Samuel Freeman, "Original Position," in N. Z. Edward (ed.), *The Stanford Encyclopedia of Philosophy*, 2012，進入網站日期：2015 年 9 月 2 日，http://plato.stanford.edu/entries/original-position/。

[21] 曾蔭權在 2012 年 6 月 14 日最後一次出席立法會答問大會中終於承認：「以前一直相信只要經濟啟動，把餅做大，然後透過滴流效應 (trickle-down effect)，各階層自然可以共用。可是實踐下來，現實與理論有出入。」資料來自丘亦生的〈金融雲端：維穩絕招 時薪 28〉，《蘋果日報》，2012 年 6 月 20 日，進入網站日期：2015 年 9 月 2 日，http://hk.apple.nextmedia.com/financeestate/art/20120620/16441436。

[22] 也不像西方凱恩斯主張政府增加開支刺激需求的做法。

[23] 「無知之幕」的意思是指，就像有一張帳幕遮蓋著某人部分的認知，令他無知自己的能力、偏好和社會地位，所以如果由他負責分配社會的資源、權利或位置，自然不會作出對自己有利的決定。

[24] 「差異原則」的意思是指，社會可容許天生的不公平，例如某些人比較聰明或做事比較快，令他們得到獲得比較好的社會資源、權利或位置，但條件是使社會中處境最不利的群體獲得最大的利益 (即 maximin rule)，藉此逐漸改善社會中處境最不利的人。

等政策理念相符。自從 1850 年代年中國戰亂大量難民湧港開始，中國通官員的應對辦法，就是對社會最窮困階層給予最大可能的撥款，同時為社會窮困子弟人提供平等的教育及就業機會，藉此逐漸改善社會中處境最不幸的人。為甚麼中國通會這樣做？那就要從英國公學興起的歷史背景說起，事緣在英法百年戰爭（1337–1453）的中後期，英格蘭節節敗退，經濟重創，民不聊生，圈地運動因此興起，封建制度崩潰，加上十六世紀火槍火炮廣泛運用，戰場不再倚重盔甲和長矛，令騎士階層沒落。教會為了延續騎士精神，於是繼溫徹斯特公學（Winchester，1382 建校）之後，陸續興辦其他公學。[25]公學是由王室特許、富商贊助的慈善學校，為清貧學生提供獎學金，所以學費全免（儘管今天已變成有錢有地位家長的子女才可以入讀的學校）。不少港督都是在這九家傳統公學的校友，例如受教於查特豪斯的寶雲（George Bowen，1883–1887 在任）和德輔（George Des Voeux，1887–1891 在任）、哈羅（Harrow School）的梅含理（Francis Henry May，1912–1919 在任）、聖保羅（St. Paul's School）的金文泰（Cecil Clementi，1930–1934 在任）、伊頓（Eton College）的楊慕琦（Mark Young，1941、1946–1947 在任）等港督，他們都沒有世襲貴族爵位，寶雲和梅含理更在愛爾蘭出生，德輔、金文泰和楊慕琦在印度出生，德輔則在德國出生，全部都不是名門正統的貴族，也不是正宗土生土長的英格蘭人，但卻有機會在英格蘭頂級的貴族公學讀書，只要努力讀書、成績好便可扭轉命運，所以他們都明

---

[25]　除了溫徹斯特公學之外，還有以後的伊頓公學（Eton）、聖保羅公學（St. Paul）、舒茲伯里公學（Shrewsbury）、西敏公學（Westminster）、商人泰勒公學（Merchant Taylors）、拉格比公學（Rugby）、哈羅公學（Harrow）和查特豪斯公學（Charterhouse）等八所傳統公學。

白，為清貧學生提供獎學金、學費全免，令窮人有機會通過接受良
好教育脫貧，是個非常重要的扶貧手段。對於這個道理，其實並不
只是這幾位港督明白，在其他公學讀過書的港督和港英官員也十分
了解，特別是香港教育委員會和教育司署的一群中國通，尤其是理
雅各 (James Legge) 和史劍域 (Frederick Stewart)，從香港開埠不久到
十九世紀末，教育政策都是由他們二人先後掌管，所以從第二任港
督戴維斯開始，在1848年港英政府已補助三家最大的私塾成為免
費的皇家書館，[26] 1852年皇家書館再多兩家，[27] 1855年已增至八家。[28]
1857年制訂的《皇家書館則例》(*Rules and Regulations for Government
Schools*) 的第一條就有以下規定：「本港華人子弟，均有進入皇家書
館，接受中、英文教育之權利。教師及任何人等，均不得向學童索
取任何費用。」又例如在1851年正式成立、由香港聖公會開辦的聖
保羅書院，不但學費全免，還有膳食供應，學生無分貴賤，也無須
考試成績優異才被取錄，只要家長送子女來，有名額的話，學校便
會收錄。[29]

　　扶貧當然是真誠管治者的理想，但港英政府的騎士型官學生，
習慣不愛花錢，也未做過生意，所以他們不會派錢，也不懂教人釣
魚，反而覺得有效的扶貧方法，是像自己以前一樣，用知識改變命

---

[26] 　分別是維多利亞城書館、石排灣書館和赤柱書館。

[27] 　林準祥著：〈香港最早受政府資助的書館〉，《灼見名家》，2014年12月11
日，進入網站日期：2015年9月3日，http://www.master-insight.com/
content/article/2612。

[28] 　黃棣才著：《圖說香港歷史建築1841–1896》(香港：中華書局，2012)，
頁4。

[29] 　林準祥著：〈傳統名校一度收生不足〉，《灼見名家》，2014年12月18日，
進入網站日期：2015年9月3日，http://www.master-insight.com/content/
article/2614。

運，因為官學生大都不是來自英格蘭的貴族家庭，惟有依靠勤奮讀書和通過考試，與富貴人家的子弟公平競爭來得到美好前途。因此，港英政府當年的扶貧政策，就是提供大量的學額和公平機會，讓民眾覺得只要肯努力就一定會有收穫，因為動力是來自窮人本身，所以就不用政府直接推動了。集中英兩種文化於一身的中國通官員自然明白，這世界是多元的，不是人人都有學釣魚的天分，勉強資助大量會考失意的畢業生繼續讀書（例如特區政府的副學士教育政策），只會拔苗助長，製造一大批負債累累、但學歷卻不受社會認同的畢業生；[30] 大力推動本錢小又沒有做生意經驗的失業大軍轉型（例如特區政府在上環大笪地或黃大仙騰龍墟等本土經濟實驗場擺賣），結果多是虧本收場，令失業者僅有的積蓄也付諸一炬。在這個邏輯之下，港英政府的房屋政策、交通政策、小販政策、教育政策甚至工業政策，都是當年間接令窮人產生脫貧動力的政府措施。此外，各項政策也相輔相成，就以房屋政策和工業政策為例，港英政府把公共房屋都建在工業區的旁邊，又積極興建工業大廈，一些由政府工務局興建，另一些則由徙置事務署承辦，鼓勵手工業和輕工業為主。總而言之，把房屋政策和工業政策結合起來，讓窮人容易找工作、工廠容易找工人，就是中國通的扶貧方法之一。

　　戰後香港的中國通見證了大量國內難民湧港的大時代，他們沒有派錢也沒有教人釣魚，更沒有把生活開支推高。港督葛量洪（1947–1957 在任）推出「徙置區計劃」，大量興建臨時公共房屋，又在許多徙置大廈的天台上，讓志願團體辦理學費廉宜的小學。港督柏立基（1958–1964 在任）推出「廉租屋計劃」，改善窮人的居住環

---

[30]　　詳情見《明報》，2011 年 4 月 27 日；及《大學線》月刊，第 72 期。

境，興建極大型的船灣淡水湖，向中國大陸購買東江水，把水費鎖定在全球先進城市中最便宜的地方之一。[31] 港督戴麟趾興建收費便宜的獅子山隧道和紅磡海底隧道，也建造了101座廉租屋，大力發展便宜的交通網絡，實行寬鬆的小販政策；他更推出「六年強迫小學義務教育」，讓窮人以低微的收入，也能維持生活所需，更可以供子女上學讀書。社會充滿機會，令人覺得以勤補拙也有出頭天，所以雖然窮，但也窮得有尊嚴和有希望。港督麥理浩（1971–1982在任）的扶貧措施更宏大，他推出「十年建屋計劃」，為180萬名中低下階層市民提供廉價居所，又推出「九年強迫免費教育」，向適齡學童發出《入學令》，不許童工的出現。港督尤德（1982–1986在任）把戰後港英政府的扶貧方式，做了一個既簡單又準確的描述：

> 當我接任港督一職的時候，很多重要的項目正在進行中，民眾都依靠這些項目來改善他們的工作、養育他們的家庭、建立他們能引以自豪的城市。我會盡力繼續進行這些項目。為了維護好這些東西，我們需要可持續的經濟發展和建立一個鼓勵市民發展幹勁和進取精神的環境。[32]

尤德口中的項目，並不是政府向窮人施捨金錢，或教他們如何

31　詳情見International Statistics for Water Services（ISWS）的統計數字。

32　這是尤德於1982年10月在立法局發表施政報告的內容。原文是："I come at a time when many important programmes are in progress on which people count for improvement in all that can make Hong Kong desirable as a place in which to work and bring up a family and city to be proud at. It will be my endeavour to advance these programmes. To support them there will need to be sustained economic growth and an environment in which the drive and enterprise of all those who contribute to that growth can be given full scope."

謀生這兩種各走極端的方法，而是戰後應對難民潮在各方面的工作，目的是建立一個窮人可以自力更生的大環境，所以不像今天特區政府般要窮人住貴樓、搭貴車、食貴米、買貴衫，甚至為子女負擔昂貴的教科書，又或者豪言「與其送人一條魚，不如教人去釣魚」，因為長貧難顧，拔苗也不能助長，政府需要量力而為，這就是為甚麼尤德說需要可持續經濟的意思。從葛量洪到麥理浩，從尤德以至後來的衛奕信（David Wilson，1987–1992在任），這些中國通無論來自殖民地部或外交部，都在入職前研讀過兩年中文，《論語》是他們學習的重要教科書，所以必然明白「無欲速，無見小利；欲速，則不達；見小利，則大事不成」的道理。話說孔子的弟子子夏去魯國做官，有一天回來向孔子請教為官之道，孔子告訴他先要安定百姓的心，不要貪圖快速急於顯示成就，也不要放眼小利為求向上級領功，為官須要為百姓解決困難與需求，才能治理好國家大事。故此，戰後香港的一群中國通官員除了幫助從內地逃難到港的資本家設廠，也鼓勵民眾參與電筒、假髮、膠花、紡織、成衣、玩具、手錶等成為世界工廠的輕工業，也幫助低下階層搬到工廠附近居住，做好交通配套和可以負擔得起的居住環境，讓他們自力更新，令民眾覺得只要肯努力就一定會有收穫。解民之所難、急民之所需，這是在第二次世界大戰後，特別是韓戰的出現，一群改變「自由主義」消極放任心態的中國通官員的巧妙傑作。在中國通「積極不干預」的思維下，雖然港英政府的社會福利比許多西方國家都要少，但其扶貧方式其實比「贈魚」或「教人捕魚」的方式更加積極，更多有關例子如下。

確保民眾能安居樂業：楊慕琦在1945年推出《業主與租客綜合條例》，限制租金升幅。柏立基在1962年禁止房屋加租過度，1964

年才撤銷樓宇加租管制。戴麟趾在1970年再次通過臨時法案凍結
租金過度上升。戴麟趾和麥理浩把民眾生活開支保持在可負擔水
準，例如興建了101座廉租屋，為香港三分之一人口提供廉價房
屋。戴麟趾設立「貧民區清拆工作小組」，進行舊區重建，為窮人改
善惡劣居住環境。

　　自力更生和讀書機會：貝璐在1934年成立的委員會報告指
出：「香港政府應在維持自由放任政策與支持本地工業的措施之間
的平衡。」[33] 從此，香港出現很多家庭式工廠和山寨式工場。柏立
基和戴麟趾實行寬鬆的小販政策，例如在廟街、通菜街、福華街、
利源東街、利源西街、太原街設立特定小販區。戴麟趾和麥理浩
提供大量的學額，例如向私校買位，單在1982年就向私校買了
146,000個學位。[34]

　　把公屋建在工業區旁邊：1954年石硤尾、大坑東和李鄭屋等
徙置區建在長沙灣工業區旁，1955年的雞寮、佐敦谷等徙置區建在
觀塘工業區的隔鄰，1957年的老虎岩、黃大仙、橫頭磡、東頭徙置
區旁邊有新蒲崗工廠大廈，1957年的大環山徙置區與紅磡工業區，
1961年的大窩口徙置大廈位於柴灣角工業區附近，1970年代的柴
灣邨、興華邨離柴灣工業區不遠等等。總之，讓窮人容易找工作，
工廠容易找工人。

---

[33]　Sessional Papers 1934, Papers Laid Before the Legislative Council of Hongkong 1934. Hong Kong Government Reports Online (1842–1941). 香港記憶網站，進入網站日期：2015年9月16日，http://www.hkmemory.hk。

[34]　鄺健銘著：《港英時代：英國殖民管治術》(香港：天窗出版社，2015)，頁189。

招數四：勾而不結，與商界關係不遠離，也不狼狽為奸

中國通在公學長大，除了養成自律的習慣外，也自覺履行社會義務（social obligation），他們的自律和自覺來自公學生活的團體精神（teamwork）和公民意識（citizenship）。公學的體育競技有以下規則：自己得分的榮耀歸於整個團隊，個人犯規就整隊都要被罰，所以長大後當官的時候，明白自己的得失關乎整個社會的榮辱，也清楚知道甚麼應做和不應做。對於處理官商關係，應做的當然是推動商業發展，令社會經濟增長，市民得以受惠；不應做的是從商家獲取私利，或讓商家利用政策巧取豪奪。中國通自小受公學體育競技精神（sportsmanship）所感染，與商人合作只為公眾利益，遇上阻力仍會激流勇進，但做了一番驚天動地的實幹後，卻會懂得功成身退。

港英時代政府也給予商界很多優惠，絕大部分行業都被大企業或同業聯盟式壟斷，例如金融業的匯豐、航空業的國泰、公共事業的港燈與中電等等，但當年大眾對港英政府的印象卻是與商人「勾而不結」，因為市民看見官員沒有從商家獲取私利，也不讓商家從中巧取豪奪，所以相信中國通把政策傾斜商家的目的，只是把利益輸送給社會大眾。中國通與商人關係密切，卻保持潔身自愛的性格，在香港開埠初期早已有跡可尋，根據《衛報》著名記者莫里斯（Jan Morris）的觀察：「身在香港的那些英國官員，包括各種不同背景，如今很自由地跟商界和專業界階層人士混在一起，但心理上卻不脫官方本色而保持一段距離。」[35] 事實上，中國通的騎士性格不喜歡銅臭、不愛與商人為伍，所以極少應邀沒有公事的私人宴會，

---

[35]　莫里斯（Jan Morris）著，黃芳田譯：《香港1840–1997：大英帝國殖民時代的終結》（台北：馬可孛羅文化，2006），頁130。

與商人的往來只是公事公辦。自 1860 年代初的官學生制度開始，
港府內的中國通漸多，他們多擔任輔政司、總登記官、庫務司等重
要職位，例如 1860–1870 年代在港府服務的史密斯 (Cecil Smith)、
1860–1880 年代的史劍域 (Frederick Stewart)、1860–1890 年代的田尼
(Walter Deane) 等等，他們非常了解華人社會，知道華商對香港經
濟舉足輕重，自然勸諭港督須與本地商賈合作，才能好好發展香
港。為了真實了解商界情況，中國通覺得有需要「勾」上他們，官
商合作造福社會，但萬萬不能因與商界關係深厚而斂財和被商人利
用，所以認為不能「結」。

在這個微妙的觀念下，港府善用洋商的資金和專長，例如港督
軒尼詩 (John Hennessy，1877–1883 在任) 給予四家私人公司聯合獨
家經營山頂纜車，港督寶雲 (George Bowen，1883–1885 在任) 委任
商人遮打 (Catchick Chater) 承建九龍碼頭，港督德輔 (George Des
Voeux，1887–1891 在任) 授權遮打與凱瑟克 (James Keswick) 在中環
填海，又與遮打簽署香港首份電力供應合約。要注意的是，遮打是
出生於印度加爾各答的亞美尼亞裔人，港府沒有把這些專營權給予
祖家發大財，不只是因遮打自 1860 年代末開始，已是一位非常成
功的商人，更重要的原因是遮打為港府解決了頭痛多年的填海問
題。話說自港督寶靈時代開始，不少業主反對填海，令港府多
次擱置工程；最令港府尷尬的，是 1867 年大風暴毀壞了中區堤
岸，但業主卻不願意分擔修築堤岸的費用，港督麥當奴 (Richard
Macdonnell，1866–1872 在任) 不想又再擱置計劃，於是告上法庭，
但法官卻判業主無罪。[36] 1889 年的巨大颱風再次毀壞中區堤岸，儘

---

[36]　張連興著：《香港二十八總督》(北京：朝華出版社，2007)，頁 77。

管港府以新填土地的租賃權做補償，但一些業主仍一如以往拒絕分
擔修復費用；正當港府無計可施之際，遮打自告奮勇為業主承擔，
幫了港府一個大忙，也藉此換取了新填土地的租賃權。[37]「勾而不結」
的巧妙官商關係，其實是一串前因的後果。

　　至於與華商的關係，軒尼詩解除不准讓華人在中環購地、建屋
和做生意的禁令，更熱心向英國申請撥地捐款興建保良局，但因恐
怕公帑使用不當，資助華商興建保良局一事受盡壓力，直至港督羅
便臣（William Robinson，1891–1898在任）才能得以批准。[38]無論如
何，從軒尼詩開始了政府與華商「勾而不結」的先河，其做法包括：
(1)委任精英華人成為非官守議員，但從不會讓他們進入權力核
心，最終的決策還是在港府手上，例如銀行家韋玉曾長期獲委任定
例局非官守議員及團防局局紳，但最終權力還是在出任立法局主席
的港督和出任團防局主席的總登記官手上。(2)以華制華，讓華人
精英做仲介人，調解社會矛盾，例如韋玉曾協調英國官員與新界鄉
紳的矛盾，促成新界納入香港的版圖。(3)代替政府提供基本福利
和公共設施，例如在1920年訂立《南北行條例》，讓華商組成的南
北行公所自行規定行內守則，成立上環一帶的更練隊伍維持當地治
安，安裝南北行自用的大型滅火消防設施等等。(4)華商比洋人官
員更了解社會，為政府的決策提供有用意見，例如商人何啟認為宋
王台有重要的歷史價值，於是向政府提出保護，結果港府在1899
年制定《保護宋王台條例》。(5)借助華商在社團或行業公會的領導

37　祝春亭著：《香港商戰風雲錄》，上冊（廣州：廣州出版社，1996），頁12；
　　丁新豹著：《香港歷史散步》（香港：商務印書館，2008），頁26。
38　張連興著：《香港二十八總督》，頁114–115。

地位和政治中立力量，令政府的政策更容易執行，又或者把政府任務變成非政治化，例如商人何東雖然不是兩局議員，但在港府的默許下，把戊戌變法失敗逃往香港的康有為從警察宿舍安置到自己的紅行住宅內。[39]

中國通與華商「勾而不結」的關係，是看透華人「報、保、包」的文化而設計。[40]「報」就是報恩，即是利益有來有往的意思，華人有一種「有仇不報非君子、有恩不報是小人」的根深蒂固習慣。中國通看通此點，明白華人若視對方是仇人的話，便會有理說不清，所以中國通對華商不但不會敵視，反而給予尊貴的社會身份，慢慢形成一種政治利益交換的關係。此外，華人普遍缺乏誠信，社會普遍出現「保」的文化，故此出現稟保（對應考者沒有偽冒資格作擔保）、保舉（對任官者不會以權謀私作擔保）、保固（對施工者不得偷工減料作擔保）等慣常保證手段，由有社會地位的賢達做擔保，中國通知道這是中國社會的弊病，所以不時借助華商領袖來監察社會運作，以保證香港社會的和諧穩定。還有「包」的中國文化，是指包佔、包攬、包產到戶等承包商業活動，是中國人一種推動經濟的手段，中國通看到不是科舉出身者的自律能力不高，所以不能給予華商過量承包責任，以免適得其反變成包庇，為了防止華商從政策中賺取利益、不事生產，政府只宜給予他們一些優惠和權力或包攬一些不影響大局的任務，例如獲授權組織地區警察，或豁免一些

---

[39] 鄭宏泰、黃紹倫著：《香港大佬何東》（香港：三聯書店，2011），頁129。

[40] 關於保甲、保佑、保質、保舉、稟保、保固等概念，詳情見楊聯陞著：《中國文化中報、保、包之意義》（香港：中文大學出版社，1987 [2009新版]）。

嚴苛的種族條例，但官員決不會從中取得私人利益，決策也不能向
私人利益傾斜。

　　1842年鴉片戰爭結束之後，《南京條約》廢除公行貿易制度，
華人買辦職位（comprador）不再被廣州的十三行行商壟斷，加上中
國五口通商，洋行的數目大增，華人買辦的需求也相應上升。洋商
為了減低風險和擴大貿易，開始與買辦的關係改為合約制，通過信
用擔保或墊款，買辦可從貿易買賣中抽取內佣金，從此買辦開始成
為獨立的自由商人。此時的買辦大都家境富有，有能力向洋行繳交
巨額保證金，職位因此得以世襲，買辦成為家族生意，他們包括
1857年成為有利銀行（Chartered Mercantile Bank of India, London and
China）首任買辦的韋光、1858年成為渣打銀行首任買辦的容良、[41]
1865年滙豐銀行的首任買辦羅伯常、1870年太古洋行的首任買辦
莫仕揚等人。除了韋光曾在馬禮遜教育學會唸過書、做過香港高等
法院傳譯員之外，買辦的英語不一定流利，[42] 無法擔任中英翻譯、
處理洋行文件或以英文做會計工作，但洋商最看重買辦的並不是他
們的英語能力，而是他們的本錢和信譽，因為這樣才能為洋行承擔
貿易風險。例如1850年只有30歲的莫仕揚成為瓊記洋行（Augustine
Heard & Co.）的買辦，倚重他的大班何德（John Heard）對莫仕揚有
以下評語：「雖然他不太懂英語，但他家境富裕，加上是這裏的資
深買辦，他很有面子，贏得了上海幫和福州幫的信賴。」[43] 反過來，

---

[41]　1858年是筆者根據渣打銀行在港開業所推算的大約年份。

[42]　為了解決買辦普遍英語不佳的問題，1862年資深翻譯員唐廷樞編寫了《英
語集全》，教導買辦用洋涇浜英語（Pidgin English）快速學習實用英語會
話。1863年，唐廷樞也成為了怡和洋行的總買辦。

[43]　香港中文大學中國文化研究所文物館、中文大學歷史系著：《買辦與近代
中國》（香港：三聯書店，2009），頁171。

若缺乏經濟實力做擔保，買辦便失去了自身價值，例如1884年香港怡和洋行大班約翰遜（F. B. Johnson）說：「我對上海（買辦沒有實物擔保）這樣完全無原則的做法很不滿意，我們在業務上投放了大量資金，但是沒有可靠的保證。」[44] 正如酈勢男在〈香港的買辦制度〉一文指出：「外商最倚重買辦的，並非語言或人際關係，而是卸載所有與中國商人交易的風險。」[45]

但隨著買辦的人數越來越大，洋商最擔心的事情終於出現。買辦靠人事關係互相保薦，形成家族或小圈子壟斷商業，他們不但濫收中間人費用，也利用仲介地位從中炒賣，往往代表洋行收到莊票之後，若不私自賒銷洋貨，便用作投機週轉之用，又或開設錢莊，簽發由自己擔保的莊票；例如在1866年上海116家錢莊中，就有54家都有參與外匯投機生意，短期利息高達20%，平均也有12%。[46] 從這些例子看出，買辦本是洋行對華貿易的防火牆，但他們濫用洋行對他們的信任，甚至與一些洋商勾結從中逐利，失去為洋行擔保風險的功能，對經濟穩定埋下隱憂。

熟悉中國保薦和包攬文化的港府中國通官員深知不妙，知道買辦不務正業，利用仲介地位炒賣投機圖利，如果經濟下滑的話，恐防會累及洋行和銀行，出現資金週轉不靈，不利香港的經濟穩定。

---

[44] 吳桂龍著：〈論上海開埠初期的通事和買辦〉（上海社會科學院歷史研究所，1994），頁9，進入網站日期：2015年10月11日，http://www.historyshanghai.com/admin/WebEdit/UploadFile/199604wgl.pdf。

[45] 酈勢男著：〈香港的買辦制度〉，載黎晉偉編：《香港百年史》（香港：南中編譯出版社，1948），頁130。

[46] 林準祥著：〈買辦商人責無旁貸——匯豐銀行前傳系列（十三）〉，舊日足跡，《灼見名家》，2015年7月24日，進入網站日期：2015年9月23日，http://www.master-insight.com/content/article/4679。

港府於是在1862年7月規定，商業活動須要以銀元作為貨幣單位，1863年4月發行從英國運來的官鑄貨幣，藉此取締錢莊和莊票，打破買辦對貿易交收款項的壟斷。結果在1866年出現的金融危機中，買辦沒法參與投機炒賣的滙豐銀行和怡和洋行都順利渡過，但買辦參與期貨炒賣的東藩匯理銀行則損失慘重，買辦曾參與大額銀元投機的寶順洋行更破產結業。[47] 為了進一步改善買辦制度，1880年代港府批准匯豐銀行大量發行無抵押的流通鈔票。

除了進行金融貨幣改革外，1862年港府還成立了中央書院（Government Central School，1894年改名為皇仁書院），藉此培養有修養、有誠信的華人做買辦。辦法就像中國通官學生在英國公學讀書一樣，透過學校風氣和集體競技的紳士教育，讓華人學懂自律和有責任感的男子氣概。中央書院由兼任布政司的史釗域（Frederick Stewart）做校長，學生除了學習英語和西洋學科之外，也須研讀中國古典書籍，包括《四書》和《五經》。[48] 如此中西合璧的教學方式，明顯是為了製造華人的「英國通」，即是自律能力高、品德有保證的中國人。自此以後，儘管從事買辦一職繼續需要擔保證金和擔保人，但他們也精通英語和西方文化，集西式「合約化」與中式「信得過」於一身。這也造就了一群中英混血兒，從1883年成為怡和洋行買辦的何東開始，香港的買辦多為中央書院畢業的歐亞混血兒，例如往後怡和洋行的何福、何甘棠、張沛堦、陳啟明、羅長肇、羅長業、何世亮、何世焯，九倉碼頭的黃金福、洪武釗，匯豐銀行的何

---

[47]　同上註。

[48]　香港文化博物館著：〈博看世界：從早期公共設施 認識香港民情〉，《明報通識網》，2015年11月13日，進入網站日期：2016年3月4日，http://life.mingpao.com/cfm/language3.cfm?File=20151113/language12/gfj1_er.txt。

世榮、何世儉、何鴻邦，沙遜洋行的何世亮、何世傑，有利銀行的
何世耀、何世華、羅文浩，安利洋行的何世奇，德意志銀行的蔡寶
耀等等；[49] 他們雖然有中文姓氏、會講粵語，卻是深懂英語和西方
文化的「半唐蕃」，與沒有正式接受過改革公學紳士文化的華人買辦
(例如匯豐銀行的羅伯常、羅鶴朋、劉渭川)[50] 相比，他們明顯自律
能力較高、社會意識較強，更能安份守己做好買辦本分，令香港的
中外貿易得以順利進行。

　　至於「包」的文化，二戰後廠商聯合向港府提出類似其他亞洲
地方的做法，即(1)產業不能過度競爭、(2)向重點產業提供援助、
(3)保護性關稅和進口限制；可是港府的中國通官員不為所動，只
是申明一個重大原則，就是政府與商界要有共識，若商家願意配合
政策一起合作的話，政府就能提供一個良好的營商環境。[51] 例如
1957年葛量洪向一眾廠商發表演說，建議成立一個獨立的製造業商
會，成員不分行業、種族、規模、國籍，商會由工業家領導，與英
美國家談判，結果商會順利成立，由周錫年做主席、祁德尊做副主
席。又例如港英政府盡量不去執行英國規定的外匯管制，葛量洪向
匯豐借調外匯人員到政府工作，如此與私人銀行長期勾上關係，目
的是為了提供一個貨幣自由兌換的環境，讓外國資金放心在香港投

49　鄭宏泰、黃紹倫著：《商城記 ── 香港家族企業縱橫談》(香港：中華書局，2014)，頁 56–58。

50　他們先後涉嫌以銀行利益輸送到自己名下的生意，又或炒賣匯票，結果被匯豐告上法庭，甚至導致身敗名裂。劉智鵬：〈香港人香港史：羅伯常 ── 滙豐銀行首任買辦〉，《am730》，2010年11月30日。

51　顧汝德(Leo F. Goodstadt)著，馬山、陳潤芝、蔡棁音譯：《官商同謀：香港公義私利的矛盾》(香港：天窗出版社，2011)，頁 211。

資。[52] 在「積極不干預」的理念下，中國通與商界的積極關係只是為了締造社會的「共同之善」，並沒有私心。「勾而不結」的更多例子如下。

確保或穩定供應物資： 1846年，港府為了公益免費批地，撥出海旁靠近兵營黃金地段給美商杜邦公司，讓該公司從美國運載天然冰塊來港，但限定廉價供應給公立醫院，此舉只是為了解決治療香港英軍熱症缺乏冰塊的問題。[53] 故此，港英政府與個別商人勾上關係的目的，只是為了達成某些政治目標，例如戰後把食米的入口交給指定的29家米商，只是為了確保食米供應和價格穩定。[54]

打破不良企業的壟斷： 1949年，葛量洪政府把香港以南的航線給予美、澳、英合資新成立的國泰航空經營，以北的則交給英國海外航空和怡和洋行合資的香港航空營運。1958年，深受旅客歡迎、經營有方的國泰收購了香港航空，但服務欠佳的英航卻控制著陸權不放。就此，1977年港府不惜公佈英航經常嚴重延誤的事實，終於在1980年打破英航對倫敦航線的壟斷。[55]

借助商人財力技術為發展： 前布政司鍾逸傑憶述港府在七十年代，如何與私人發展商合作發展天水圍：「挖泥工程由政府和發展上分擔⋯⋯政府對這些私人參與者著重三點考慮：首先，重要的是不能被視為對某一發展商特別優惠，這樣會導致貪污和官商勾

52　同上註，頁118–119。

53　夏歷著：《香港中區街道故事》（香港：三聯書店，2006），頁136–137。

54　鄭宏泰、黃紹倫著：《香港米業史》，頁213。

55　顧汝德著，馬山、陳潤芝、蔡枳音譯：《官商同謀：香港公義私利的矛盾》，頁127。

結。第二，這些項目必須符合政府一貫提供房屋的政策和計劃。第三，不能挪用政府資源提供基建支援。」[56]

招數五：複合配方，[57] 各項政策相輔相成， 決策有四手準備

今天特區政府的政策都是單一配方，效果強差人意，不是如「數碼港」、「鮮花港」、「中藥港」般無疾而終，便是如「慳電膽現金券」、「骨灰龕政策」、「堆填區問題」般惹來巨大爭議，又或是如「天星碼頭」、「皇后碼頭」、「菜園村」般的拆遷重建遇到激烈的抗爭行動，甚至如「西九文娛藝術區籌劃」、「啟德機場舊址重建」般拖拖拉拉十多年，或「港珠澳大橋香港口岸工程」、「高鐵香港段」、「港鐵南港島線」、「港鐵沙中線」、「港鐵觀塘線沿線」鐵路等工程超支及/或延誤不斷。[58]

相反，港英時代政府的政策大多成功達到目標。不過，洋儒與中國通並不只是運用直接或剛性權力來實現，紳士官員儘管大權在握，但事事講求程序，諮詢不會缺少，承襲現代紳士器度以理服人、以柔制剛的處事方式，最終形成一套剛柔並重的複合政策。達到目標的政府方案其實不是「強勢地」捍衛自由市場或「強勢地」扶

56　鍾逸傑著，陶傑譯：《石點頭：鍾逸傑回憶錄》(香港：香港大學出版社，2004)，頁119–120。

57　「複合配方政策」是黃兆輝於2006年2月25日在《明報》〈強政勵治不是單一配方〉一文及2010年《強政勵治與醫療事故》(頁173–177)提出的理論。

58　智經研究中心著：〈從鐵路超支看公共工程的審批及融資〉，《經濟日報》，2015年9月2日。

持政策目標者，因為這些只是單一配方。歷史告訴我們，成功的政策一般都會根據複雜的社會脈搏來制定與執行政策，就好比有調和作用的中藥方劑，起碼有(1)君藥(正式規管或硬法律)、(2)臣藥(間接規管或軟法律)、(3)佐藥(政府的緩和民憤措施或溝通性安排)及(4)使藥(有系統地把社會的價值觀、準則、利益、身份和信念組織化並統一起來，然後以有凝聚力的官員或社會領袖推動群眾)。這四種分別以「君臣佐使」來形容的政策執行措施或手段須要同步進行，因為它們能彌補各自的不足之處或副作用，以不同的規管形態或強度互補長短、相輔相成，所以我們可以稱它們為「規管複合配方」(regulatory balancing and interworking)，或簡稱為複合配方政策。

官學生除了學會粵語，也學習中國的傳統智慧，遇到複雜的問題，懂得使用層層分解的手段，設計出的政策就如一道中醫的四君子湯，把「君臣佐使」的功能放入政策的設計裏面，令效果更好，更明白政策不是一套僵化的方程式，而是懂得「因病施藥」，把「君臣佐使」按照問題的嚴重程度來調較。時事評論員吳志森形容：「英治年代，每一項政策推出之前，都反覆思量，尤其注重執行細節。有否違反法律？會不會被司法覆核？有沒有違反原則？是否會被指不公平？具體如何執行？會不會引起混亂？更重要的是制訂應急方案，A計劃出錯，會有B計劃補上。每個環節都經沙盤推演，才把政策推出。」[59]

從宏觀看，港督行政權力獨大，行政主導就好比「君藥」。建立一套嚴密的行政監察制度，就像「臣藥」般間接規管官民秩序。文官或社會領袖的協調和引路工作，就像方向性的規管「使藥」。與

---

[59]　吳志森著：〈派錢執行力將成更深泥淖〉，《明報》，2011年3月29日。

社會大眾溝通和向他們諮詢，藉此緩和社會不滿情緒或按意見調整政策，這就像避震性的規管「佐藥」。前律政司祈理士（John Calvert Griffiths）在《香港 1983 年》一書描述：「香港的重大創新在乎其周詳的諮詢程序，這才是本港政制的真正特色。政府深入徵詢民意，鉅細靡遺，並在取得意見後付諸實行，這種在本港哺育的制度，殊足令港人自豪。一個地方的政府若非民選，而民選制度並不可行時，徵詢民意的效用對社會的穩定，是在起了至為重要的作用。」[60]

港英政府的複合配方政策並不是馬上自動出現的，而是百多年由中國通官員逐漸摸索出來，不同時代因應不同挑戰而有不一樣設計，不過複合概念不變。例如五十年代早期港英政府的行政權力獨大，行政主導就好比「君藥」，但卻集中於輔政司署的少數高官，當時決策科和資源科還未設立，令行政效果不彰。為解決這問題，六十年代早期政府開始大量招聘政務官（即官學生的新名字），此十年間共聘請了 65 人，包括 29 名華人和一批女性政務官。香港的政務官與英國等西方的政務官不同，由於殖民地的特殊情況，政務官需要集政客與文官於一身，即除了要協助制定政策外，也要協調社會各種矛盾和要求，秉承其前身官學生的通才且善於指揮協調的傳統，從外地招聘的政務官要學習廣東話和深入了解本地文化，以便協調有關民生的事務，例如主持新界理民府的工作，或七十年代許多華人政務官動員組織業主立案法團和互助委員會，或八十年代在各區民政處擔任決策高官與基層市民之間的橋樑等。這些有凝聚力的文官協調工作就像「使藥」般，讓政府明白社會脈搏，幫助梳理好有關政策事宜。可是，儘管有文官協調，當時港英政府的管治形

---

[60] 祈理士著：《香港 1983 年》（香港：政府印務局，1983），頁 12。

態仍維持在由上而下的單向模式，不能培養本地華人對政權的認同感，導致六七反英暴動。針對此問題，港英政府在1968年推出「地方行政計劃」，把新界理民府既領導亦共治的管治模式延伸到市區，當時港九分為十區，各區設立由民政主任主持的民政處，通過民政區委員會與各分區委員會一起管理基層事務，開創了特有的諮詢制度來管治整個香港。雖然行政主導和手握大權，但高官們卻懂得以「佐藥」方式治理社會，決策過程皆通過各種溝通和諮詢活動進行，以緩和社會不滿的情緒，從而增加民眾對香港的歸屬感。然而，如此的治理方式對防止猖獗的公務員受賄風氣並沒有用，總警司葛柏的貪污事件，使積聚已久的民怨再次爆發。港英政府於是自1974年起成立廉政公署和一系列的行政機關內部檢查機制，逐漸建立一套嚴密的行政監察制度，就像宏觀管治的「臣藥」般間接規管官民秩序，加上行之有效的行政主導、諮詢制度和文官協調，使香港的發展在八十年代步入全盛時期。複合配方政策顯示中國通不會只用權力去硬推政策，反而在許多市民看不到的地方著力，展現出「積極不干預」的另一面。為了更清楚證明，中國通確實使用大量的複合配方，所以以下列出的有關案例，數目增加到七個。

　　取締鴉片及走私活動——君藥：1909年，推出《鴉片修訂條例》，關閉所有煙館。臣藥：成立緝私隊（Preventive Service）（向酒精收稅並）監控（酒精及）鴉片走私。佐藥：對不同商品例如酒精徵稅，緩和社會憂慮經濟受損。使藥：由定例局議員主席史超域（Murray Stewart）穿針引線，令各非官守議員在二讀一致反對來對英國表示立場，然後在三讀戲劇性全體通過。[61]

61　蔡思行著：《香港史100件大事（上）》（香港：中華書局，2012），頁181。

解決杯葛電車行動——君藥：1912 年推出《防止杯葛條例》。臣藥：禁止廣東錢幣在港流通及限定雇主以港幣支薪。佐藥：安排三日免費乘搭電車。使藥：通過各杯葛地區的華人領袖協調，告訴民眾政府可能徵收地區稅款來補償電車損失。[62]

解決民眾搶米風潮——君藥：1919 年，派出大量警察驅散搶掠者。臣藥：對米商現存三號白米限價每擔 12 元 5 毫。佐藥：每月向米商津貼 20 萬元，平抑米價，緩解米商不滿。使藥：號召東華醫院各華商和英美煙草公司洋商一起承擔虧損，向米商買米轉售給民眾。[63]

化解新界收地阻力——君藥：1960–1980 年代期間，根據《收回土地條例》提出收地。臣藥：推出「換地權益書」Letter A/B 給原居民選擇。佐藥：提高賠償額及加上特惠金，以安撫不滿未能換取土地的原居民。使藥：成立「土地賠償工作小組」（當中包括三名立法局非官守議、四名鄉議局成員和四名官員），定出賠償制度。

推出強迫義務教育——君藥：1978 年《入學令》(*Attendance Order*)。臣藥：實施九年免費教育。佐藥：學費大部分由政府補貼，增加教師訓練、推行浮動班制擴大所有教室的使用率，又向私校買位（單在 1982 年，就向私校買了 146,000 個學位），以紓緩大增學額的壓力。使藥：擴充資助高中、工業學院及成人教育中心，以應付八十年代初大量升學學生的需要。

捉拿和防止貪污政策——君藥：1970 年《防止賄賂條例》。臣藥：成立獨立廉政公署，監察調查貪污活動。佐藥：頒佈「局部特

62　同上註，頁 208。

63　鄭宏泰、黃紹倫著：《香港米業史》，頁 57–67。

赦令」，舒緩廉署巨大壓力。使藥：不跟從普通法無罪假設，將論證責任轉移至疑犯，修改法例給予公署無令狀逮捕權，證據不充分亦可限制嫌犯出境、扣留私人護照或凍結財產。

徹底解決賽馬會醜聞——君藥：1972年，麥理浩委任退休將軍彭福為賽馬會總經理，並以軍法整頓賽馬會。臣藥：規定賽前驗馬。佐藥：雖然已實行賽前驗馬政策，但騎師卻時常刻意在賽事中故意表現失常，因此社會不滿仍然存在，彭福則以慣常名句「賽馬就是這樣的」疏導社會不滿。使藥：與此同時，成立見習騎師訓練學校及興建沙田馬場，招募十四五歲年輕學員學習六至八年，教導他們堅守誠信，成為清新的生力軍改變賽馬從業員生態，令馬會規範化，迅速成為世界一流的博彩機構。

以上五個管治平衡術招數，[64] 都是「積極不干預」的產物。從大量例子可以看出，十九世紀中期入職港府的洋儒是傳統紳士，他們是「騎士型官員」，看盡英國維多利亞時代的道德淪亡，所以傾向懲惡懲奸的治理方式。儘管遵從義律的政策，讓華人社會繼續按大清律例和傳統習慣生活，港英政府不應干預，但每當看到有不公義的事情發生，他們總會挺身而出，把社會公義不足的地方予以補充，

---

[64] 除了對外，中國通的管治平衡術還有對內的方面。在下放權力的政策下，輔政司署／布政司與理民府／民政事務處的微妙關係，就是一個好例子。在行政主導的政策下，與立法、司法保持一種既受約制、亦合作無間的關係。在行政架構內，也有權力制約與平衡，港督權力雖大，但多願意被輔政司／布政司和財政司制衡，例如港督麥理浩雖然身負政治重任，大力發展香港，但他十分尊重布政司和財政司的專業意見，在十年建屋等計劃上，沒有胡亂花費。關於港英政府內部的平衡佈局，筆者在拙作《新後現代管治：從市政管理看最深層矛盾》(2011)曾花了頗多篇幅探討，所以就不在本書重覆了。

一地兩制的「分隔補充」就是這個意思。十九世紀後期入職的中國通則是現代紳士，他們是「顯公義官員」，親歷英國的「人民預算」和「福利國家」的改革浪潮，故此受到「社會自由主義」的影響更深。不過他們喜歡依法辦事，強調和平教化，所以傾向「化敵為友」，也遵守諾言，一直依從義律和卜力尊重華人風俗的政策，仰慕中華古典文化，有「英式士大夫」的作風，所以向華人放權，但又像赫德般做好自己不會腐敗，於是形成一種「勾而不結」的官商關係；政府只是借助社會力量，爭取「共同之善」，以圖達到經濟發展或「上滲扶貧」的目的，盡展「開拓型官員」的眼界。故此，表面看來不干預，但其實是從側面發揮軟實力，為社會提供「積極自由」。

　　總而言之，二十世紀中國通的為官之道，與十九世紀洋儒一樣是一種平衡術，從「分隔補充」給予華人自由但不能因此失去公義，「化敵為友」與反對者做朋友但向對方施行道德教化，「上滲扶貧」提供公共援助但止於創造窮人向上流的環境和機會，「勾而不結」讓商人獲利及貢獻社會但自己不得上下其手，「複合配方」設計軟硬兼施互相配合的立體政策，就是要拿捏得很準確的管治平衡術；而成功的關鍵，正是中國通的管治智慧、自律能力和道德修養。香港開埠百多年各行各業，先後在軍人、傳教士、傳統紳士、洋儒、現代紳士和中國通的影響下發展；下一章列出七個政策範疇裏的四個演變階段，正是從「消極干預」過渡至「積極不干預」的縮影。

第 15 章

七個政策範疇中的四個階段演變

第十四章利用了眾多例子，歸納出洋儒和中國通的五大管治招數；讓我們在下列七個政策範疇中，看看這些招數的效果。為了展現鮮明對比，演變會被整理成為四個階段。

1. 一地兩制的演變：從極度矛盾到通情達理

簡介：處理習俗、宗教與政治的糾葛，永遠是最大考驗。香港長期處於兩大文化與文明的衝突之中，如何從極度矛盾改變為通情達理，效果取決於政府的管治智慧。洋儒和中國通的招數就是，採用「分隔補充」和「化敵為友」等招數，以不超越英國的底線和不損害社會公義為前提，不斷給予華人自由。

第一階段：讓九龍城寨置於九龍的一地兩制

鑒於在鴉片戰爭中的英軍威脅日增，1840 年 3 月林則徐在官涌

山和尖沙嘴建造炮台加強防守。[1] 但英軍繞道北上定海，戰勝後與琦善商談和解條件不果，1841年1月義律決定進攻虎門。中方節節敗退，16天後被迫簽訂《穿鼻草約》。為保港島安全，英方不許清廷在九龍南端駐兵，同年3月把官涌山和尖沙嘴的炮台拆毀。清政府惟有退守至九龍北依山另建九龍城寨，[2] 駐兵250名，配炮32台。港英政府看見九龍城寨從炮台變成龐大城堡建築物，而且清廷把大鵬協副將衙門移遷到九龍城寨，改名為九龍巡檢司，寨內東南及西南位置更設置民居，疑似在寨內團練兵馬，對港島安全構成威脅，於是尋找機會試探城寨實力。碰巧1856年發生「亞羅號事件」，兩廣總督葉名琛暗裏派遣陳桂籍連同鄉勇二千人進駐九龍，並潛入港島進行遊擊戰。港督寶靈為此向九龍巡檢司交涉，1857年4月派出英軍渡海到城寨，劫持大鵬協副將張玉堂往香港島，[3] 張玉堂被迫妥協，願意懸賞逮捕滋事者。[4] 英方發覺九龍城寨並非想像中對港島的安全構成威脅，於是化敵為友，翌日釋放了張玉堂，但在1860年談判《北京條約》期間提出割讓九龍界限街以南，明顯是方便監視剛在界限街以北的九龍城寨。自此，九龍城寨就一直處於英國殖民地的旁邊（1843–1899）甚至裏面（1899–1994），表面像個清朝外飛地或駐港領事館，實際上是英方發覺九龍城寨不具威脅性，不再為難張玉堂而已。

---

[1] 蕭國健著：《探本索微：香港早期歷史論集》（香港：中華書局，2015），頁53。

[2] 區志堅、彭淑敏、蔡思行合編：《改變香港歷史的60篇文獻》（香港：中華書局，2011），頁77。

[3] 同上註。

[4] 惠州文史：〈張玉堂翰墨將軍生不逢時〉，《東江時報》，2010年8月22日。

　　39 年後，1899 年《中英展拓香港界址專條》簽訂，九龍城寨卻開始變成醜化中國的櫥窗。事緣港督卜力奉命接收新界，期間遇到原居民武力反抗，卜力怪責清廷協助不力，派軍把城寨官員驅逐出境以防後患，自此城寨原址不遷不拆，長期變成「三不管地帶」（英政府不想管，港府便不去管，中國政府更不能管）。儘管後期港府偶有遷徙寨民的提議，但考慮以和為貴，所以均以「無權管理」為名沒進一步行動。結果城寨衛生轉差，人流複雜，藏污納垢，罪案頻生，令國際社會把城寨的烏煙瘴氣與內地情況劃上等號，中國的形象一落千丈。期間中方曾企圖恢復城寨秩序，例如 1947 年寶安縣長林子俠向英方提出在城寨內設置「中華民國駐香港總領事館」，但港府看見國內政局不穩，於是斷言拒絕。同年 12 月，外交部駐港特派員郭德華向港府重申城寨治權，接著「寶安縣九龍城居民福利會」強行入城，但港督葛量洪立即下令拆毀城寨民房，令在寨內建立駐港總領事館不能成事，香港警察更不用進入拆房。往後三合會乘虛而入，導致城寨黃賭毒俱全。[5] 1973 年，由於城寨嚴重影響社會治安，港督麥理浩派出三千名警察入城捉拿黑社會分子，但對城內衛生秩序未有整頓。直至 1984 年《中英聯合聲明》簽訂後，兩國開始處理香港問題，1987 年終於達成共識決定拆寨，1994 年 4 月完成工程後，在一地兩制下九龍城寨的歷史政治任務終於落幕。

第二階段：新界九十九年不變的一地兩制

　　1899 年 4 月，英國接管新界，原居民群起反抗，警告會發起戰

---

[5]　　韓信夫、姜克夫合編：《中華民國史大事記》（北京：中華書局，2011），全 12 卷，共 12 冊。

爭。港督卜力恐怕新界是三年前北非蘇丹的翻版，因為當年英國民眾認為政府面對戰場暴徒過於溫和，[6] 結果首相和自由黨被迫下台，所以卜力誠惶誠恐，惟有向新界居民保證生活方式不變，希望減低開戰機會，不用流血接管新界，希望化敵為友。可是事與願違，輔政司駱克不聽卜力命令，大力掃蕩新界武裝反抗者。儘管流血收場，但大群新界鄉紳曾經下跪致謝令卜力不好意思不守諾言，讓民眾繼續依從大清律例，甚至許多不合時宜的傳統習俗也不作改動（儘管在中國大陸已陸續取消）。在一地兩制下的新界，原居民及其家屬可安葬於山邊；在無遺囑的情況下，遺產承繼權屬男丁所有；甚至保留僑居海外的新界原居民的回鄉居留權和分享祖業權，其後更立法保障，在1910年《新界條例》的第13條有如下規定：「法庭有權認可並執行任何影響新界土地的中國習俗或傳統權益」，以鞏固日後港府與新界鄉親友好關係。

第三階段：尊重中國民間智慧的一地兩制

港府尊重華人的生活智慧也同樣發生在其他方面。由於彼此的宗教信仰和生活習慣相差太遠，除了東華醫院混合 (combine) 兩套制度外，港府處理中英兩大族群的極度矛盾，也用隔離 (separate) 和容忍 (tolerate) 的方式，例如中國廟宇與西方教堂共處、男女不同台演出、設立東西方人不同的住宅地區等屬隔離方式；又例如讓華人組織團練以補英籍警察的不足，保留土地承繼權、丁地、妾侍婚姻制度、領養妹仔習俗，承認華人斬雞頭宣誓，容許部分人士吸食

6　Patrick H. Hase, *The Six-Day War of 1899: Hong Kong in the Age of Imperialism*, p. 12.

鴉片等屬容忍方式。採取隔離和容忍與否，須要衡量是否存在不公平或剝削弱勢社群。例如中國通金文泰建議把妹仔改稱「養女」，因為他發現許多富有家庭對待妹仔不薄，而且一旦取締妹仔制度的話，會令大量妹仔無家可歸，政府也難以安置，所以他認為要暫時容忍一下，用一點時間好好解決；1929 年，通過《女性家居服務條例》，自此領養妹仔屬於非法行為，政府推出妹仔登記制度，並不斷派員逐家逐戶探訪，確保她們沒有被虐待，也如數領到工資。[7]

第四階段：把一人一票引入鄉村的一地兩制

1923 年，新界鄉紳群起反對港府的建屋補價政策，於是成立「九龍租界維護民產委員會」（不久改名為「新界農工商業研究總會」，後稱「鄉議局」），不斷要求港府取消政策，但均被港督司徒拔一口拒絕。1925 年 3 月孫中山去世，同年 8 月底革命黨元老廖仲愷又被暗殺，國民政府大亂，蔣介石率軍北伐，中國政局出現變化，將來中國由誰統治成謎。新界鄉紳感到不妙，眼見英國人待己不薄，同年 11 月上任的港督金文泰又一改司徒拔的強硬路線，1926 年 5 月答應取消補價政策，令新界鄉紳大為感激，於是舉辦大型盛宴為他賀壽致謝，在新界人的大力支持下，金文泰向英國當局提議把新界租地永久化。雖然金文泰力陳永久租借新界對英國的好處，但建議不被外交部接納，金文泰沒有放棄，繼續與新界維持良好關係，從 1926 年開始委任新界鄉紳出任「諮議」負責向理民官提

---

[7]　島上一夫著：〈反蓄婢——文明與反文明的對決〉，《香港故事》，2015 年 5 月 30 日，進入網站日期，2016 年 3 月 12 日，http://jy.catholic.org.hk/node/1868。

意見，又或委任「鄉長」負責協助調解糾紛，[8] 與港九地區的政治制度相比，金文泰明顯給予新界較廣乏的自治權。1930年，當英國把威海衛交還中國時，金文泰覺得時機又到，故再次向倫敦當局建議延長新界的租約年期。儘管英國當局再次否決建議，但鄉議局的自治風氣已開，新界的政治制度已與港九的越走越遠，例如戰後即1946年後，較年輕的村長不願被年老的鄉紳控制，民政署長戴斯德（Edmond Teesdale）非常通情達理，把一人一票的選舉制度引入鄉村。[9] 1959年，港督柏立基更通過《鄉議局條例》，把鄉議局變成法定機構，讓新界人按照《鄉議局條例》自我管治。

中國通港督金文泰履新之慶　圖片來自維基：http://bit.ly/2EUK6Aq

---

[8]　薛鳳旋、鄺志文著：《新界鄉議局史：由租借地到一國兩制》（香港：三聯書店，2011），頁82。

[9]　同上註，頁86。

2. 法律制度的演變：從人治法治對立到協同

簡介：英國法律講求公眾利益、程序公義和足夠證據這三個原則，才可刑事檢控疑犯，但為了遏止猖獗的罪案，港英政府使出「分隔補充」和「化敵為友」等招數，不惜違反英國法律原則作出另類處理，辦法是將法律的部分程序中式化，採取令華人接納的方式，以變通的方式維護法治的公正公義。

第一階段：人治與法治對立的法律真空期

香港島被割讓之後，第一任總督砵甸乍正式上任，英國國會同時頒佈《英皇制誥》（*Hong Kong Letters Patent*），依據制誥內容來管治香港，實行「三權分立」，設立行政、司法、立法三方政府機構，以規限總督的統治權力，避免一權獨大，達致互相制衡的作用。然而，首兩屆港督以個人利益為由，繼續行使個人權力，《英皇制誥》的內容形同虛設，人治方式仍然取代法治。香港初開埠幾年，本地總人口並不超過兩萬，只有大量洋人來港做生意和華人做勞工的流動人口。然而，不少外國人恃勢橫行，借醉鬧事、盜竊甚至殺人放火，本地的勞工又常常私設賭局，令香港雜亂無章。1841 年 4 月，一名陸軍上尉威廉堅（William Caine）被委任為警察總長、裁判官兼監獄首長，[10] 他自此一身兼三職在任 18 年，經歷五朝總督及副總督。裁判法庭的刑事司法權是三個月監禁、400 元罰款和 100 鞭肉刑，超出這些刑罰須交由政府臨時首長決定。[11] 民事管轄權則是

---

[10] 尤韶華著：《香港司法體制沿革》（北京：知識產權出版社，2012），頁 36–37。
[11] 同上註，頁 39。

250元。[12] 不過，這些刑罰條文對治安問題改善並不大，於是威廉堅讓居民組織夜間治安隊（Night Police），勒令民眾晚上外出須要提著燈籠，令盜賊不易犯案。港督砵甸乍也在1843年6月27日任命44名外籍社會領袖成立「治安委員會」，後改稱太平紳士（Justice of Peace），擁有執行治安法令的拘捕權。[13]

第二階段：執法更需公平公正的法律草擬期

1844年5月，英國派遣一名資深法官曉吾（John Walter Hulme）來港出任首席法官，香港的最高法院（Supreme Court）正式成立。威廉堅則改任為處理普通民事案件的治安裁判官。[14] 1845年，《陪審員與陪審團規管條例》正式通過，好讓刑事訴訟由普通民眾所組成的陪審團認定純然客觀之事實，以反映社會觀點，防止法官濫用公權，向社會以示公正。陪審團高度獨立、兩次抽籤產生、隔離聽取審訊、執行程度高，都是香港法治的特色。1850年代華人普遍不相信政府會處決英國人，故此港督寶靈刻意安排在農曆二月三日，待華人春節假期後回港，較有時間來看行刑，並高調地在中區廣場公開處決兩個殺死華人侍應生亞胡的英國水手，向社會以示公平。

當時香港缺乏本地法律條文，檢控部門又尚未開設，故此雖然有法官和法庭，但未能開庭審案。[15] 在沒有開庭的時期，大部分刑事案件還是歸威廉堅處理。直至威廉堅離開香港，大量未完結的案

12　同上註，頁48。
13　夏歷著：《香港中區街道故事》，頁20。
14　尤韶華著：《香港司法體制沿革》，頁64。
15　同上註，頁66。

件積壓下來，令這段時期基本上變成了法治真空期。幾年後，英國終於派出官員來港擔任檢察官開庭，但當時令法官最頭疼的工作，是如何將英國法庭的程序應用到華人社會上，其中包括如何辨認華人口供的真確性。例如中國人沒有西方宗教信仰，要他們按西方慣例手按聖經宣誓並不可靠，所以在最初的二十年裏，法官會按照中國人傳統，將疑犯帶到荷李活道文武廟斬雞頭宣誓，表示若宣誓者作供時説謊，關帝便會把宣誓者的頭像雞頭一樣斬下來。可是，法官不久發覺中國人如此宣誓仍口不對心，於是改用打碎陶瓷碟，寓意宣誓者若講假話，就會像碎碟般魂飛魄散。不過，法官後來仍發現有宣誓者不誠實，於是又改用燒掉由證人簽名有符咒的黃紙，為發真誓者祈福消災，但後來仍然覺得效果不佳，中國人在法庭上不肯説真話仍然普遍。多年後，法官們終於發覺，在中國法庭要疑犯講真話的方法是嚴刑拷打，但由於義律早已禁止拷刑，所以往後的十多年仍然繼續採用燒黃紙等臨時手段。看見法庭宣誓需要華人有基督教信仰，港府於是在1878年3月把世俗教育政策改為支持教會學校予以配合，至1889年時機成熟，終於立法取消法庭的中式宣誓方式。[16]

　　由此可見，雖然香港已有一套清晰的法律架構，但因中西文化差異，港英政府仍未正式執行全英式的法治。相反，他們運用不同的招數，不惜將法律制度部分中式化，採取令華人接納的方式，突顯出港英政府管治香港的平衡術。

---

[16]　葉靈鳳著：《香海浮沉錄》，頁67–77。

第三階段：法院的類型混合和級別混合期

1873年，經過29年的審核和修整，香港本地的法律條文終於完成，成為《高等法院條例》(*The Supreme Court Ordinance*)，同時建立合議庭 (full court) 以處理案件，而市民可以就裁判官裁決的結果提出上訴，由合議庭審理，上訴案件則會有首席法官並加上一名或多名陪席法官聯合主持。合議庭除了同時具有刑事和民事法院的司法管轄權外，還有包括兩種司法管轄權：普通法 (Common Law) 和衡平法 (Equity Law)。但由於當時來港的英籍法官人手有限，致令這些民事、刑事的類型混合，和法院的級別混合聯合起來，令香港的高等法院與英國的高等法院不同；直到1953年，香港才設立地方法院，將法官分設到特定崗位。[17] 這個混合執法的發展，令政府意識到香港的法律人才不夠，惟有培植本土的法律人才，而當時香港中央書院的課程能銜接英國劍橋大學讓學生繼續深造，因此中央書院的高材生何啟等人成為了第一批被送到英國修讀法律的香港子弟，希望他們學成歸來能彰顯政府著重法治的精神，而法庭的地址亦一直沿用下來，成為香港具有象徵性的建築。

第四階段：本地法律人才的悉心培養期

1951年，余叔韶成為香港的首位華人檢察官。1964年，李福善成為香港首位法官，並在1984年成為首位最高法院上訴庭副庭長的華人。1988年，楊鐵樑成為最高法院首席大法官的首位華人。到了十九世紀末，香港司法結構已趨完整，但終審權仍然歸於英國

---

[17]　尤韶華著：《香港司法體制沿革》，頁95。

的樞密院，直至1997年香港回歸後，終審權才回歸香港。李國能成為終審法院的首席法官。在當時，香港人必須到英國才可修讀法律。直至1969年，香港成立法律學系，首批法律本科生在1972年畢業。1974年在香港大學取得法學士學位的陳兆愷，在1987出任地區法院法官。其後，在香港大學出身的法官逐漸增多。

　　儘管今天頗多黑髮的華人已當上法官，但仍要戴上白色或灰色假髮，就是為了突顯法庭的威嚴，讓人感覺「德高望重、洞明世事」。《香港法官行為指南》指出：「法庭要秉行公義，而且必須是有目共睹的。法官除了須要事實上做到不偏不倚之外，還要讓外界相信法官是不偏不倚的。」所以由陪審團認定純然客觀事實，來建立普通市民對法治的信心，香港法官也須要謝絕社會應酬和人際關係，令法治得到保證。反過來說，儘管香港法官是港督所委任的，但前者卻能無懼無畏，也不偏袒判決訴訟，忠於法治精神，關鍵就是受憲法保護的司法獨立，並通過永久任期、優厚薪俸、任命程序、[18] 豁免責任、懲罰藐視、備受尊重的機制，來保護法官的獨立性。法官獨立審判不受上司甚至港督干預、普通法遵從先例原則、公平訴訟程序（例如疑犯定罪前不受監禁、逼供之壓迫，禁止輿論審判，讓疑犯有足夠時間準備辯護），表面證據成立（a case to answer）後，仍要讓疑犯辯護直至「無合理疑點」（beyond reasonable doubt）為止等等。以上的例子和轉折點，見證了香港法律制度的演變，港英政府不斷摸索，通過混合法庭，從人治與法治的對立走向協同。

---

[18]　根據1997年最新修訂的《司法人員推薦委員會條例》，委員會由終審法院首席法官、律政司長、行政長官委任的法官兩名、大律師及律師各一名、非法律職業人士三名所組成。

3.　教育政策的演變：從訓練翻譯到培育紳士

簡介：華人常把成敗得失看得過重，失敗就不開心，做事感覺壓力很大，不能發揮自己，希望用人情補救自己不足。但在中國通「上滲扶貧」教育政策下的學生，卻能透過中西合璧的道德教育認識自我。

第一階段：絕乏資金人才的混沌時期

開埠早期政府對辦學並不熱衷，沒有教育政策，學校多是私立中式私塾或西方教會學校，前者教導三字經、千字文、四書五經、禮樂詩詞等中國文藝，以便學童參加中國科舉，後者的主要辦學目的是廣招教徒和培養本地傳教士。[19] 中式私塾教育令子弟知書識禮、謹守規矩、服從權威，對港英政府沒有利益衝突，故政府容許私塾不斷發展。1847年，港督戴維斯更補助三家最大的私塾成為免費的皇家書館，意圖安撫民心。[20] 1857年制訂的《皇家書館則例》監管補助學校。相反，政府對天主教學校不太支持，因為後者以傳教為主，兩年內沒有學生入教的話便關閉學校，製造社會問題。[21] 1853年，政府委任聖保羅書院校長、香港聖公會主教施美夫（George Smith）及英華書院校長公理會理雅各牧師（James Legge）等

19　楊文信、黃毓棟合編：《香江舊聞：十九世紀香港人的生活點滴》（香港：中華書局，2014），頁147。

20　同上註。

21　夏其龍著：《香港天主教傳教史 1841–1894》（香港：三聯書店，2014），頁333。

基督新教領袖主持教育委員會，[22] 對選擇教科書的宗教歷史和進化論內容採用非羅馬天主教觀點，惹來香港天主教區不滿。[23]

第二階段：港英的世俗化教育政策

1860 年代，英國自由派領袖進行教育改革，勒令教學與教會脫鈎；香港殖民地政府跟著行事，與教育委員會達成教育改革共識，推動教會學校加添世俗課程，自此限制教會學校的傳教活動。[24] 1874 年，港督麥當奴在中央書院致辭指出，[25] 往日天津引起爭執宰殺傳道人的原因，莫不過是傳教士沒有尊重他人想法，把非我族類者排斥為異端。[26] 麥當奴認為中國國力大不如前，是因為教育效果不彰，學習的知識不注重實務，學生又墨守成規，但西方教會學校卻似道院多於書院，教育被單一宗教所控制，所以港英政府要自行興辦以實務教學、非宗教的官立學校。[27] 故此，除了強迫教會進行改革，政府也自行興建世俗學校。這政策其實早於 1862 年已露端倪，當時港英政府把維多利亞城內四所皇家書館合併成為中央書院，教授中英文藝，教育委員會的理雅各牧師介紹主張世俗教育的史劍域擔任校長。1865 年，史劍域成為教育司署首任署長，自此中央女子書院（1890，即今天的庇理羅士女子中學）、嘉道理爵士中學

---

[22] 李志剛著：《香港教會掌故》（香港：三聯書店，1992），頁 63。

[23] 夏其龍著：《香港天主教傳教史 1841–1894》，頁 336–337。

[24] 同上註，頁 332。

[25] 這是大約年份。

[26] 楊文信、黃毓棟合編：《香江舊聞：十九世紀香港人的生活點滴》，頁 149–152。

[27] 同上註，頁 154、158。

（1890）、英華女學校（1900）、嘉諾撒聖瑪利書院（1900）等官立學校先後成立，史劍域被譽為「香港教育的始創者」（The Founder of Hong Kong Education）。[28] 史劍域獎罰分明，1875年對教師實行獎金制，優秀者獎25元，良好者15元，不及格者開除；每年還有豐厚的獎學金給予成績優異的學生，獎學金相等於英文班五年學費或中文班十年學費的總和。[29] 在史劍域的嚴格執行下，學生的中英語水準迅速提升，也吸引了來自五湖四海、華洋混雜的學生（包括華人、歐洲人、日本、印度人等等）。

第三階段：天主教學校的強烈反撲

儘管天主教會強烈反對港府的教育改革，但高主教（Giovanni Timoleone Raimondi）卻不得不興建學生享有宗教自由的學校，從聖救世主書院（聖若瑟書院的前身）的課程結構看，學校實施了宗教、語言和種族隔離的措施。[30] 高主教建校不遺餘力，1864年天主教會一共有九所學校（學生320人），遠遠超前基督新教的五所學校（學生189人）。[31] 但由於官立學校的優惠吸引了大量學生，搶走了大批沒有政府資助的天主教學校的學生，令高主教非常頭疼。[32] 為了進一步迫使天主教學校改革，1873港府推出《香港補助書館計劃》補助天主教會學校，條件是學校要提供不少於四小時的現代學科。可

---

[28] May Holdsworth and Christopher Munn, *Dictionary of Hong Kong Biography* (Hong Kong: Hong Kong University Press, 2012), p. 124.

[29] 楊文信、黃毓棟合編：《香江舊聞：十九世紀香港人的生活點滴》，頁154。

[30] 夏其龍著：《香港天主教傳教史 1841–1894》，頁334。

[31] 同上註。

[32] 同上註，頁335。

是，加入計劃數月之後，高主教痛定思痛，決定退出計劃，改為提高教學質素與官立學校競爭，於是向喇沙修士會求助，以吸引條件邀請了六名修士，在1875年來港創立聖若瑟書院。喇沙修士會以一套教導學生實用知識、取消體罰但保留西方宗教道德培養的教學方式而聞名，因為教學效果超卓令家長趨之若鶩，學生人數急升，並贏得全港最佳學校的美譽。[33] 1877年，全港天主教學校的學生人數急升至1,076人，與官立學校1,151名學生旗鼓相當。

1877年，軒尼詩成為新任港督，看見天主教勢力可與政府媲美，而且輿論一面倒預料身為天主教徒的他會偏幫天主教學校。但軒尼詩懂得以持平的態度，跳出世俗與宗教教育之爭，大力推動香港的英語教育，認為更多華人懂得英語有利香港經濟，指令所有學校（尤其是中文學校）必須加添英語教學時數，並把資助標準從世俗學科改為學校的教學水平。軒尼詩巧妙地以公平的英語水平比拼，解決了教育政策的紛爭，從此也大量出現採用英語教學的學校，申請政府補助的學校由1870年代的六所，大幅增加至1900年的一百多家。

鑒於法庭宣誓需要華人有基督教信仰，殖民地事務大臣經過周詳考慮，1878年3月決定把史劍域的教育司署署長職務，交給比較中立、通曉中文的公理宗牧師、德國人歐德理（Ernst Johann Eitel），好讓史劍域專心做好中央書院校長，與教會學校在教學質素上公平競爭，也讓天主教及基督宗派學校恢復宗教教育，測試有否影響教學質素。結果，聖若瑟書院的205名學生應考政府資助計劃的考試

---

[33] 同上註，頁340–341。

成績名列前茅，英文成績更是全港之冠，[34] 故此天主教學校反而得到更多的資助，自此受資助學校的收生人數和聲望，都超越了官立學校。[35] 1883 年，歐德理的報告更指出，受資助學校比官立學校的營運費更低。[36]

第四階段：保護漢學，培養中國人才

二十世紀初，在辛亥革命的影響下，大批清朝遺老遷港從事教育事業，中文學校不斷湧現，衝擊香港的英語教學環境。1912 年，港府興辦香港大學，入學條件規定精通中英語，故此是為華人子弟興建，課程延續中西合璧的世俗化和實用化教育。為防止民族主義流入香港，港督梅含理限制學校師資、課本內容和教學方法，並須要向教育司署註冊，並制定《1913 年教育條例》。

至於長期措施方面，港府決定在 1920 年成立漢文（文言文）師範學堂，培養本地教師，為與內地白話文運動分清界線。1922 年，港府頒佈《中文課程標準》，規定中文學校的教學範圍，自此先後成立了四間漢文師範，大量中文學校以六三三學制辦學，與英文學校採用英國八班至第一班預科制度，教育政策以雙軌制度並行，直至 1965 年中學會考為止。

教育處視學報告指出，魚目混珠的申請補助學校甚多，教學馬虎了事，學生畢業後仍不懂寫字，莫説學科知識的掌握。1921 年，港府決定拒絕補助大量劣等中文學校。港督郝德傑為了減輕政府開

34　同上註，頁 347。

35　後來天主教的耶穌會修士來港營運華仁書院，也大受歡迎。

36　夏其龍著：《香港天主教傳教史 1841–1894》，頁 346。

支，倡議華人投身政府，推出公務員本地化政策，1936年規定聘請
公務員時，必先本地招聘。於是接任郝德傑的羅富國1948年正式
委任首位華人政務官，投資培養高級華人教育設施，1939年成立香
港師資學院提供專上教育。1938年，廣州失守被日軍佔領，廣州嶺
南大學南移香港大學復課，儘管資源緊張，但羅富國拒絕縮減港大
規模並解釋說：「我們要竭盡所能維持港大創辦人高尚的目標……
除了教育香港市民……我們還有為中國培養人才的使命。」[37]

4. 公共衛生的演變：從水土不服到五星醫護

簡介： 廢除科舉和發起五四運動之後，中國大陸失去士人和抽
象概念，但港英政府的「拓展型官員」和「英式士大夫」卻銳意保留
培育，因為抽象思維是把知識理論化和系統化的先決條件，也即是
專業和科學發展的必需品，細看香港公共衛生的中西合璧演變過程
便可知道。

第一階段：隔離和改變華人的生活習慣

早期來港的歐洲人水土不服，沒有一個不染上風熱病。同期
（1832–1865）倫敦泰晤士河嚴重污染，數以萬計的倫敦市民染上霍
亂，英人祖家自顧不暇，又不懂風熱為何物，故此在港病死的外國

---

[37] 王俊傑著：〈百年港大，為誰而立？〉，《學苑》（2013年8月），頁22，進
入網站日期：2015年6月3日，http://issuu.com/hkusu_undergrad13/
docs/book2___final。

人甚多（10%），[38] 軍人的死亡率更高（24%），[39] 令黃泥涌軍營旁的墳墓越來越多；為祝願死者身後快活，黃泥涌谷自此被稱為快活谷（Happy Valley）。最初以為風熱是由華人傳染，故此白人不敢與華人來往，英國人更曾一度考慮放棄香港，但1848年3月上任的港督文咸並不服氣，八個月後在西營盤興建了香港第一所公立醫院（Government Civil Hospital）。可是華人與西人醫生語言不通，且對西醫動輒開刀的治療方法非常抗拒，患上重病寧願到廣福義祠等死，也不肯到公立醫院求診。然而，染上風熱病的華人不多，就算有此病的話，服用中藥後便痊癒過來，令港英官員對中國醫術另眼相看。由於華人社會沒有醫院這個概念，加上收容患病華人的廣福義祠過於擠迫，衛生環境極差，為了大局著想，港督麥當奴下令禁止廣福義祠接收病人。同樣道理，在1894年鼠疫出現後，港督羅便臣也不顧《華人醫院則例》、病人意願和英國輿論反對侵犯華人個人自由，派出西醫到東華醫院，強行把華人病人轉移到國家醫院進行治理，又強迫華人使用西式座廁，更放置病人在Hygeia醫療船上，總之隔離和改變華人的生活習慣，就是港府早期的公共衛生政策。

第二階段：設立西式中醫院，訓練華人西醫

　　早年香港蚊蟲肆虐，山澗溪流甚至井水皆受到污染，霍亂（cholera）、瘧疾（malaria）和痢疾（diarrhea）不斷，港府於是在1860年在薄扶林谷興建水塘，暫時舒緩西人容易染上熱帶疾病之苦。儘管

38　葉靈鳳著：《香海浮沉錄》，頁120。

39　李紹鴻著：《繼往開來．服務社群：新界醫療服務及公共衛生的回顧》（香港：香港中文大學崇基學院、博愛醫院董事局，2013），頁3。

中醫的治療效果卓越，但廣福義祠的衛生環境欠佳，港府於是在 1870 年撥出普仁街西面興建東華醫院，[40] 1898 年在街的東面擴建成為東華新院。[41] 此醫院不但是一座外型富有殖民地色彩的西方建築物，還破天荒採用西式管理混合中國醫術服務華人，[42] 變成一間中西合璧的大型醫院。醫院本由華人管理，但 1896 年鼠疫為患，中醫未能解決，港府決定添加西醫服務，委派雅麗氏利濟醫院的鍾本初西醫出任東華醫院的院長，[43] 聘任一名香港西醫書院畢業的駐院西醫，讓病人有所選擇，也可輔助中式治療。

除了設立中西合璧的醫院外，港府還訓練華人成為西醫。1887 年，雅麗氏利濟醫院創辦人何啟聯同「熱帶醫學之父」白文信（Patrick Manson）和外科名醫康得黎（James Cantlie）等人，在院址內創辦香港華人西醫書院（Hong Kong College of Medicine for Chinese，後改名為香港西醫書院）。雖然初期畢業生例如第一屆的孫中山不被醫學委員會承認，但在港督盧吉的努力下，1910 年香港西醫書院成為港大的創校學院之一。香港西醫書院模仿當時英國以教學醫院著名的查靈十字醫院（Charing Cross Hospital）模式運作，讓學生邊做邊學，也到香港植物公園實地學習植物學，[44] 令學生對中草藥十分了解，

---

[40] 楊文信、黃毓棟合編：《香江舊聞：十九世紀香港人的生活點滴》，頁 187。

[41] 黃棣才著：《圖說香港歷史建築 1841–1896》（香港：中華書局，2012），頁 66。

[42] 王惠玲著：〈香港公共衛生與東華中西醫服務的演變〉，載冼玉儀、劉潤和合編：《益善行道 —— 東華三院 135 周年紀念專題文集》（香港：三聯書店，2006），第二章。

[43] 黃棣才著：《圖說香港歷史建築 1841–1896》，頁 66。

[44] 〈西學先驅〉，《香港歷史系列 II 06》（香港：香港電台電視部記錄片，2011），第 6 集。

所以孫中山後來在澳門行醫時把診所稱為中西藥局，治療方法中西
合璧，結果大受澳門居民的歡迎。

第三階段：港府自行研製疫苗，自給自足

　　1894年香港鼠疫橫行，政府想盡辦法治理不果，1903年看見法
國人耶爾森（Alexandre Yersin）研製出疫苗，成功醫治好一名受感染
的中國學生，於是當機立斷在1906年自行建立一間細菌學檢驗所，
終於令困擾香港十多年的鼠疫得到根治，與今天特區缺乏設施不能
自製流感疫苗令流感病毒橫行不一樣。以前香港擁有自己的檢驗
所，並曾進行多項細菌檢驗及生產多種疫苗，例如1937年出現的天
花令香港成為疫埠，港府把荔枝角拘留營改建為傳染病醫院隔離病
人，另一方面在西營盤的病理化驗所開設一個牛痘疫苗培植中心，
令香港的天花在1952年絕跡，[45] 比起世界許多其他地方要早得多。

第四階段：市民參與決策，醫生緊守龍門

　　港府把潔淨局改制變為市政局，由民眾代表和有關政府部門互
派代表組成負責公共衛生，與今天只是由政府負責非常不同。事緣
於1930年代初發生世界大蕭條，英國政府財政緊縮，港督貝璐惟
有寄望香港社會自我解決，把市政管理還政於民。剛巧於1934年
11月開始，意大利和埃塞俄比亞發生衝突，英國政府為了翌年大選
得到支持，容許國內進行和平投票活動，來決定對意埃衝突的應對
政策，結果吸引了一千多萬人參與，成為英國有史以來最大規模的

45　　李紹鴻著：《繼往開來·服務社群：新界醫療服務及公共衛生的回顧》，頁6。

民意「公投」，也造就了貝璐放膽把官員領導的潔淨局，回復為有兩
個民選議席的市議會，並把名字改為市政局 (Urban Council)，在
1935年3月於立法局通過《1935年市政局條例》(*The 1935 Urban
Council Ordinance*)，給予市政局許多獨立的法定權力，從此公共衛
生政策統籌和從屬的問題得到解決，政府各部門不再各自為政。

　　此外，港英年代則重師徒制度來訓練醫護人員，學習期間注重
實習時數，護士更是邊學邊做，從投入醫院工作中產生成功感和自
信，從團體合作中體驗奉獻精神。儘管戰後人口倍增，到醫院求診
者漸多，但六十年代港府只是有條件批准國內醫生執業，他們必須
通過嚴謹的香港醫生執照資格試。由於難民潮不斷，為確保窮人的
基本健康，港府沿襲英國的公醫制度，興建多間公立診所和醫院，
為市民提供廉價的醫療服務，七十年代公立醫院床位數目很快便達
到全港整體病床的85%。八十年代還未有醫院管理局之時，醫療服
務由護理專業主導，監察醫療專業的紀律和水準的工作均由資深醫
生組成的醫務委員會負責，行政人員權力不大，行政指令不多，醫
護人員的權威性和公信力較高。雖然由內行人管內行人更能保障病
人的健康和安全，但卻有灰色地帶，因為某醫生被裁定失德後，醫
務委員會並無記錄裁決和判刑所依據的理由，也沒有任何判刑指
引，[46] 令委員會的隨意裁決判刑的自由度較大。為了填補這片灰色
地帶，被告除了要接受醫務委員會的紀律處分外，亦需接受法庭懲
罰，以確保審訊制度客觀公平。在醫療專業的紀律和水準得以保持
下，香港盛產世界級醫護人員，例如沈祖堯團隊的抗生素療程消除
幽門螺旋菌，令全世界胃潰瘍患者數目急速下降；又例如林順潮發

---

[46]　梁智鴻著：《醫者心 看過渡》(香港：明報出版社，2013)，頁50。

明一個十秒見效的門診手術，拯救了國內外不少急性青光眼病人；還有榮獲《時代週刊》譽為「亞洲英雄」的沙士抗疫團隊。

5. 經濟政策的演變：從民生發展到亞洲小龍

簡介：夏鼎基在向香港工業總會提出「積極不干預」的口號，其實不是權衡輕重研究干預與否的所謂積極態度，而是香港的中國通官員活用了中國的傳統智慧，以「虛則實之、實則虛之」的手法，來回應西方貿易夥伴和傳媒的質詢。港英政府發展經濟的方法，並不如此複雜；以下的四個階段告訴我們，港府只是活用了「勾而不結」和「複合配方」等招數，不斷給商人創造有錢賺的做生意環境而已。

第一階段：以非常手段，解決開埠初期的經濟問題

早期港島只是個寸草不生的石山，人口只有幾千，也沒有珍貴天然資源，英商只把港島視為貨物和鴉片的儲藏地和糧水補給站，大部分華人都屬於苦力勞工或建造業工人。由於英國不願負擔香港的行政費用，鴉片戰爭賠款撥出給香港的經費又不太多，義律惟有廉價賣地。義律離職後，接任人砵甸乍全副時間北上與清廷開戰，直至簽訂《南京條約》和五口通商事宜為止，根本沒時間處理香港經濟。由於砵甸乍用臨時政府的理由推翻了義律賣地的合約，接任砵甸乍的戴維斯惟有開徵各種稅收，但在社會的強烈不滿下，戴維斯黯然離職。吸取義律和戴維斯的教訓後，往後的港督除了推出999年期賣地及拍賣牌照等收入外，也開始參考澳門的做法，令香

港成為黃、賭、毒和賣豬仔中心，利用牌照費所抽得的部分收入，[47]
用作社會福利和減輕衍生的社會問題，例如興建保良局、性病醫院
等等。港督文咸甫一上任，便立即實行牌照制，另外還削減自己的
人工，同時力邀外商加入政務局。港督麥當奴以賭行善，為了解決
屢禁不絕的賭博問題，決定發牌控賭，收取的牌費五分之一用於建
造東華醫院，餘下五分之四用於改善警察福利以減少貪污，以及華
人教育以減少賭風，以後香港的六合彩和賽馬會也是按此原則進行
慈善博彩事業。

第二階段：創造機會，成為轉口貿易樞紐和航運中心

到了 1850 年代，西方的蒸汽遠洋輪船陸續出現，[48] 有關行業興
起令香港絕處逢生。這其實是港府的功勞，因為早年洋行在港的生
意並不理想，五口通商後，很多洋行都搬到上海。1846 年的《泰晤
士報》報導：「今年以來，已有兩家老商行結束，兩家決定撤出香
港，又有兩家考慮步其後塵。」[49] 港督文咸為了留住洋行，在 1849
年 11 月邀請 15 名外商成為非官守太平紳士，隨後又委任其中兩名
怡和洋行大班為定例局非官守議員，結果一眾洋行回心轉意，不離

---

[47] 張連興如斯記載：「戴維斯接受總巡理府希利爾的建議，於 1847 年 7 月
決定，將現行壟斷經營制改為牌照制。牌照共分三類：零售整箱以下煙
土者，月納規費 30 元；煮賣鴉片煙膏者月納 20 元；開設吸煙館者月納
10 元。牌照由巡理府向零售商直接發售，數量不限，有效期均為一年。」
轉載自張連興著：《香港二十八總督》（北京：朝華出版社，2007），頁
17–18。

[48] 中國的第一艘蒸汽機輪船「黃鵠號」，1865 年在曾國藩創辦的安慶內軍械所
由徐壽設計製造。

[49] 馮邦彥著：《香港英資財團》（香港：三聯書店，2011），頁 22。

開香港。1850年5月，怡和與各大洋行聯合籌建省港小輪公司（Hongkong and Canton Steam Packet Co.），碰巧1850年代前後美國加州和澳洲墨爾本出現淘金熱，中國大量勞工經香港到海外當苦力，令洋行的船務和貿易活躍起來。1860年代輪船逐漸取代帆船，航運業開始取代走私鴉片業；[50] 1863年，怡和、鐵行、德忌利士洋行創辦香港黃埔船塢公司，成為當時最大的船塢，自此各洋行陸續轉到航運、倉庫、碼頭、船塢等行業，成為香港的一大經濟支柱，華人的就業工種亦由苦力勞工拓展至航運業，湧現了一批從事航運、船隻清潔、貨倉及碼頭管理等工人。

另一方面，華商的南北行貿易也直接受惠於港府的支援。事緣在1851年12月28日皇后大道中北面的房屋發生大火，四百多間房屋被毀，港督文咸計上心頭，把瓦礫推到海裏填為土地，並增設港口設施吸引商人進駐，從此大量由潮州領頭的華商相繼來港在上環海邊經商，[51] 開設了逾千間商店。文咸東街、文咸西街與永樂街一帶填海得來的大片平地，正好讓華商用作貨物集散地，把中國南方的貨物經香港轉運到內地北方，不久更把南北轉口貿易生意擴展到東南亞及世界各地。1867年，得到港府的大力支持，南北行華商成立公所，自行制定貿易條例，讓同業間有秩序進行良性競爭，南北行逐漸成為香港重要的經濟支柱之一。隨著1869年蘇伊士運河通航，大大縮短來往歐洲至香港的航程，長時間受惠於中國的落後依賴香港作為視窗，在港華商和洋行從中賺取豐厚利潤。

50　當時主要是運送加工工業原料，例如絲料、製磚茶、製糖料、火柴料、肥皂原料等。馮邦彥著：《香港英資財團》，頁86。

51　〈南北行貿易〉，《香港歷史系列》（香港：香港電台電視部，2009），第7集。

第三階段：協助轉型到小型工業和貨幣代理人

　　二十世紀初，大量華商來港開業，港督梅含理勒令各華資中英式兩種記帳方式共用，同時容許華人做核數員，但規定必須通過由政府舉辦的嚴格考試，自此孕育出一群高薪高地位的專業會計師。1898 年租借新界後，香港可用土地大增，但油麻地一帶層層山巒阻礙發展，港督彌敦於是決定進行大型移山工程以便建造九廣鐵路，不用單靠海運，令貨運量大增。加上 1911 年辛亥革命後軍閥割據，大量華商攜帶資本技術來到香港，九廣鐵路也在 1912 年正式通車，令華商逐漸從南北行的出入口貿易擴展到輕工業，嶄新的工種得以開展，例如紡織、化妝品、油漆、五金、印刷及煙草業等等。

　　還有工人階級的冒起，他們對福利保障的意識亦逐漸提高，各行各業的工人相繼成立工會，以保障工人的權益。可是，剛踏入 1930 年代後，世界突然出現經濟大蕭條，國際貿易倒退，航運業不景氣。港府被迫變招，看見國內戰亂為香港帶來了不少資金、技術和人才，[52] 港督金文泰於是在 1933 年提出在北角七姊妹泳棚填海發展工業區，但由於市民反對發起「營救七姊妹運動」，[53] 最終改為在 1937 年劃出界限街以北、獅子山以南的部分新界平坦土地成為「新九龍」，作為華商發展輕工業的便宜地皮。

　　1935 年，美國銀價上升，令中國及香港的白銀外流，嚴重衝擊著銀本位貨幣制度，香港經濟深受打擊，情況一片混亂。國民政

---

[52]　例如織造、染布、毛巾、線衫襪、製帽、化妝品、樹膠、五金、製漆、建材、鈕扣、內衣、捲煙、製藥、食品、印刷、電筒、電池、皮革、機器、銅鐵、玻璃等小型機械工業。

[53]　吳灞陵著：〈營救七姊妹運動〉，《華僑日報》，1948 年 4 月 19–30 日。

府在1935年把銀元存入會匯豐銀行轉售美國財政部，同年11月4日廢除銀本位改發法定貨幣，令港元大幅升值，貨物出口減少，經濟更加疲弱。時任護理港督的修頓當機立斷，臨危不亂，五天後通過貨幣條例，港元正式成為香港法定貨幣，把港元大幅貶值並與英鎊掛鈎，匯率是16.8港元兌1英鎊，一直維持到1970年代，這猶如「複合配方」一道猛烈的「君藥」。自此港元成為亞洲最硬淨貨幣，國民政府需要大量法幣，惟有繼續把巨額銀元和銀錠運往香港，[54]故此香港成為了中國大陸重要的貨幣代理人，吸引了大量香港人投入金融行業。

港府也趁此機會把經濟活動國際化和規範化，例如1930年代童工法定年齡由10歲提升至16歲，晚上8時後禁止女性和兒童夜間工作，符合國際勞工公約規定（「臣藥」）。1932年訂立《公司條例》，為華商和洋行在運作上提供法律框架，增加外國人與香港做生意的信心（「佐藥」），也提升香港在國際金融和商業中心地位；當年港府協助商界與國際接軌（「使藥」），就如今天發展中國家進入世界貿易組織（WTO）。

第四階段：成為世界工廠、國際金融中心及現代化大都會

戰前港府扶持經濟軟硬兼施，瞻前顧後，戰後更不遑多讓。1951年韓戰爆發，聯合國宣佈對中國禁運，使香港的轉口業務突然停頓，經濟無以為繼。又不斷有上百萬難民湧入香港，面對如此困境，港人焦急不已。就在此期間，有頗多資本家從大陸逃避共產黨

---

[54]　馮邦彥著：《香港英資財團》，頁124。

1955 年，香港已從戰後恢復過來　圖片來自維基：http://bit.ly/2F3Abvt

來到香港，他們當中不乏成功商人，擁有資金和技術。港督葛量洪
覺得機不可失，1953 年推出大型填海工程，使觀塘及荃灣的土地大
增，以方便從內地逃難到港的資本家設廠，讓他們雇用大量難民作
為廉價勞工，這就像一道力度很重的「君藥」。葛量洪更為廠家們四
出奔走，打開出口渠道，為了消除美國入口商對香港政局的疑慮，
1954 年年底更遠赴美國 16 個城市（就像「使藥」），把香港比喻為「東
方柏林」與「自由基石」。為了自圓其說，除了高舉「自由經濟」的口
號之外，還訂出政府盈餘結存，應不少於年度預算稅收的超高準
則，[55] 明示港府不會干預香港經濟（「佐藥」）。由於香港缺乏天然資

---

[55]　資料來自鄧樹雄著：〈港英政府及香港特區政府的財政儲備制度對澳門特
區政府預算管理的啟示〉，香港浸會大學網站，進入網站日期：2011 年 4
月 5 日，http://net2.hkbu.edu.hk/~ied/publications/wp/WP200807.pdf。

源，大陸邊境閉關後，除了鼓勵新界農民增加生產外，大部分日用品和副食物惟有依靠進口，所以1953年填海興建啟德機場，也制訂極低關稅的政策，以方便大量進口日用商品（「臣藥」）。

踏入1960年代，果然有大量外國投資和訂單蜂擁流到香港，加上美國開始介入越南戰爭，於是香港成為軍需品的生產基地，日本開始把勞力密集且高污染的五金業外移，香港也成為首選之地，加上港府傾斜廠家的政策，導致香港迅速轉型成為亞洲的輕工業中心。

1970年代，香港更大量出口紡織品、製衣、玩具業、塑膠產品、鐘錶、假髮、電筒、電子零件等到世界各地，成為當時不折不扣的世界工廠。1978年，中國大陸改革開放，香港製造業開始往北移，港督麥理浩在1980年9月設立工業發展委員會，支持葵涌貨櫃碼頭的擴建，在新市鎮內成立「工業邨」。另一方面，港府也開放金融市場，1978年重新向外資銀行發放牌照；1980年制訂《香港銀行公會條例》，對銀行加強監管；1981年成立香港銀行公會，銀行利率劃一由銀行公會釐訂；1982年取消外幣存款利息預扣稅，又降低港元存款利息預扣稅，看見有利可圖，大量外資湧入香港開設分行，成功在1985年令香港成為世界第三大國際金融中心。

綜觀香港發展，經歷一百多年演變的經濟體系，從最初只有苦力搬運的生產勞動力，經過社會整頓、時代革新、技術發展及開拓，致使百花齊放，培植出各行各業的專業技術人才，令香港成為當今具有前瞻性而且多元化的國際大都會，亦是屹立在世界商業及金融市場上的一個重要樞紐，其實全憑港英政府不斷為商人製造有錢賺的環境。

6. 創意產業的演變：從零影視到東方荷里活

簡介：控制社會意識形態的代價，會令創意產業停滯不前。但港英政府懂得背後操控，市民並不知曉，能駕馭社會意識形態之餘，又不會扼殺言論自由和創作空間，實在是一種巧妙的平衡術。

第一階段：暗裏對付反港英政府媒體

1841年5月，出現官方英文憲報 *Hong Kong Government Gazette*（《香港政府憲報》），但百多年來沒有社論，也沒有影響社會意識形態的內容，例如第一期是公告義律委任威廉堅為香港島的首席法官及土地拍賣詳情，其後期數多是法定公告、政府招標、條例草案、註冊／牌照人士名單等等。為了維護言論自由，官方刊物沒有帶頭宣揚政治觀點。1845年，香港出現第一份商業西報 *The China Mail*（《中國郵報》）和它在1872年的中文版《華字日報》，由鴉片商渣甸和勿地臣出資。當時英商與港督戴維斯非常不和，《中國郵報》自然變成英商的「武器」，久不久就披露一些政府醜聞，尤其第二任主編 Andrew Dixson 竭力維護華人利益，故此華人把《中國郵報》改稱為《德臣西報》。後來經過港督文咸努力與英商修補關係，委任渣甸洋行兩名大班成為定例局非官守議員，自此《德臣西報》變成親政府報紙。1853年，出現第一份商業中文報紙《遐邇貫珍》（*Chinese Serial*），儘管總編輯是英華書院的漢學家傳教士麥都思（Walter Henry Medhurst），但傳教味道不濃，內容反而是向華人介紹西方科學知識及中港地區新聞，經費來自廣告收入。因前任港督戴維斯徵收重稅，導致華人罷市離埠，《遐邇貫珍》出現後，每月詳盡報導太

平軍與清兵的最新戰況，在港華人得知內地兵荒馬亂，自然打消回鄉念頭，正合乎港督文咸須要挽回民心的需要。《遐邇貫珍》創刊不久，麥都思把主編一職交給他的女婿禧利（Charles Batten Hillier，香港禧利街以他的姓氏命名），後者不單同樣精通中文，最重要的是1843年曾任首席裁判司和驗屍官，也是定例局議員和臨時議政局議員。禧利與港英政府關係密切，《遐邇貫珍》背後與港英政府的關係不言而喻。1857年出現第二份英文商業報紙 Daily Press（譯名《孖剌西報》，1858年推出中文版《中外新報》），翌年美國人主編兼創辦者賴登（George M. Ryden）被指在《孖剌西報》誹謗怡和洋行（即親政府的渣甸洋行），法庭認為賴登有罪，並判六個月有期徒刑。

第二階段：高調支持反清政府媒體

1871年，英華書院停辦，1873年校長理雅各返回蘇格蘭，王韜與黃勝合資購買英華書院的印刷機和中文活字鋼模，創辦純中文的《循環日報》，仍被清廷通緝的王韜親任政論主筆，從1874年到1884年在報章上發表政論千餘篇。1862年，英國公使布魯斯（Sir Frederick Bruce）拒絕清政府要求引渡王韜，[56] 1881年港督軒尼詩更委任王韜為考試局的考試官，負責考核中央書院教師，可見《循環日報》鼓吹中國維新變法，提出君主立憲制，不怕清政府清算，是因為得到港府的保護。

---

[56] 周琇環著：〈王韜的民族主義思想〉，《國史館學術集刊》（台北：國史館館刊，2004年9月），第4期。

第三階段：「自由主義」下的「仁慈獨裁者」

為了維護港英政府的統治權威，又要符合英國的「新聞自由傳統」，港府奉行「無民主、有自由」政策，所以制定了一套非常苛刻的新聞管制法例，以「仁慈的獨裁者」(benign dictator)的姿態出現。[57] 這是一種「立法嚴、執法寬」的態度，底線是不危及港英政權的統治基礎，媒體可享極大的言論自由，[58] 而不著痕跡在背後操控。這與國內或新加坡的傳媒、影視、文藝、博彩、出版等行業由政府直接操控相反，港府盡量交由私人、外資或獨立機構營運，但在背後操縱。1928 年香港電台成立，成為港府「喉舌」，成立廣播委員會監管，由郵政總監任主席及港台台長，並長期一家獨大，直至三十年後的 1957 年，才批准一家商營電台進行廣播。香港政府對傳媒採取容忍態度，卻極少容許影響英國對香港的殖民統治。

第四階段：借助影視抗拒左派意識形態

1949 年中共立國，港英政府開始收緊報刊的言論自由，1951年通過《刊物管理綜合條例》，引致 1952 年《大公報》被港府停刊半年。影視及娛樂事務管理處以行政權力控制電視和電台的執照、節目和人事，例如干預電視台的總經理、節目總監和新聞總監的人選。港府抗拒左派意識形態，例如葛量洪曾在電報中向新加坡總督說：「香港製作的電影不會跟左翼宣傳片混淆，這亦能為你們提供

---

[57] 鄭樹森著：〈談四十年來香港文學的生存狀態：殖民主義、冷戰時代與邊緣空間〉，《素葉文學》，第 52 期（1994 年 4 月），頁 21。

[58] 陳昌鳳著：〈當代香港報業史〉，《香港報業縱橫》（北京：法律出版社，1997），頁 237。

真正的娛樂，而很可能（在將來）有些電影會採取一條明確的反共路線。」[59] 對商營電台進行嚴密監管，例如1962年修訂《電訊條例》、1964年制訂《電視條例》，令政府可以在公安或緊急情況下，行使停牌和停播權，對節目有事前檢查和禁播的權力，規定商業電台必須轉播香港電台的新聞，不能自行拍攝新聞節目。[60] 1967年暴動令港府擴大政府新聞處，由政府新聞處統籌一切政府消息的發佈和宣傳活動、設定輿論方向、製作大量宣傳稿件向新聞界提供，為政府做勢。[61]

中港粵劇走不同道路，1920年代後港府把粵劇行業娛樂及商業化，在五十年代以後更積極保護，令香港粵劇在戰後得以延續，與內地粵劇遭政府大規模扭曲相反。[62] 對文化事業態度二重性（dualism），一方面積極推動精英文化，例如資助香港九大藝團，[63] 另一方面暗中推動普羅大眾文化，例如五十、六十年代的歌影視就向國語片及國語時代曲讓路，抑壓左派電影公司，儘管1950年代初左派電影在數量和票房都大幅領先，但港府嚴控長城、鳳凰、新聯、南方、中聯等左派電影製片公司，驅逐鳳凰影業的劉瓊、司馬文森等十名影人出境，利用土地建造權刁難影聯會興建永久會址；幫助右派電影公司，儘管邵氏公司和電懋公司的電影以娛樂和星馬

59　鄺健銘著：〈香港新加坡文化雙城記〉，《亞洲週刊》，2014年1月26日。

60　張振東、李春武著：《香港廣播電視事業發展史》（北京：中國廣播電視出版社，1997），頁163。

61　殷琦著：〈香港新聞傳媒規制的變遷與反思〉（香港：中華傳播學會年會暨第四屆數位傳播國際學術研討會，2010），進入網站日期：2016年3月4日，http://ccs.nccu.edu.tw/word/HISTORY_PAPER_FILES/1263_1.pdf。

62　黎鍵著：《香港粵劇敘論》（香港：三聯書店，2010），頁469。

63　包括中英劇團、城市當代舞蹈團、香港芭蕾舞團、香港中樂團、香港舞蹈團、香港管弦樂團、香港話劇團、香港小交響樂團，和進念·二十面體。

市場為主，港府向邵逸夫以每平方英尺45先令超平價賣地，[64] 讓他興建清水灣廠房，也讓陸運濤接管理財不善的永華製片廠，讓他馬上有設備人手製作電影。1963年規定所有電影須配備英文字幕，方便港府進行政治監察。過渡時期採用「民主拒共」政策，1984–1997年間監管自由化，1986年大幅修訂《刊物管制綜合條例》，令(特區)政府不能用法律控制媒體，只能間接影響。接著是放寬報刊管制條例和廣電監管方式，還有把香港電台獨立公營化。

7. 治安管理的演變：從軍警弄權到蜚聲國際

簡介：早期港英政府依賴英軍追拿海盜和管理治安，後來發現軍人濫權腐敗，便明白不能依賴中看不中用的「波斯貓捉老鼠」；若懂用人，「黑貓白貓也能捉老鼠」。當中的共治期和體恤期，正好反映出洋儒與中國通如何活用文化差異，令香港不須聘用太多警察，也能令社會不治而安。

第一階段：海盜猖獗但軍警弄權的矛盾期

開埠時期，英人強迫廣東沿岸對外開放，引來大批外商來港做生意，商船、碼頭、貨倉越來越多，市面一片興旺，但海盜隨之而來，罪案猖獗，治安不靖。由於駐港英軍人數太少，又水土不服，

64　〈邵逸夫爵士：擁有一顆金子般的心的傳奇人物〉，《南華早報》網站，2014年1月8日；轉載自人物春秋：〈邵逸夫：遠不止是電影大亨〉，《參考消息網》，進入網站日期：2016年3月4日，http://www.guancha.cn/CanKaoXiaoXi/2014_01_10_198761.shtml。

且要防衛邊境及隨時北上中國保護英國僑民，駐華商務總監義律惟有在1841年4月撥款興建一座監獄和成立警隊，委任陸軍上尉威廉堅 (Willian Caine) 統領治安，可是只有英、印等族裔及少量華人一共32人應聘，他們大都是之前當過軍人或海員，覺得太辛苦才轉職警察，所以奉獻精神不高，怕危險不願晚上巡邏；威廉堅惟有晚上實行宵禁，[65] 1842年禁止華人11時後上街，1843年改為9時後船隻不許靠近香港，10時後華人不許在街上行走。[66]

1844年《香港法例》第五條通過後，香港警隊正式成立，此時人數已共有171人，但仍然是支雜牌軍。與英國民警不配槍並注重社區關係不同，香港警察是一支半軍事化的武裝隊伍，動輒把華人髮辮剪去以示懲罰，又把星期三定為鞭笞日，公開在皇后大道中對罪犯進行鞭刑，以起阻嚇作用。為了容易治理，捕房 (1964年才改稱為報案室) 內的差人坐在離地一米高的座椅上，手持長尺指喝市民以示官威，官民關係更見緊張。為了洋人的安全，政府把鴨巴甸街為界，東面讓洋人聚居，西面則是華人地方。由於警察總部位於半山堅道不方便治理華人，1857年設立五號差館 (臨近鴨巴甸街、位於威靈頓街與皇后大道中的交界處)，以便利管理上環華人治安。

由於英國不願出資，警隊只靠1845年開始徵收的差餉維持。香港差人收入偏低，故此身兼首席裁判官的威廉堅制定了非常昂貴的民事費用，例如一項追討250元的訴訟須繳傳票費4元、拘捕令

65　何家騏、朱耀光著：《香港警察：歷史見證與執法生涯》(香港：三聯書店，2011)，頁27。

66　葉靈鳳著：《香海浮沉錄》，頁115–117。

20元、審訊費20元、裁決費40元、追索費250元、法庭費84元，[67]
即訴訟成功取回250元也要倒貼168元，還有律師費未計。自此，
威廉堅與一眾差人被社會批評只懂斂財，表現惡劣，不可信賴。

第二階段：華商、印警、歐警的共治期

　　1859年6月英國變天，輝格黨易名自由黨，一眾自由黨領袖認
為要改善香港殖民地政府的陋習，威廉堅被革職。1860年《北京條
約》把九龍半島歸入香港，人口激增至12萬，差人更見短缺，但港
府又不太願意聘請華人當差，以防華人警察勾結太平天國或滿清，
威脅殖民地政府。故此，1862年昆賢出任香港警察首長後，立即從
印度步兵團招募人員到港當警察，俗稱「摩羅差」；他們沒有民族主
義包袱，執行任務爽快俐落，加上大幅加薪，警隊士氣旺盛。1864
年，大館 (警察總部) 在荷里活道正式落成。1866年，華人自行組
織團防局，以補差人數目的不足，加上1868年華商的南北行公所
成立，港府趁機准許華人自治，讓公所設立「水車館」和「更練所」，
華人可自行防範火災和捉拿盜賊，由政府出資津貼，歐籍警官監察
運作，總登記官 (後稱華民政務司) 則兼任團防局主席。[68] 在田尼的
領導下，1869年成立警察語言訓練學校，教導「摩羅差」說中文。
1873年，又開始招募蘇格蘭人來港擔任警官，在贊助華人自治、
「摩羅差」執法和歐籍警官監察的結構下，香港警隊的運作變得非常
有效率，罪案數字比開埠早期大幅下降。

67　尤韶華著：《香港司法體制沿革》，頁43。

68　何家騏、朱耀光著：《香港警察：歷史見證與執法生涯》，頁31。

第三階段：一警兩制與一地兩制的體恤期

「摩羅差」在港服務盡心盡力，原因是警隊高層十分通情達理，例如尊重他們的宗教信仰，讓他們當值時保留包紮頭髮的習俗、不用戴警帽，又為他們聘請專用廚師提供印度食物，在粉嶺宿舍設有清真寺供他們參拜，[69] 還派遣高級英籍警官到印度學習印度語，以便與「摩羅差」保持良好溝通和關係。1911年，港督梅含理到任上岸時被李漢雄意圖行刺，兩名在旁的「摩羅差」奮不顧身勇救梅含理。在日佔時期，不少「摩羅差」不理會日軍格殺勿論令，也大力協助在戰俘營的英人，可見「摩羅差」與港府官員的關係實在不差。[70] 1900年獲得新界治權後，港府重施一地兩制，施行英式法律之餘（例如1900年的《新界田土法庭條例》，*New Territories [Land Court] Ordinance*），卜力也讓新界保留大清律例、土地承繼權、丁地、中式婚姻制度、領養習俗等等，吸取過往一地兩制成功經驗，所以儘管新界地方面積巨大，但港府不需大量招聘差人。

第四階段：同工不同酬至同工同酬的過渡期

1922年海員大罷工，港府發現粵籍警員沒有嚴格對付華人罷工者，反而看到山東人協助八國聯軍剿滅義和團時，對待同胞並不手軟，於是在同年9月開始遠赴威海衛，招募山東人到港當前線駐守警員，會說英語的「摩羅差」則逐漸從事較高層例如警長的工作。當年，差人分四個等級，分別是A級的歐洲差、B級的「摩羅差」、

69　同上註，頁38。
70　同上註，頁34。

C級的廣東差、D級的山東差(E級的俄籍差則在1930年後才出現)。他們不同工、不同待遇，例如在1885年歐洲差的月薪是480港元，「摩羅差」150港元，廣東差只有108港元。[71] 還有，只有歐洲差和摩羅差才可佩槍，廣東差則不得配槍，當遇上難以應付的歹徒時，惟有吹笛通知附近同袍營救，因此就有了順口溜：「ABCD，大頭綠衣，捉唔到賊，吹BB。」[72]

1946年，蘇格蘭人麥景陶(Duncan William Macintosh)出任香港警務處處長，他曾於第二次世界大戰前擔任新加坡警察部隊隊長，來港後向政府爭取增加各級警員的薪金、福利及待遇。當時軍器廠街正興建新警察總部，由於香港警隊過往聲譽十分良好，故吸引大量退役外籍軍人及其他英國殖民地的警員應徵加入，令警隊增加至2,401人。熟悉麥景陶為人的新加坡前總理李光耀，在他的回憶錄中認為，[73] 除了麥理浩當港督的前十年(即1960年代)，港英政府(意指警隊)其實頗為清廉。

---

[71] 同上註，頁46。

[72] 「大頭」本來指摩羅差的巨大包頭，後指華人的巨大草帽；「綠衣」指差人夏天的綠色制服。

[73] 李光耀著：《李光耀回憶錄》(台北：時報出版社，2000)，頁612。

第 16 章
結 論

　　經過十五個章節的分析和論證之後，基本上我們可以肯定，除了傳統文獻用經濟學、管理學、政治學的視角窺探不出全貌外，把港英歷史和治理成就用英國殖民政策去剖析也是不夠的，因為直接創造港英歷史的英國官員，其實擁有各種不同甚至對立的價值觀，所以香港殖民地時代被視為「香港奇跡」的管治成就，並不能全面歸功於英國殖民政策或倫敦政府命令。反而，一群年輕時被派到香港長駐、逐漸變成洋儒或中國通的現代紳士英國官員極有功勞，因為他們執行宗主國殖民政策和命令的時候，都小心考慮清楚如何演繹，才不損害宗主國的利益之餘，也可彰顯社會公義。特別是在功利和政治掛帥的社會中，既要處理資本家和社會既得利益者的問題，又要保護弱勢社群和公眾利益，必須擁有政治智慧和治理才幹，這正是洋儒和中國通需要有所突破的地方。可幸他們通曉中西上流文化，發覺兩者的優缺點剛巧相反，令雙方可以互補不足。例如現代紳士有的是騎士精神和實用知識，這可補足中華文化所缺乏的民族自信和前進動力，或多或少受到利瑪竇和龐迪我等耶穌會士帶來的西方科學所影響。部分明末清初的士人也自此成為行動派，

以「實學」代替「理學」，開始反思「以德治國」的得失。反過來，中國晚明士人的心學與新派儒學的人生哲理，也啟發了洋儒與中國通，開始對西方宗教把道德與人死後的結局捆綁著來導人向善的方式有所保留，加上當時天主教會備受「因信稱義」和「救贖預定論」所衝擊，許多人認為德行並不是救贖的先決條件，導致西方國家的道德開始敗壞，工廠剝削婦女和童工成為常態，歐洲政府往外建立殖民地為不法商人護航。為了遏止這股歪風，強調古典道德最重要的「阿諾德模式」和「體育競技模式」教育冒起，令自小接受公學教育的洋儒與中國通見識過儒學後，覺得可以參考東方的「以德治國」，來拯救當時墮落的西方世界，於是在自己的崗位上不斷嘗試，學習中國士人用世俗中人性最美麗的一面，來克服自己內心的七宗原罪；不再透過宗教信仰或政府干預產生「積極自由」和「共同之善」，改由良知自力及複合多面的措施，進行彰顯公義及符合國家利益兩全其美的實驗，化解「經濟自由主義」與「社會自由主義」兩者對立的矛盾，結果設計出各種平衡立體的管治技巧，衍生出「積極不干預」的管治哲學。

為了印證上述論點，本書與其他研究香港治理專著的範圍與程度不同，選擇從更遠的歷史出發，往更深入的背景搜索，試圖找出洋儒與中國通的前世今生，如何一代一代重整中西價值觀，如此便能更合理解釋他們的人格特質，更清楚了解他們的邏輯思維。自從董仲舒以來，儒學已變成了培育文弱書生、為皇權服務的政治工具，取消了先秦文武雙全的全方位人格培養方式，自此中國的社會精英都是古典文士，基礎教育缺乏科學和實用知識，雖被朝廷吸納為官，但一生活在君尊臣卑等政治倫理當中，政治理想備受壓抑，令治國平天下的偉大理想沒法執行，社會經常是轉型不了。不過，

自從明末清初利瑪竇等洋儒的出現後，他們開始把中國文化不足的地方加以補充，例如提出了「合儒」、「補儒」和「益儒」或「超儒」的構思，為以後的洋儒和中國通建立了折衷、寬容等文化共融精神，又帶來了《幾何原本》等讓中國科學起飛的實用知識，加上陽明心學的流行，令士大夫非常嚮往政治改革，因此長期非常重視耶穌會士。但因為利瑪竇等洋儒一心傳教，不是從治理的角度看中國，所以沒有積極參與提升明清兩朝國力，反而不斷鑽研如何令中國人接受自己，結果找出大量如何化解中西文化矛盾的辦法，例如利瑪竇的《交友論》和龐迪我的《七克》，研究西方人與中國人相處之道之外，也在當年西方教會腐敗的背景下，不斷翻譯中國經典寄往歐洲，以補充西方道德實踐哲學的不足。洛克的「中國筆記」就是清楚的證據，他在構建自己的哲學體系時使用了來自中國的材料，成為英國早期啟蒙思想的一部分。無論如何，利瑪竇等八十多名洋儒為儒學和西學優化工作，奠定了鞏固的基礎。

直至維多利亞時代，另一批洋儒開始從管治角度看儒學，因為接受過「阿諾德模式」的公學教育，自小培養出維護「社會公義」和發展「共同之善」的心態，「體育競技模式」的公學教育更令他們有廣闊的世界觀，明白中國傳統的「以德治國」，並不足以應付複雜的政治問題。一方面，政治問題來自皇權的「管治專制主觀」，因權力集中和利益壟斷是拜制度所賜，不滿者佔社會的大多數，令統治者沒有安全感，設法保護自己變成管治動機，如此例子在歷史上數不勝數，就算是熟讀聖賢書的建文帝朱允炆也沒有例外，不然他也不會無理削藩。另一方面，政治問題也來自中下層官員的「道德流於表面」，自從1487年明憲宗把經義變為八股文，嚴格限制內容，把朱熹「存天理、滅人欲」的命題，演繹成為規範民眾行為的極端保

守主義，例如父權婚姻，取消宋代婦女寡居再嫁的習俗，女子須要纏足、遵守三從四德、絕對貞潔。士大夫因循保守，品質每況愈下，把自己的道德律則當成為自然的律法、外在的明文規條、強制的權利和強制的義務，或者是互相保持禮貌的律則，結果社會變得僵化，人民失去創意。因此赫德提出「國安民富」的為官之道，建議晚清政府權力和利益重新分配，改善「惟官之下取於民者多，而上輸於國者少」的問題。[1] 可惜既得利益者對政治改革的阻力太大，令晚清的洋務運動淪為工業建設，赫德惟有在自己崗位上實踐西式儒學，結果產生了中國 (洋) 海關令世界震驚的管治效果。莊士敦在威海衛租借地實踐西式儒學的效果也不遑多讓，成為帝師之後，當然渴望把自己的一套「以德治國」心得發揚光大，因此對溥儀提出許多改革意見，不但把紫禁城造成翻天覆地的變化，更希望有一天重建大清皇朝，皇帝能根據他的理念和方法改革，令中國創出新的天地。可惜保皇黨人散佈清帝即將復辟的謠言，令有堅定反帝立場的基督徒將軍馮玉祥，在北京政變後把溥儀趕出故宮。若以1905年取消科舉為界線來看，赫德和莊士敦分別是典型的洋儒和中國通，他們的事跡告訴我們，維多利亞時代的英國道德淪亡，社會只懂拜金漠視貧困，中國晚清則地方官吏腐敗不堪，社會強調人情忽視理性。赫德和莊士敦看在眼裏，前者明白不能單靠英式管理執行海關任務，也不可僅賴儒學令中國人省身自強，後者也體驗到不能僅用英式法律審理威海衛案件，也不可只靠儒家學說來鼓起溥儀的勇氣，於是先後採用人人平等、官員膽色、品德普及、管治寬

1　赫德著：〈局外旁觀論〉，《皇朝經世文三編》，治體九廣論，卷二十一。進入網站日期：2017年5月28日，http://www.yuyingchao.com/beike/html_jingdian/html_guoxue_shi_22/530895.html。

容、道德修煉五個元素，成為他們在自己崗位上實驗儒學理想的變數，令中國海關和租借地政府有能力「行公義」，分別示範如何當個晚清唯一不貪腐的政府機關和非常受到民眾愛戴的「父母官」。與赫德和莊士敦一樣，許多考入港英政府或領事館做事的殖民地英國年輕官員，在學習中文和中國傳統文化期間，充滿阿諾德傳統義務道德觀念的他們，都會不期然思考如何填補中西文化的缺口。這五個元素也因此成為了本書進一步分析香港開埠後的洋儒和中國通的標準，以便歸納出他們的管治思維與招數。

在實踐「以德治國」的同時，洋儒和中國通體會到「知行合一」談何容易，雖然讀書「知」道如何分辨善惡，但並不等於有動力去惡「行」善。他們的體驗告訴我們，「知」與「行」之間起碼有三道齒輪：第一道是士人風骨，令人有治國平天下的理想，洋儒和中國通發覺陽明心學借助出世的佛學推動入世的儒家道德，不讓私欲蒙蔽自己，保存一顆無善無惡的心，剩下猶如赤子的良知（類似西方國家幾個世紀後才出現的「無知之幕」）。這種中式「心志倫理」通過內省功夫從內心產生巨大動力，不過有資格讀聖賢書的中國人並不太多，而且政治制度和環境不容他們真正當權，令有能力「知行合一」的中國人為數不多。第二道是騎士精神，公學風氣令學生習慣鋤強扶弱，這種西式「心志倫理」的動力來源，是在西方教會辦理的公學裏，從小鍛煉出來的勇敢頑強品質，尤其是「阿諾德模式」的出現，透過長期參加校園競技比賽之後，令現代紳習慣遵守競技規則，養成緊抱公平而合理的競爭原則；也尊重對手、友誼第一，學會全力以赴但謙虛有禮的氣概風度；更習慣運用戰術決定勝負，曉得抑制感情，以理性思考策略放眼全局。不過「阿諾德模式」的現代公學，也因數量有限而只佔社會的少數，尤其在維多利亞時代的

「拜金主義」風潮下，令有騎士精神的英國人變得更加稀有。第三道
是公義理智，現代紳士懂得冷靜計算，把知識實踐化做社會效益，
立志做福社會大眾。赫德和莊士敦的「心志倫理」，除了士人風骨和
騎士精神外，也來自可勝不可敗的困境，赫德身為英國人卻變成滿
清政府的雇員，管理中國海關的壓力實在非常之大，處於兩面不討
好的位置，被兩國政府猜疑自己另有動機，所以唯一的出路是做好
本分，證明自己是個不偏不倚的專業關員。莊士敦則因父親破產不
宜逗留香港，威海衛是唯一可以翻身的地方，於是下定決心在租借
地做一個模範官員，才可擺脫人言可畏的陰影。他們兩人都以洋儒
的姿態絞盡腦汁積極做事，為人民請命替社會謀福利的時候，懂得
採用「德性倫理」柔化「心志倫理」和「責任倫理」，不會因要達到目
的而不擇手段，也不會為維護親朋利益而濫用公權，不斷實踐人性
最美麗的一面來安撫自己的孤獨與不安，時常行事公義來修復自己
的正直和仁慈。直至人們肯定自己是個有德行的官員之後，赫德與
莊士敦的公義觀都不約而同有所調節，因為他們處身於兩大文明的
夾縫之間，在沒法解決政治和社會重重矛盾的時候，惟有從「後設
倫理」尋找出路，除了向中英兩國政治權威強調殖民地官員去政治
化的重要性之外，也敢於跳出中西文化傳統價值觀的框框，按問題
本身的需要建立自己的管治風格。然而，雖然士人風骨、騎士精神
和公義理智這三道齒輪，能連續嚙合傳遞來產生巨大良知動力，但
在中國或英國具備以上條件的環境並不多見，令「知行合一」止於
明末以後處於政治裂縫中，能結合中西學理精讀細挖的士人或洋儒
與中國通，他們既懂得修煉無善無惡、猶如赤子的良知，學習分辨
是非；也曉得遵守公平而合理的競爭原則，以理性思考策略放眼全
局；更會採用德性柔化心志和責任，以公義仁慈避免偏私濫權。

　　得益於洋儒的上佳示範，十九世紀後期進駐香港的中國通不用再走冤枉路。中國考核出最有良知的士人，斯巴達訓練出最勇敢的戰士，英國培養出高舉公義的現代紳士，而昔日香港正是中國通的搖籃。儘管人無完美，但內在修為、無懼勇氣、為民請命，正是當時社會最需要的領袖風範，而中國通的道德觀念就是包含了上述三道齒輪，把管治者最理想人格集於一身。雖然沒有天然資源的香港不斷面對天災人禍，但中國通官員習慣應付可勝不可敗的困境，冷靜計算效率下降或經濟損失的代價，加上中西合璧的「心志倫理」，令他們把「致良知」付諸實踐的動力倍增。儘管在實踐的過程中並不是一帆風順，但施政態度並不只是像西方國家般維護「消極自由」，而是抱著一腔熱誠積極為窮人創造向上流的機會，採用公共權力化解社會中的不公不義。此外，與中國（洋）海關和威海衛租借地一樣，香港政治制度和環境容許他們真正當權，但也同樣明白不能讓權力和利益蒙蔽自己的心志，好讓「知行合一」得以充分體現，所以當年港督有權不用，[2] 港英政府讓一大部分諮詢委員會有決策權，[3] 民意不贊同的政策港英政府不會強推。[4] 故此，中國通不消多久就脫穎而出，把香港發展成為井井有條的現代化城市之餘，變成一個不僅是消極維護、更是積極建立社會公義的地方，令香港的精神文化別具吸引力，一躍成為世界級的金融貿易樞紐，中國通也被視為管治奇葩。

---

[2]　劉曼容著：《港英政治制度與香港社會變遷》（廣州：廣東人民出版社，2009），頁55。

[3]　黃湛利著：《論港澳政商關係》（香港：三聯書店，2009），頁84。

[4]　內容來自前衛生局副局長何永謙在2010年4月「香港和諧社會的民意調查」發佈會上的發言。〈民調：香港社會不和諧〉，《大紀元》，2010年4月9日。

　　但由於是外向型經濟體系，中國通須要把香港的形象調節一下，成為西方世界接受的社會，故此他們高舉歐美盛行的「放任自由主義」，但內裏卻以東方哲學為社會提供「積極自由」及「共同之善」（概念近似今天的公眾利益）的「中國通模式」。因此，我們深入香港歷史中所看到的，並不是純英式的法制或文化，而是一套儒家味道極濃的平衡術，來化解中英兩國根本利益的對立、一地兩制和文化共存所出現的矛盾、甚至是政治或社會環境變化的問題。因為是平衡術，所以每個時代、甚至每位洋儒或中國通，均會採取或多或少不同的施政措施，試圖在公義與國家利益之間，或在「經濟自由主義」和「社會自由主義」之間取得平衡。本書所分析和歸納出的五個港府的慣常平衡術招數（「分隔補充」、「化敵為友」、「上滲扶貧」、「勾而不結」、「複合配方」），展現出中國通不用太多的直接或表面干預，但社會卻可以產生「積極自由」的效果。因此，「積極不干預」就像是港府中國通的「格物致知」，借用王陽明的「有善有惡意之動」和「為善去惡是格物」兩句格言，洋儒與中國通好像參透了前句對人對事不存在偏見，也像後句盡力淨化內心又審時度勢去爭取「共同之善」，但它沒有政府干預的強人政治或福利膨漲，[5] 也沒有「消極自由」的道德缺失或理想真空。中國通的「為善去惡」另有一套方式，就正如本書圖表4（見頁212）所示，「古典自由主義」（或

5　從《1867年改革法案》（*Reform Act 1967*）容許下議院加入工人代表開始，不少「社會自由主義」者開始進駐英國的地方政府，他們熱情追求理想的「積極自由」，在英國興建第一批公共房屋、改善倫敦污水排放系統、開辦兒童福利診所等等。1900年工黨正式成立，更在1922年取代了自由黨成為大黨。不過，政府追求理想的「積極自由」與讓人發揮潛能的「積極自由」並不一樣，隨着免費提供學生午餐、興建房屋安置貧民等花費不菲的公共服務和設施陸續出現之後，伴之而來的是英國經濟和國力開始衰落。

「經濟自由主義」）的「消極自由」解決不了殖民地大量的天災人禍，「新自由主義」（或「社會自由主義」）的「政府干預」則會嚇怕外資，不利香港的開放型經濟，所以中國通選擇了表面或直接不干預、但暗地或間接追求「積極自由」的「積極不干預」，成為了港英政府的一種折衷施政原則。對慣於處理矛盾與衝突的中國通，實在是駕輕就熟：利用「分隔補充」招數給予華人自由但不能因此失去公義，「化敵為友」與反對者做朋友但向對方施行道德教化，「上滲扶貧」提供公共援助但止於創造窮人向上流的環境和機會，「勾而不結」讓商人獲利及貢獻社會但官員不得上下其手，「複合配方」設計軟硬兼施又互相配合的立體政策。這些瞄準「社會公義」和「共同之善」的管治平衡術，令政府不用太多干預，「積極自由」看似由社會產生，但其實是中國通在背後的巧妙傑作。但要再三強調的是，這五招並不是政府大鑼大鼓高調發展社會的政策，也不是政府代替市場為民眾做決定，而是中國通超越是非、建立社會公義意識層次的心性之學，此種中西糅合的心學不像明代士人為了忘悟成聖，而是一種參考儒學以德治國的另類自由主義，也與西方主張政府不干預的「經濟自由主義」和經濟干預的「社會自由主義」並不一樣。

　　但有點可惜的是，中國通並不希望把「積極不干預」清楚說出口，他們含含糊糊的交待幾句，其實是因為自己的身份問題，因為香港只是一個殖民地，中國通官員其實是英國的雇員，把「積極不干預」的真正意思公開，可能是換來英國的干預、外國貿易夥伴的恐懼、中國大陸失去貿易代理人，代價是殖民地須要按照英國的方式管治，西方貿易夥伴減少與之往來，中方不能再通過香港做自己不能做的事，香港不免要步英國不斷衰退的後塵。不過，中國通官員也留有一手，把政府文獻保持得不錯，希望「積極不干預」將來

能發揚光大。雖然社會不能復古，但人性美麗的一面是永恆不變的，它是治療現代社會問題的較好方法，令今天強調個人和獨立自主的「進步主義」和「存在主義」得到平衡，安撫大眾為生存而需要不斷進步所茫然產生的心理不安或恐懼，令人義務遵守良知道德標準，不去排斥他人來保護自己，反過來選擇維護「社會公義」，竭力彰顯「積極自由」的意義。

　　還有一點不能不提：儘管本書採用文字來理解「積極不干預」，但官員若要好好實踐它的話，則須要多看中外經典，靜心沉澱思考，習慣以身作則。總而言之，從客觀的角度明白此理念是不夠的，還要超越邏輯，不斷自省，親身感受與實踐世俗中人性最美麗的一面，所以需要從基礎教育開始，自小培養「社會公義」的意識，磨煉堅守「共同之善」的意志，不但能從非宗教的途徑產生自力來服務社會，也能克服內心對現實的恐懼、不安等各種原始負面情緒，這就是施行「積極不干預」的起步點。

附錄：歷任港督背景概覽[1]

	有否世襲貴族爵位？	是否貴族家庭出身？	是否在英格蘭出生？	曾否入讀傳統公學？	是否古典大學校友？	是否任總督前獲勳？	托利或保守黨黨員？	不懂中文嗎？[2]
砵甸乍	✘	✔	愛爾蘭	✘	軍校	Baronet	不詳	✔
戴維斯	✘	不詳	✔	不詳	牛津	Baronet	不詳	✘
文 咸	✘	✔	✔	不詳	不詳	KCB	✘	✔
寶 靈	✘	✘	✔	✘	不詳	KCB	✘	✘
羅士敏	✘	✘	愛爾蘭	✘	軍校	Knight	✘	✔
麥當奴	✘	✔	愛爾蘭	不詳	聖三一	Knight	✘	✔
堅尼地	✘	不詳	愛爾蘭	✘	聖三一	KCMG	✘	✔
軒尼詩	✘	✘	愛爾蘭	✘	✘	✘	✘	✔
寶 雲	✘	不詳	愛爾蘭	查特豪斯	牛津	GCMG	不詳	✔
德 輔	✘	不詳	德國	查特豪斯	牛津	KCMG	不詳	✔
羅便臣	✘	不詳	德國	不詳	不詳	KCMG	不詳	✔

---

[1] 轉載自黃兆輝著：《港產紳士：治港百年的半山區上文化》（香港：超媒體出版社，2014），頁40–42。✔表示「是的」；✘表示「不是」。較多✔者屬傳統紳士背景；較多✘者屬現代紳士背景。

[2] 不懂中文者（✔）例如非外交官或非官學生。

	有否世襲貴族爵位？	是否貴族家庭出身？	是否在英格蘭出生？	曾否入讀傳統公學？	是否古典大學校友？	是否任總督前獲勳？	托利或保守黨黨員？	不懂中文嗎？
卜　力	✘	✔	愛爾蘭	✘	軍校	GCMG	✘	✔
彌　敦	✘	✘	✔	✘	軍校	KCMG	不詳	✔
盧　吉	✘	✔	印度	羅塞爾	軍校	KCMG	不詳	✔
梅含理	✘	✔	愛爾蘭	哈羅	聖三一	KCMG	不詳	✘
司徒拔	✘	✘	✔	拉德利	牛津	KCMG	不詳	✔
金文泰	✘	✘	印度	聖保羅	牛津	KCMG	不詳	✘
貝　璐	✘	✘	✔	錫爾科茨	劍橋	KCMG	不詳	✔
郝德傑	✘	✘	✔	阿賓漢姆	牛津	GCMG	不詳	✔
羅富國	✘	✔	✔	布倫德爾	牛津	KCMG	不詳	✔
楊慕琦	✘	✔	印度	依頓	劍橋	KCMG	不詳	✔
葛量洪	✘	不詳	✔	威靈頓	劍橋	KCMG	不詳	✘
柏立基	✘	不詳	蘇格蘭	喬治華生	愛丁堡	KCMG	不詳	✘
戴麟趾	✘	不詳	印度	湯布里奇	劍橋	KCMG	不詳	✔
麥理浩	✘	不詳	蘇格蘭	拉格比	牛津	KCMG	不詳	✘
尤　德	✘	✘	威爾斯	✘	✘	MBE	不詳	✘
衛奕信	✘	不詳	蘇格蘭	格蘭諾蒙德	牛津	KCMG	不詳	✘
彭定康	✔	✔	✔	聖本篤	牛津	Baron	✔	✔

參考書目

Airlie, Shiona. *Thistle and Bamboo: The Life and Times of Sir James Stewart Lockhart*. New York: Oxford University Press, 1989.

———. *Reginald Johnston: Chinese Mandarin*. Scotland: NMS, 2001.

———. *Scottish Mandarin: The Life and Times of Sir Reginald Johnston*. Hong Kong: Hong Kong University Press, 2012.

Aldred, John. *British Imperial and Foreign Policy, 1846–1980*. Portsmouth: Heinemann, 2004.

Arnold, Matthew. *Culture and Anarchy: An Essay in Political and Social Criticism*. Oxford: Project Gutenberg, 1869.

Ashcraft, Charles Richard. *Revolutionary Politics and Locke's Two Treatises of Government*. New Jersey: Princeton University Press, 1986.

Atwell, Pamela. *British Mandarins and Chinese Reformers: The British Administration of Weihaiwei (1898–1930) and the Territory's Return to Chinese Rule*. London: Oxford University Press, 1985.

Bailey, P. C. "Leisure, Culture and the Historian." *Leisure Studies*, E. & F. N. Spon Ltd. (1989): 109–122.

Barber, Richard. *The Knight and Chivalry*, 3rd ed. Suffolk: Boydell Press, 2000.

Barker, Ernest. *Political Thought in England, 1848 to 1914*. London: Williams & Norgate, 1915.

Bennett, Judith M., and C. Warren Hollister. *Medieval Europe: A Short History*. New

York: McGraw-Hill, 2006.

Bentham, Jeremy. *An Introduction to the Principles of Morals and Legislation*. New York: Prometheus Books, 1789 [1988 repr.].

Campbell, C. "Arnoldian School Culture." In *Dictionary of Educational History in Australia and New Zealand* (DEHANZ), 2014.

Chan, C. W. "The Myth of Hong Kong's *Laissez-faire* Economic Governance: 1960s and 1970s." Occasional Paper No. 79, Hong Kong Institute of Asia-Pacific Studies, The Chinese University of Hong Kong, 1998.

Chang, Chihyun. *Government, Imperialism, and Nationalism in China: The Maritime Customs Service and its Chinese Staff*. Routledge, 2012.

Cheng, Siok Hwa. "Government Legislation for Chinese Secret Societies in the Late 19th Century." *Asian Studies*, 10(2) (1972): 262–271.

Cunningham, H. *Leisure in the Industrial Revolution c1780–c1880*. London: Croom Helm, 1980.

Elman, Benjamin A. *A Cultural History of Civil Examinations in Late Imperial China*. University of California Press, 2000.

Endacott, G. B. *A Biographical Sketch-Book of Early Hong Kong*. Singapore: D. Moore for Eastern Universities Press, 1962.

——— . *A Brief History of Hong Kong*. Hong Kong: Oxford University Press, 1973.

Evans, M. B., and R. I. Jack, eds. *Sources of English Legal and Constitutional History*. Sydney: Butterworths, 1984.

Freeman, Samuel. "Original Position." In N. Z. Edward, ed., *The Stanford Encyclopedia of Philosophy*, 2012. Accessed on September 2, 2015, http://plato.stanford.edu/entries/original-position/.

Gerson, Jack J. *Horatio Nelson Lay and Sino-British Relations, 1854–1864*. East Asian Research Center, Harvard University, 1972.

Green, Thomas Hill. *Prolegomena to Ethics*. Oxford: Clarendon Press, 1884.

Green, Thomas Hill, and R. L. Nettleship. *Works of Thomas Hill Green, Volume 3: Miscellanies and Memoirs*. New York: Cambridge University Press, 1888 [2011 repr.].

Hase, Patrick H. *The Six-Day War of 1899: Hong Kong in the Age of Imperialism*. Hong Kong: Hong Kong University Press, 2008.

Holdsworth, May, and Christopher Munn. *Dictionary of Hong Kong Biography.* Hong Kong: Hong Kong University Press, 2012.

Honey, John Raymond de Symons. *Tom Brown's Universe: The Development of the Victorian Public School.* London: Millington, 1977.

Johnston, Reginald Fleming. *Lion and Dragon in North China.* London: John Murray, 1910.

———. *Buddhist China.* Soul Care Publishing, 1913 [2008 repr.].

———. *Confucianism in Modern China.* Soul Care Publishing, 1934 [2008 repr.].

Laslett, Peter. "Introduction." In John Locke, *Two Treatises of Government.* Cambridge University Press, 2005.

Lau, Chi Kuen. *Hong Kong's Colonial Legacy: A Hong Kong Chinese's View of the British Heritage.* Hong Kong: The Chinese University Press, 1997.

Lethbridge, Henry J. "Hong Kong Cadet 1862–1941," In Henry J. Lethbridge, ed., *Hong Kong: Stability and Change*, pp. 31–51. Hong Kong: Hong Kong University Press, 1978.

Leung, B. K. P. *Perspectives on Hong Kong Society.* Hong Kong: Oxford University Press, 1996.

Lin, Shao Yang (Reginald Flemming Johnston). *A Chinese Appeal to Christendom Concerning Christian Missions.* London: Watts and Co., 1901.

Liu, Lydia H. *The Clash of Empires: The Invention of China in Modern World Making.* Harvard University Press, 2006.

Lowerson, J., and J. Myerscough. *Time to Spare in Victorian England.* Harvester Press, 1977.

Lunn, Arnold. *The Harrovians: A Tale of Public School Life.* Create Space Independent Publishing Platform, 2010.

Mack, E. C. *Public Schools and British Opinion since 1860.* Columbia University Press, 1941.

Mangan, J. A. *Games Ethic and Imperialism: Aspects of the Diffusion of an Ideal.* Viking Adult, 1986.

———. *Athleticism in the Victorian and Edwardian Public School: The Emergence and Consolidation of an Educational Ideology.* Cambridge University Press, 2008.

Mill, John Stuart. *Principles of Political Economy with Some of their Applications to Social Philosophy*. London: John W. Parker, 1848.

———. *On Liberty*. New York: Classics of Liberty Library, 1859.

———. *Utilitarianism*. London: Parker, Son & Bourn, West Strand, 1863.

Napier, Priscilla. *Barbarian Eye: Lord Napier in China, 1834–The Prelude to Hong Kong*. Brassey's UK, 1995.

Newsome, David. *Godliness and Good Learning: Four Studies on a Victorian Ideal*. Cassell, 1961.

Nicholas, Adam. *The Gentry: Six Hundred Years of a Peculiarly English Class*. London: Harper Press, 2011.

Rosmini-Serbati, Antonio. *The Constitution Under Social Justice*, trans. Alberto Mingardi. Lexington Books, 1848 [2006 repr.].

Schenk, Catherine R. *Hong Kong as an International Financial Centre: Emergence and Development 1945–65*. London: Routledge, 2001.

Schiffer, J. R. "State Policy and Economic Growth: A Note on the Hong Kong Model." *International Journal of Urban and Regional Research*, 15(2) (1991): 180–196.

Sheldon, Sidney. *The Other Side of Midnight*. New York: William Morrow and Company, 1973.

Solomon, David, and P. C. Lo, eds. *The Common Good: Chinese and American Perspectives*. New York and London: Springer, 2014.

Spurr, Russell. *Excellency: The Governors of Hong Kong*. Hong Kong: Form Asia Books, 1995.

Tsang, Steve. *A Brief History of Hong Kong*. I. B. Tauris & Co. Ltd., 2004.

Walton, J. K. *The English Seaside Resort*. London: St. Martins Press, 1983.

Walvin, James. *Leisure and Society 1830–1950*. London: Longman, 1978.

Welsh, Frank. *A History of Hong Kong*. Harper Collins, 1993.

Wilkinson, Rupert. *The Prefects: British Leadership and the Public School Tradition*. Oxford University Press, 1964.

Wilson, Dick. *Hong Kong! Hong Kong!* London: Unwin Hyman, 1990.

Wong, Thomas W. P. "Personal Experience and Social Ideology." In Lau Siu-kai et. al., eds., *Indicators of Social Development: Hong Kong 1988*. Hong Kong

Institute of Asia-Pacific Studies, 1992.

Wood, John Cunningham. *John Stuart Mill: Critical Assessments*. London and New York: Routledge, 1988.

Wright-Nooth, George, and Mark Adkin. *Prisoner of the Turnip Heads: Horror, Hunger and Humour in Hong Kong, 1941–1945*. London: Leo Cooper and Combined Books, 1994.

丁新豹著：《香港歷史散步》。香港：商務印書館，2008。

十年砍柴著：《晚明七十年：1573–1644，從中興到覆亡》。西安：陝西師大出版社，2007。

卜力 (Henry Arthur Blake) 著，余靜嫻譯：《港督話神州》。北京圖書館出版社，2006。

小野和子編：《明末清初の社會と文化》。京都：京都大學人民科學研究所，1983。

中國國務院宗教事務局著：《中國宗教第1–12期》。北京：中國宗教雜誌社，2003。

尹紫雲著：〈從功利主義的視角解讀《道林·格雷的畫像》〉。清華大學學位論文，2013。進入網站日期：2015年11月15日，http://oaps.lib.tsinghua.edu.cn/bitstream/123456789/3250/1/064%E5%B0%B9%E7%B4%AB%E4%BA%912009012679.pdf。

文碧芳著：〈六十年來中國大陸的程朱理學研究〉。《台灣東亞文明研究學刊》，第8卷，第2期，總第16期 (2011)。

方笑一著：〈「經義」考〉。《華東師範大學學報》，第6期 (2002)。

方堃著：〈赫德與阿思本艦隊事件〉。《天津：天津師大學報 (社科版)》，第1期

王于漸著：《香港奇跡已經幻滅？》。香港：中華書局，2013。

王守仁著：《王陽明全集》。上海：上海古籍出版社，1992翻印。

王艮著：《王心齋全集》。台北：廣文書局，1987翻印。

王國強著：〈早期澳門文獻與出版事業發展史〉。《澳門研究》，第14期 (2002年9月)。

王漪著：《明清之際中學之西漸》。香港：商務印書館，1990。

王嬈著：〈《1901年樞密院威海衞法令》與英國在威海衞的殖民統治〉。《華東政法大學學報》，第2期，總第57期（2008）。

王澧華著：〈赫德的漢語推廣與晚清洋員的漢語培訓〉。《上海師範大學學報（哲學社會科學版）》，第44卷，第6期（2015年11月）。

王燕著：〈香港回歸十年來中國內地關於香港問題的研究述略〉。《蘭州學刊》，第7期，總第166期（2007）。

———：《香港回歸與「一國兩制」的「香港模式」研究》。香港：香港文匯出版社，2009。

卡萊爾（Thomas Carlyle）著，寧小銀譯：《文明的憂思》。北京：中國檔案出版社，1999。

古偉瀛著：《歷史的轉捩點》。台北：國立台灣大學出版中心，2006。

司馬富等人編，陳絳譯：《步入中國清廷仕途：赫德日記（1863–1866）》。北京：中國海關出版社，2005。

布琼任著：〈清季西方顧問在華的肆應 —— 以馬士（H. B. Morse）在李鴻章幕府的生涯為例〉。《中正歷史學刊》（2008年12月），頁23–48。

布萊克（Henry Arther Blake）著，余靜嫻譯：《港督話神州》。北京：北京圖書館出版社，2006。

布魯納等人編，傅曾仁譯：《步入中國清廷仕途：赫德日記（1854–1863）》。北京：中國海關出版社，2003。

申建林著：〈洛克經濟思想的政治含義〉。《武漢大學學報》，第5期（1998），頁38–41。

列文森（Joseph R. Levenson）著，鄭大華、任菁譯：《儒教中國及其現代命運》。廣西師範大學出版社，2009。

何冠彪著：〈得福不知今日想，神宗皇帝太平年 —— 明、清之際士人對萬曆朝的眷戀〉。《九州學林》，第3卷，第3期（2005）。

何家騏、朱耀光著：《香港警察：歷史見證與執法生涯》。香港：三聯書店，2011。

利瑪竇（Matteo Ricci）著，何高濟等譯：《利瑪竇中國札記》。北京：中華書局，1983。

———：《利瑪竇札記》。北京：中華書局，1990。

吳桂龍著：〈論上海開埠初期的通事和買辦〉。上海社會科學院歷史研究

所，1994。進入網站日期：2015年10月11日，http://www.history shanghai.com/admin/WebEdit/UploadFile/199604wgl.pdf。

吳慧著：〈會館、公所、行會：清代商人組織演變述要〉。《中國經濟史研究》，第3期（1999）。

呂大樂著：《香港模式：從現在式到過去式》。香港：中華書局，2015。

呂培等著：《洪亮吉年譜》。上海：大陸書局，1933。

李光耀著：《李光耀回憶錄》。台北：時報出版社，2000。

李守中著：《中國二百年：從馬戛爾尼訪華到鄧小平南巡1793–1992》。台北：遠流出版社，2010。

李佳著：〈論明代君臣衝突中士大夫的政治價值觀〉。《西南大學學報》，第39卷，第1期（2013）。

李昌齡、黃正元、毛金蘭編：《太上感應篇圖説》。上海：學林出版社，2004。

李若虹編：《培根》。北京：中國社會出版社，2013。

李培德著：〈19世紀買辦的壟斷地位和延伸網路〉。《國家航海》，第3期（2012）。

李培德編：《近代中國的商會網絡及社會功能》。香港：香港大學出版社，2009。

李紹鴻著：《繼往開來‧服務社群：新界醫療服務及公共衛生的回顧》。香港：香港中文大學崇基學院、博愛醫院董事局，2013。

李連利著：《白銀帝國：翻翻明朝的老帳》。武漢：華中科技大學出版社，2013。

李彭廣著：《管治香港：英國解密檔案的啟示》。香港：牛津大學出版社，2012。

李揚帆著：《晚清三十人》。北京：世界知識出版社，2008。

李雲龍、沈德詠著：《死刑專論》。北京：中國政法大學出版社，1997。

李榮添著：《歷史的理性：黑格爾歷史哲學導論述析》。台北：學生書局，1993。

杜大愷著：《多元視界中的中國畫》。北京：清華大學出版社，2006。

杜智萍著：《19世紀以來牛津大學導師制發展研究》。內蒙古：內蒙古大學出版社，2011。

杜赫德編、鄭德弟等人譯:《耶穌會士中國書簡集:中國回憶錄》。鄭州:
　　大象出版社,2005。

汪籛著:《唐太宗與貞觀之治》。北京:中共中央黨校出版社,2011。

谷應泰著:《明史紀事本末:歷代筆記叢編》。谷月社電子書出版社,
　　2015。

周子峰著:《圖解香港史:遠古至一九四九年》。香港:中華書局,2010。

周琇環著:〈王韜的民族主義思想〉。《國史館學術集刊》,第4期(台北:國
　　史館館刊,2004年9月)。

孟昭信著:《康熙評傳》。南京:南京大學出版社,1998。

金觀濤著:〈「矛盾論」與天人合一〉。《二十一世紀》,第29期(1995),頁
　　28–40。

侯外盧編:《中國思想通史》。北京:人民出版社,1952。

柏拉圖(Plato)著,徐學庸譯:《理想國篇》。台灣:商務印書館,2009。

段煉著:《「世俗時代」的意義探詢 —— 五四啟蒙思想中的新道德觀研
　　究》。上海:上海人民出版社,2015。

祈立天(Tim Clissold)著:《中國通》(*Mr. China*)。上海:三聯書店,2005。

祈理士著:《香港1983年》。香港:政府印務局,1983。

胡三元編:《白話呂氏春秋:經典古籍白話註解譯文系列》。谷月社電子書
　　出版社,2006。

胡其柱、賈永梅著:〈翻譯的政治:馬儒翰與第一次鴉片戰爭〉。《浙江社
　　會科學》,第4期(2010)。

計翔翔著:《17世紀中期漢學著作研究》。上海:上海古籍出版社,2002。

───:〈西方早期漢學試析〉。《浙江大學學報》,第32卷,第1期(2002
　　年1月)。

韋伯(Max Weber)著,錢永祥編譯:〈政治作為一種志業〉。《學術與政治:
　　韋伯選集(1)》。台北:遠流,1991。

香港中文大學中國文化研究所文物館、香港中文大學歷史系著:《買辦與
　　近代中國》。香港:三聯書店,2009。

香港歷史博物館著:《甲午戰後:租借新界及威海衛》。香港:香港歷史博
　　物館版,2014。

唐小兵著:〈知士論世的史學:讀楊國強《晚清的士人與世相》〉。《二十一

世紀》，總第166期（2009年12月）。

唐廷樞著：《英語集全》。廣州：緯經堂，1862。

唐啟華著：〈書評Chihyun Chang, *Government, Imperialism and Nationalism in China: The Maritime Customs Service and Its Chinese Staff*〉。《近代史研究所集刊》，第86期（2013年12月）。

唐國清著：〈試論歐洲文學中的騎士精神〉。《蘇州教育學院學報》，第9期（2006）。

唐雲林著：〈盛世之憾：從「貞觀之治」看唐太宗法治與德治的局限性〉。《南陽理工學院學報》，第3卷，第1期（2001年1月）。

夏思義（Patrick H. Hase）著，林立偉譯：《被遺忘的六日戰爭：1899年新界鄉民與英軍之戰》。香港：中華書局，2014。

夏歷著：《香港中區街道故事》。香港：三聯書店，2006。

孫尚揚、鍾明旦著：《1840年前的中國基督教》。北京：學苑出版社，2004。

孫景壇著：〈董仲舒非儒家論〉。《江海學刊》，第4期（1995）。

孫艷燕著：〈世俗化背景下的英國政教關係〉。載徐以驊編：《宗教與美國社會：宗教與國際關係》，第4輯。北京：時事出版社，2007。

徐中約著，計秋楓、朱慶葆譯：《中國近代史》。北京：世界圖書出版公司，2008。

徐光啟著：〈辨學章疏〉，《徐光啟集》，卷九。香港：中華書局，1963。

徐承恩著：《城邦舊事：十二本書看香港本土史》。香港：青森文化，2014。

徐泓著：《二十世紀中國的明史研究》。台灣：國立台灣大學出版中心，2011。

格雷（John Gray）著，顧愛彬、李瑞華譯：《自由主義的兩張面孔》。南京：江蘇人民出版社，2002。

殷琦著：〈香港新聞傳媒規制的變遷與反思〉。香港：中華傳播學會年會暨第四屆數位傳播國際學術研討會，2010。進入網站日期：2016年3月4日，http://ccs.nccu.edu.tw/word/HISTORY_PAPER_FILES/1263_1.pdf。

祝春亭著：《香港商戰風雲錄》（上冊）。廣州：廣州出版社，1996。

高明士編：《中國文化史》。台北：五南出版社，2007。

區志堅、彭淑敏、蔡思行編:《改變香港歷史的60篇文獻》。香港:中華書局,2011。

張仲禮著:《中國紳士的收入》。西雅圖:華盛頓大學出版社,1962。

張宏傑著:《曾國藩的正面與側面》。北京:國際文化出版公司,2011。

張志超著:《習慣、規範與鄉村秩序——以英租威海衞時期的華人民事訴訟為視角》。濟南:山東大學碩士學位論文,2009。

張志雲著:〈分裂的中國與統一的海關:梅樂和與汪精衞政府(1940–1941)〉。載周惠民編:《國際法在中國的詮釋與運用》。台北:政大出版社,2012。

張奉箴著:《利瑪竇在中國》。台南:聞道出版社,1982。

張俊義著:〈20世紀初粵港政局之互動〉。《嶺南近代史論:廣東與粵港關係(1900–1938)》。香港:商務印書館,2010。

張振東、李春武著:《香港廣播電視事業發展史》。北京:中國廣播電視出版社,1997。

張國剛著:《從中西初識到禮儀之爭》。北京:人民出版社,2003。

張連興著:《香港二十八總督》。北京:朝華出版社,2007。

張耀華著:〈回望近代關警〉。《中國海關》,第5期(2008)。

曹萍著:〈論迪斯累里的「新托利主義」〉。《世界歷史》,第4期(2007),頁133–140。

梁智鴻著:《醫者心 看過渡》。香港:明報出版社,2013。

莊士敦(Reginald Fleming Johnston)著,高伯雨譯:《紫禁城的黃昏》。香港:牛津大學出版社,2012重印。

莫世祥著:《中山革命在香港(1895–1925)》。香港:三聯書店,2011。

莫里斯(Jan Morris)著,黃芳田譯:《香港1840–1997:大英帝國殖民時代的終結》。台北:馬可孛羅文化,2006。

許紀霖著:〈「土豪」與「遊士」——清末民初地方與國家之間的士大夫精英〉。《華東師範大學學報》,2002。進入網站日期:2015年12月4日,http://www.zhongdaonet.com/NewsInfo.aspx?id=13282。

郭嵩燾著:《郭嵩燾日記》(新版)。長沙:湖南人民出版社,1982。

陳旭麓著:《近代中國社會的新陳代謝》。上海:上海人民出版社1992。

陳江敬著:〈阮籍精神世界探析〉。《中國論文網》,第1期(2008)。

陳昌鳳著：《香港報業縱橫》。北京：法律出版社，1997。

陳壽燦著：〈從貞觀之治看先秦儒家德治思想的具體實踐與歷史價值〉。《哲學研究》，第9期（2002）。

陳慶偉編：〈龍華民 (Huamin Long, Niccolo Longobardi) 1559–1654〉。《華人基督教史人物辭典》。進入網站日期：2015年12月8日，http://www.bdcconline.net/zh-hans/stories/by-person/l/long-huamin.php。

陳學然著：《五四在香港 —— 殖民情境、民族主義及本土意識》。香港：中華書局，2014。

陳曉丹著：《世界歷史博覽2》。北京：中國戲劇出版社，2009。

游博清、黃一農著：〈《天朝與遠人 —— 小斯當東與中英關係（1793–1840）〉。《中央研究院近代史研究所集刊》，第69期（2010）。

費正清 (John King Fairbank) 編，陳絳譯：《赫德日記 —— 赫德與中國早期現代化》。北京：中國海開出版社，2005。

費賴之著，馮承鈞譯：《在華耶穌會士列傳及書目》。北京：中華書局，1995。

辜鴻銘著，李晨曦譯：《中國人的精神》。南京：翻譯出版社，2012。

馮邦彥著：《香港英資財團》。香港：三聯書店，2011。

黃仁宇著：《萬曆十五年》。北京：生活‧讀書‧新知三聯書店，2006重印。

黃天生著：《從王陽明「致良知」觀念探討自力與他力問題之亮光》。香港：香港中文大學，2011。

黃兆輝著：《強政勵治與醫療事故》。香港：上書局，2010。

———：《港產紳士：治港百年的半山區上文化》。香港：超媒體出版社，2014。

———：《新後現代管治：從市政管理看最深層矛盾》。香港：上書局，2011。

黃棣才著：《圖說香港歷史建築1841–1896》。香港：中華書局，2012。

黃湛利著：《論港澳政商關係》。澳門：澳門學者同盟，2007。

黃麗娟著：〈論「存天理、去人欲」與「禮教殺人」之曖昧〉。《第三屆中國哲學之當代詮釋學術研討會會前 文集》（2007），頁93–118。

愛新覺羅‧溥儀著：《我的前半生》。北京：群眾出版社，1964。

楊國強著：《晚清的士人與世相》。北京：生活・讀書・新知三聯書店，2008。

楊聯陞著：《中國文化中報、保、包之意義》。香港：中文大學出版社，1987 [2009新版]。

萬斯同著：《萬季野先生群書疑辨》。供石廳藏板，1861，十二卷。進入網站日期：2017年2月16日，https://books.google.com.hk/books?id=o9gpAAAYAAJ&printsec=frontcover&dq=%E7%BE%A4%E4%B9%A6%E7%96%91%E8%BE%A8&source=bl&ots=KQdUB4KIuH&sig=4LMBDgO1MW6KqfiqHT33x4Q5zzc&hl=zh-CN&ei=hZmlTZC3CZLcvQPDvJmLCg&sa=X&oi=book_result&ct=result&resnum=2&ved=0CB8Q6AEwAQ#v=onepage&q&f=false。

葉靈鳳著：《香海浮沉錄》。香港：中華書局，2011。

雷頤著：《歷史的進退》。桂林：廣西師範大學出版社，2009。

端木賜香著：〈羅伯特・赫德的尷尬〉。《傳奇故事・下旬》，第17期（2008）。進入網站日期：2015年12月19日，http://www.fox2008.cn/ebook/cqgsx/cqgx2008/cqgx20081727.html。

赫德著：〈局外旁觀論〉。《皇朝經世文三編》，治體九廣論，卷二十一。進入網站日期：2017年5月28日，http://www.yuyingchao.com/beike/html_jingdian/html_guoxue_shi_22/530895.html。

劉永清著：〈清代禮學研究的特點〉。《齊魯學刊》，第3期（2008）。

劉禾著：《帝國的話語政治》。北京：生活・讀書・新知三聯書店，2009。

劉存寬著：〈評駱克《香港殖民地展拓界址報告書》〉。《廣東社會科學》，第2期（2008）。

劉宗周著：〈人譜〉。《劉子全書》卷一。台北：華文書局，1968。

劉俊余、王玉川譯：《利瑪竇全集》第2冊。台北：光啟出版社，1986。

劉洪濤著：《勞倫斯小說與現代主義文化政治》。台北：秀威資訊出版社，2007。

劉祖雲編：《弱勢群體的社會支援：香港模式及其對內地的啟示》。北京：社會科學文獻出版社，2011。

劉曼容著：《港英政治制度與香港社會變遷》。廣州：廣東人民出版社，2009。

劉蜀永著：《簡明香港史》。香港：三聯書局，1998。

劉潤和、高添強著：《香港走過的道路》。香港：三聯書店，2012。

劉聰著：〈利瑪竇《交友論》與陽明學友誼觀之關係〉。《湖南科技學院學報》，第33卷，第1期（2012年1月）。

劉艷著：〈英國的騎士制度與騎士文化分析〉。免費論文下載中心，2011。進入網站日期：2015年8月18日，http://big.hi138.com/wenhua/wunhuayanjiu/201111/356574.asp#.VdMV-MkVFv4

樊樹志著：《晚明史（1573–1644年）》。上海：復旦大學出版社，2003。

潘國華著：《香港模式與台灣前途》。北京：中國國際廣播出版社，2004。

潘國華、李義虎、張植榮編：《香港模式與台灣前途》。北京：世界知識出版社，2010。

蔡東豪著：《香港溫布頓2：香港模式》。香港：上書局，2011。

蔡東藩著：《歷史演義：唐史5》。台北：龍視界出版社，2013。

蔡思行著：《香港史100件大事（上）》。香港：中華書局，2012。

———：《香港歷史系列：教學及活動資源套》。香港：CACHe及長春社文化古跡資源中心，2015。

蔡惠堯著：〈深港聞人劉鑄伯：生平、志業與意義〉。《台灣師大歷史學報》，第50期（2013）。

鄧中夏著：《中國職工運動史（1919–1926）》。北京：北京人民出版社，1930。

鄧向陽編：《米字旗下的威海衛》。濟南：山東畫報出版社，2003。

鄧偉著：〈試析孔子的辯證法思想〉。《文史藝術》（2010年4月）。

鄭宏泰、黃紹倫著：《香港大佬何東》。香港：三聯書店，2011。

———：《香港米業史》。香港：三聯書店，2005。

———：《商城記——香港家族企業縱橫談》。香港：中華書局，2014。

鄭德良著：《香港奇跡：經濟成就的文化動力》。香港：商務印書館，1993。

黎敦義影音講解：《記錄與回憶》。香港：電影資料館，2003。

黎鍵著：《香港粵劇敘論》。香港：三聯書店，2010。

蕭國健著：《探本索微：香港早期歷史論集》。香港：中華書局，2015。

錢大昕著：《潛研堂文集》。台北：商務印書館，1968。

薛鳳旋、鄺智文著：《新界鄉議局史：由租借地到一國兩制》。香港：三聯
　　書店，2011。

鍾逸傑著，陶傑譯：《石點頭：鍾逸傑回憶錄》。香港：香港大學出版社，
　　2004。

韓凌著：〈洛克與中國：洛克「中國筆記」考辨〉。《中國博士學位論文全文
　　數據庫》，第7期（2015）。進入網站日期：2015年12月7日，http://
　　big5.oversea.cnki.net/KCMS/detail/detail.aspx?filename=1015582309.
　　nh&dbcode=CDFD&dbname=CDFDTEMP。

瞿同祖著，范忠信譯：《清代地方政府》。北京：法律出版社，1962 [2003]。

藍玉春著：《中國外交史：本質與事件、衝擊與回應》。台北：三民書局，
　　2007。

鄺健銘著：《港英時代：英國殖民管治術》。香港：天窗出版社，2015。

鄺勢男著：〈香港的買辦制度〉。載黎晉偉編：《香港百年史》。香港：南中
　　編譯出版社，1948。

魏爾特（Stanley F. Wright）著，陸琢成等譯：《赫德與中國海關》。廈門：廈
　　門大學出版社，1993。

羅漁譯著：《利瑪竇書信集上冊》。台中：台灣光啟出版社，1986。

關詩珮著：〈大英帝國、漢學及翻譯：理雅各與香港翻譯官學生計畫
　　（1860–1900）〉。《翻譯史研究》，第2期（2012），頁59–101。

———：〈翻譯政治及漢學知識的生產：威妥瑪與英國外交部的中國學生
　　譯員計畫（1843–1870）〉。《中央研究院近代史研究所集刊》，第81期
　　（2013年9月），頁1–52。

———：〈翻譯與殖民管治：香港登記署的成立及首任總登記官費倫〉。
　　《中國文化研究所學報》，第54期（2012年1月）。

龐迪我：《七克》。四庫全書存目叢書，子部，第93冊，卷一。台南：莊嚴
　　文化事業，1995。

顧汝德（Leo F. Goodstadt）著，馬山、陳潤芝、蔡枳音譯：《官商同謀：香港
　　公義私利的矛盾》。香港：天窗出版社，2011。

龔鵬程著：《中國傳統文化十五講》。北京：北京大學出版社，2006。

———：〈孟德斯鳩的中國觀〉。嘉義：南華大學機構典藏系統，2010。
　　進入網站日期：2016年2月6日，http://libwri.nhu.edu.tw:8081/
　　Ejournal/5022020101.pdf。

索 引